ultraedu 泰岳教育

互联网 + 新媒体营销规划丛书

微信

营销与运营

第2版

丛书主编 秋叶 / 秦阳 秋叶 编著

人民邮电出版社
北京

图书在版编目（CIP）数据

微信营销与运营 / 秦阳，秋叶编著. -- 2版. -- 北京：人民邮电出版社，2019.2
（互联网+新媒体营销规划丛书）
ISBN 978-7-115-49824-3

Ⅰ. ①微… Ⅱ. ①秦… ②秋… Ⅲ. ①网络营销 Ⅳ. ①F713.365.2

中国版本图书馆CIP数据核字(2018)第289946号

内 容 提 要

本书共分6章。第1章重点介绍了微信营销的概念、价值和特征，并介绍了行业现状和从业人员的职业发展，引导读者全面认识微信营销；第2章介绍了微信个人号的运营技巧和方法；第3章重点介绍了微信公众平台的基础操作，包括申请、设置、认证、数据收集和行为规范，并着重对小程序进行了介绍；第4章介绍了微信公众号的规划策略，包括定位策略、品牌策略、推送策略和框架策略；第5章介绍了微信公众号运营中的三大实战技能，包括内容运营、用户运营和活动运营；第6章是典型案例分析，选取了中国政府网等案例来分析不同微信公众号的优缺点。

本书可作为本科院校及职业院校新闻传播学类、市场营销类、企业管理类、商务贸易类、电子商务类专业的“微信营销与运营”课程的教学用书，也适合从事企业营销和新媒体传播工作的人员阅读。

◆ 编　著　秦　阳　秋　叶
责任编辑　古显义
责任印制　马振武

◆ 人民邮电出版社出版发行　北京市丰台区成寿寺路11号
邮编　100164　电子邮件　315@ptpress.com.cn
网址　http://www.ptpress.com.cn
大厂聚鑫印刷有限责任公司印刷

◆ 开本：720×960　1/16
印张：15.5　2019年2月第2版
字数：334千字　2019年2月河北第1次印刷

定价：48.00元

读者服务热线：(010)81055256　印装质量热线：(010)81055316
反盗版热线：(010)81055315
广告经营许可证：京东工商广登字20170147号

前言 PREFACE

编写背景

2018 年 3 月，腾讯 CEO 马化腾在接受媒体群访时表示，微信的全球月活跃用户已突破 10 亿。

微信已经渗透到人们生活和工作中的点点滴滴，这也让微信从一个沟通工具升级成一个生态圈。人们利用微信朋友圈来售卖产品，获得回报；利用微信订阅号来传播理念、推广品牌；利用微信服务号来提供服务，吸引用户……微信运营已经成为“互联网+”时代政府、机构和企业赢得市场先机的必要手段。

打开招聘网站，微信编辑、微信运营、微信开发等相关职位众多，企业对新媒体人才的需求非常紧迫。高校迫切需要一套比较系统且实操性强的新媒体专业教学用书。

基于这样的背景，我们在 2016 年编写了《微信营销与运营》一书，出版后受到了行业内外的诸多好评。截止到 2018 年年初，已经有超过 500 所高校选用《微信营销与运营》作为专业课教材，该书内容也受到高校电子商务、市场营销等专业负责人的一致好评。

这些反馈对于作者来说，既是压力，也是动力。移动互联网发展迅猛，微信平台本身的变革（如小程序的横空出世）、运营实战的新技能（知识经济浪潮带来的微课玩法）……这些都要求我们对《微信营销与运营》进行升级修订，希望改版后的《微信营销与运营（第 2 版）》能够将最新的知识和技能系统地呈现给读者。

修订内容

书中使用的微信版本已经更新为本书截稿时的最新版本，并增加了小程序等时下最新的内容。微信运营近两年有了新的提炼和发展，本书涵盖了微信公众号运营中的三大实战技能，包括内容运营、用户运营和活动运营，改版后的内容更加切合实际、更加新颖。

本书特色

1. 体系完善

本书既讲述了微信个人号的实操技巧，也讲述了微信公众号的运营实战。不论学生未来的专业方向如何，学习本书对其个人能力的培养和专业素养的提高都有非常大的帮助。

2. 实操性强

微信运营的教材往往侧重新概念、新理论的介绍，知识体系很完备，但缺乏新媒体实操细节。本书旨在培养应用型人才，作者在企业工作中积累了大量的微信操盘经验，故本书在兼顾理论介绍的基础上更侧重实操性。

3. 注重思考

微信运营非常需要思维的灵活，本书精心设计了大量"课堂讨论"，旨在引导学生主动思考，发挥主观能动性。最后一章更是用大量具体的案例分析，帮助学生用完备的分析框架随时学习各类微信公众号的优点，集各家之所长。

教学建议

本书可作为本科院校及职业院校"微信营销与运营"课程的教材，建议学时为 32～48 学时，课堂教学之外可多进行实战训练，以提高学生的实践动手能力。

编者情况

本书由秦阳和秋叶合作编写完成，在编写过程中，得到了诸多朋友的帮助，在此深表谢意。

编 者

2018 年 3 月

目录
CONTENTS

01 Chapter

第 1 章 微信营销概论

通过阅读本章内容，你将学到：

- 微信营销的意义
- 微信与其他主流社交产品的区别
- 微信的营销价值
- 正确看待工具在营销中所起的作用

1.1 微信，一个能改变生活方式的产品

自从2014年年底微信用户量突破5亿以来，微信用户量以每个季度新增5 000万的节奏稳步增长，至今已经拥有近10亿用户。

微信非常重视用户体验，也刻意培养用户的使用习惯。每个版本的发布都充分考虑用户对功能的熟悉度，每次只进行少许改进，这种不断优化改进的策略与曾经QQ邮箱升级策略相似。微信的产品经理张小龙也是QQ邮箱的产品经理，这两个产品每次升级提醒用户的方式也一脉相承。

微信已经不仅仅是一款应用产品，它开始渗入人们生活的方方面面。

课堂讨论

微信这个产品诞生之后，逐渐改变了你的哪些生活方式？尝试补充表1-1。

表1-1 微信带来的生活方式的改变

微信出现之前	微信出现之后
社交场合互换名片	打开微信扫码加好友
过年发送拜年祝福短信	发微信红包
去附近营业厅充话费	微信手机充值直接微信支付
网上购物网银支付	直接微信支付
打电话	微信视频/语音通话
QQ聊天	微信聊天
拍照片发微博	发朋友圈
看到有趣的事情拍视频	拍微信小视频

在碎片化的移动互联网时代，微信用各种连接方式使用户形成全新的习惯，以人为中心、以场景为单位的连接体验催生了新的商业入口和营销模式，微信基本上沿着“积累用户数量——增强用户黏性——培养用户习惯——探索商业模式”的路线发展。

课堂讨论

你身边的朋友、同学、家人是用QQ产品多还是用微信产品多？为什么会这样？

微信产品真正的突破在于45岁以上的人越来越多地开始选择使用微信。其实，QQ

很早就支持手机应用，很多年轻人都装了手机 QQ，但是在 45 岁以上的人群中，手机 QQ 的渗透率并不高，很多人认为这是年轻人玩的东西。微信的界面简洁大气，很有国际范儿，而且注册规范，一个手机只能注册一个微信号，操作简单，使用门槛低。尤其是微信语音的推出，让不习惯打字的中老年人士也认为这是一个比 QQ、MSN 更好的通信手段。借助手机通讯录，微信在中老年人群中的渗透率越来越高，微信已成为一款全民覆盖的国产移动即时通信（Instant Messaging，IM）软件，老少通吃。

1.2　微信公众平台与个人微信、企业微信、微博的区别

1.2.1　微信公众平台与个人微信

对个人和企业而言，微信的用途并不相同，个人开通的微信叫个人微信（也叫微信个人号）。个人微信可以和手机通讯录绑定，使用户可以邀请通讯录里的好友用微信进行交流、联系，还可以通过朋友圈互动。

微信公众平台是腾讯公司在微信基础平台上增加的功能模块。通过这一平台，企业可以打造自己的微信公众号，并在微信公众平台上以文字、图片、语音等方式实现和特定群体全方位的沟通、互动。

个人也可以开通微信公众号发布一些文章，但对企业而言，运营微信更多地意味着运营微信公众户、微信群，包括培养业务人员通过朋友圈发布推广信息等。

从连接关系来说，个人微信是基于点对点的关系，微信公众平台是基于一对多的关系。

课堂讨论

假如你要约朋友去看鹿晗周末的演唱会，请问在以下哪些情况下你会用到微信？

- 将演唱会相关的信息发给朋友。
- 购买演唱会门票。
- 约自己最好的朋友一起去。
- 忍不住想把自己在演唱会现场的照片分享给朋友们。
- 看完演唱会，约车回家。
- 给演唱会主办方留言分享自己这次观看演唱会的感受。

……

演唱会的具体信息与地址：一般在官方微信公众平台上都会有微信图文信息，单击“发送给朋友”还可以发送给好友。

购买演唱会门票：单击微信公众平台图文或链接可以跳转直达官方页面购买门票，然后直接用个人微信支付。

约好友一起去：单独联系自己的好友直接用个人微信，如果想约多人，干脆建一个微信群一起讨论。

现场火热的气氛可以用个人微信拍照片、拍小视频发到朋友圈或在微信群中进行分享。

演唱会结束后，打开个人微信里面的第三方服务“滴滴出行”约一个专车司机，在预约时间、地点上车，到达目的地后还可以用微信支付来付款。

在演唱会结束后激动的心情还没有平复，忍不住在官方微信公众平台图文下留言说了一段自己的感受，没想到留言人选为精选评论，又忍不住将图文分享到个人朋友圈……

由此可见，个人微信、微信公众平台是微信生态中紧密相连的两部分，用户在这两部分之间不断游走。

课堂讨论

如果你是某企业市场部的一名运营经理，请问面对企业的以下场景，你会优先选择个人微信还是微信公众平台？

- 出去约见一位企业大客户，离开时要留联系方式。
- 有促销活动想让更多人知道。
- 领导表扬了我，想分享出去。
- 市长今天来参观了我们公司，这个新闻要公布出去。

从运营的角度来看，个人微信与微信公众平台之间的区别如表 1-2 所示。

表 1-2　个人微信与微信公众平台的对比

比较对象 / 对比项	个人微信	微信公众平台
使用方式	以手机端为主	以 PC 端为主
功能	加好友、发消息、朋友圈状态分享以及一些个人相关的城市服务	提供智能回复和图文回复等功能，图文编辑后能让传送的信息更丰富
用户导入	个人微信注册成功后，可以自动导入手机通讯录，系统会提示用户通讯录当中谁开通了微信，这就建立了初步的微信通讯录和朋友圈	刚注册成功的微信公众平台就像一张白纸，刚开始拥有的只是一个微信号和一个二维码，必须通过推广才能吸引到一定数量的用户
圈子定位	熟人圈子，基本是自己认识的人	用户或者粉丝圈子
推广方式	大部分是通过朋友介绍或者面对面交流关注的	需要利用手里的资源进行推广，包括线上和线下的资源

1.2.2 微信公众平台与企业微信

课堂讨论

点开微信，除了来自朋友的消息外，是不是还有很多来自社团、老师、学生会相关的信息？对于职场人士来说，情况更是如此，哪怕在假期期间，工作群里也一直充斥着消息。这些消息都让人处于一种压力之下，可是不打开微信，又可能会错过亲朋好友的消息。于是，很多人干脆注册两个微信号，一个专门加身边的好友，另一个专门加工作伙伴。但来回切换账号或者备两台手机又会非常烦琐……到底该如何应对这种工作和生活分不开的状态呢？

微信的标语为“微信，是一个生活方式”，但是在微信构建的社交领域中既有生活领域的社交联系，也有工作领域的社交协作，于是一直被人诟病“生活与工作搅在一起分不开”。即便如此，微信对于工作协作与团队沟通的功能做得仍然不是很完善。另一款 App“钉钉”就定位于避开社交关系链，开辟了一个工作沟通的细分领域，因此获得成功。

那么微信该不该跟进工作沟通这个细分领域呢？如果跟进的话，会把原本已经庞大的微信变得越来越重，毕竟不是所有的用户都有工作沟通的需求。

所以腾讯选择了单独做一个 App，将办公领域的社交协作功能独立出来，这个 App 就是“企业微信”，如图 1-1 所示。

企业微信是一款专注于基础办公沟通的 IM 产品，适用于各种类型的企业和机构用户，拥有贴近办公场景的特色功能和 OA 工具，如请假、报销、考勤等，让员工可以在手机上处理办公事宜。后台管理员端还可以添加自定义应用。

企业微信适用于政府、企业等各类组织，为企业客户提供移动应用入口，帮助企业建立员工、上下游供应链与企业 IT 系统间的连接（见图 1-2）。

图 1–1

图 1–2

企业微信的特色功能如下。

（1）多平台同步：同步覆盖 iOS/Android/Windows/Mac 四大平台，和同事一起高效聊工作，更可和个人微信一键互转聊天记录与文章。

（2）预设轻量 OA 应用：包括打卡、审批、日报、公告、同事吧等，还有丰富的 API 接口方便接入更多企业应用。

（3）集成多种通信方式：有由公司统一付费的公费电话、高清稳定的视频会议、和会话紧密结合的企业邮箱，多种通信方式同步提高沟通效率。

（4）强大的管理能力：手机端可快速添加企业成员和发应用消息，更有好用的 Web 管理后台，支持导入和统一管理企业通讯录，设置符合企业需求的配置，提升管理效率。

1.2.3 微信公众平台与微博

在微信之前，最热的社交媒体是微博；在中国，微博往往指新浪微博。

课堂讨论

打开同一个企业或名人的微博（如@秋叶）与微信公众号（如“秋叶 PPT”），从界面、内容、互动三个方面分别进行对比，然后总结一下，它们在使用方式上有什么不同。

微博与微信公众平台主要的区别如表 1-3 所示。

表 1-3 微博与微信公众平台的对比

比较对象 对比项	微博	微信公众平台
账号名称	唯一，不可重复	可以重复，但新注册的公众号账号名称不能与取得微信认证的账号重复
粉丝数显示	显示并排名	不显示
后台编辑	PC 端和移动端平分秋色	主要在 PC 端操作，移动端可以看，但操作不便
认证权益	免费，主要用于真实身份的确认	支持所有组织的公众号申请微信认证，审核认证通过后可以提供更多的高级功能，认证审核服务费用为 300 元/次
扩散模式	任何人都可以转发、评论、点赞，评论不限数量，可以手动删除评论	任何人都可以转发、评论、点赞，评论需要审核才能发布，数量有限

课堂讨论

如果你是某企业市场部的一名运营者，请问面对企业的以下场景，你会优先选择微博还是微信公众平台?

- 企业上市的消息需要大量扩散。
- 有跟企业相关的负面新闻需要发公关声明。
- 让用户随时可查阅用户频繁问客服的 10 个问题。
- 周末有一场活动需要号召更多的用户来参加。

想要解决上述优先选择的问题，就必须明确微博和微信公众平台在内容、互动、传播等方面的区别，这些区别如表 1-4 所示。

表 1-4　微博、微信公众平台的区别

对比项＼比较对象	微博	微信公众平台
内容形式	文字、图片、音频、视频等	文字、图片、音频、视频等
内容环境	开放式扩散传播	主要是激发用户将信息转发到朋友圈
内容频次	每天最多 200 条	订阅号每日 1 条，服务号每月 4 条
互动方式	@、评论、转发、私信	后台留言、文章评论、关键词自动回复
传播方式	裂变式话题传播	一对多定向传播
营销价值	市场推广、负面公关	客户关系维护

微信是一个封闭社区，所有的传播基本都局限在微信朋友圈，并且还有种种限制，而微博是一个公共空间，制造话题后的扩散速度比微信快很多。因此微博话题找准了，很快就能靠内容进行话题传播。

而微信更看重用户的质量和活跃度，更提倡和目标人群做持续的精准服务，在服务基础上做有节制的口碑传播，这样能够找到精准的客户并通过服务牢牢抓住他们。

微博和微信本身是两个完全不同属性的产品，将微博运营和微信运营作对比，并不是要让读者二选一，而是通过了解两者不同的属性找到不同的运营策略，将各自的优势最大化，效果最佳化。营销平台不仅仅只有微博和微信，这是一个多元化的营销时代，要学会一系列的营销方式，打组合拳才能使营销效果最佳。

// 1.3 微信个人号的三大营销价值

微信个人号的营销价值主要体现在以下三个方面。

1. 输出个人品牌

美国管理学者汤姆·彼得斯（Tom Peters）提出，21 世纪的工作生存法则就是建立个人品牌。不只是企业、产品需要建立品牌，个人也需要在职场、生活中建立个人品牌。个人品牌的树立是一个长期的过程，人们希望自己塑造的个人形象可以被周围大众广泛接受并长期认同。而以微信为代表的社交软件的出现，让个人可以成为传播载体。人们能够在社交软件上展示自己鲜明的个性和情感特征，在符合大众的消费心理或审美需求的情况下，使自身成为可转化为商业价值的一种注意力资源。

2. 刺激产品销售

不论是基于熟人经济的微商，还是基于个人品牌效应的微店，“人”都成为新的商业入口。通过个人微信的朋友圈发布产品信息，用微信聊天为买家提供咨询沟通服务，用微信支付功能完成付款……就这样实现了“社交电商”。

3. 维护客户关系

微信是人与人之间便捷沟通的一种手段。如果由于业务关系添加了很多客户的微信，通过个人会话模式聊天或朋友圈互动，你就有了与客户加深情感连接、让客户进一步了解你的机会。

总而言之，社交网络的营销最需要解决的只有两个字：信任。有了信任，才会有商业转化，客户信任你才会选择购买。客户既是购买产品，也给予信任。

// 1.4 微信公众号的六大营销价值

企业只有深刻理解了微信公众号背后的每种价值，才能结合消费者的需求确定通过微信公众号提供怎样的服务。

微信公众号至少有以下六个方面的营销价值。

1. 信息入口

在 PC 时代，企业需要通过官网提供信息查询入口；在移动互联网时代，企业依然需要这样的官方入口。基于移动互联网的特点，用户不需要通过搜索引擎搜索关键词或输入网址来访问官方入口，只需搜索微信公众号就可以获得企业介绍、产品服务、联系方式等信息，也可以单击微信公众号中的菜单直接跳转到官网。

2. 客户服务

客户关系管理（Customer Relationship Management，CRM）的核心是通过客户分析来实现市场营销、销售管理和客户服务，从而吸引新客户、保留老客户以及将已有客户转为忠实客户，增加市场份额。微信作为天然的沟通工具，极大地方便了用户与企业沟通。将微信公众号与企业原有的 CRM 系统结合可实现多人人工接入，提高客户的满意度。通过设定好的关键词，微信公众号就可以实现自动回复，这可以大大节约人工客服的人力成本。

3. 电子商务

未来的零售是全渠道的，企业需要尽可能让消费者随时随地方便地购买到产品，而微信公众号就可以实现销售引导，及时把产品或服务信息送达给用户，促成交易，缩短营销周期。若消费者在看微信图文时想买某件商品，可以不用跳出微信而直接在微信上下单购买，实现下单和支付完成交易。甚至包括物流查询、客户服务都能够通过微信实现，而不需要下载 App 或跳转到天猫等渠道购买。

4. 调研

调研是企业制订经营策略中非常重要的环节。大型公司的调研工作甚至由专门的研发部门来负责，或者通过付费找第三方公司发放问卷或者进行电话调研。这些方式不仅成本高而且所得数据不精准，而通过微信可以直接接触与精准用户群体，因而可以省去大笔经费。

5. 品牌宣传

微信公众平台可以承载文字、图片、音频、视频等多元化形式，能及时有效地把企业最新的促销活动告知粉丝，具有互动性较好、信息传递快捷和信息投放精准的特点，让用户不仅可以接收品牌信息，还可以更方便地参与品牌互动活动，从而深化品牌传播，降低企业营销成本。

6. 线上线下

线上与线下（Online To Offline，O2O）营销的互通是必然趋势，而微信为两者的结合提供了更便利的通道。

实战训练

1. 你在生活中遇到过以下这些情况吗？它们分别体现了个人微信的什么价值？

- 你的微信中是不是有这样一些人，虽然你们在生活中并无交集，但是通过他的朋友圈状态你觉得他是一个很厉害的人？为什么你会觉得他很厉害？
- 你有没有向微信好友购买过一些东西？你是从哪里知道他的产品的？又是基于什么原因而购买的？

- 你有没有收到过一些节日祝福？什么样的问候让你印象深刻？什么样的祝福你从来不回复？

2. 请问以下关于微信公众号的使用场景，分别体现了其哪些价值？

- 你在公交车上听到别人聊天时谈到的一个品牌很有意思，于是顺手在微信中搜索到其公众号进一步了解。
- 你买了一件电器，有些功能不太明白，于是搜索该品牌的公众号进行咨询，通过关键词回复查询到了答案，个性化的问题在留言后也很快得到了客服的解答。
- 你看到自己喜欢的公众号在推送中推荐了一款香水，直接单击图文中的链接跳转到博主的微店或微信小店购买。
- 你参与了某公众号中发起的投票或公众号中链接的第三方调查问卷。
- 你在学校图书馆中看到一本书很喜欢，想送一本给朋友，拿出手机扫描条形码后直接在网店下单。

1.5 微信营销只是新媒体营销的一部分

课堂讨论

有一位从事房地产销售工作的金牌销售员，用个人微信卖房，平均每月销售约 5 套房，每套房 100 万元左右，所以月流水能够稳定在 500 万元左右。

他的方法也不复杂，收集到高消费人群的电话号码，统一导入微信并加为好友，然后每天把与房相关的政策信息、特价信息发出去。

请思考：这个销售员的成功，仅仅只是因为采用了微信这种营销方式吗？

其实在有微信之前，这位销售员通过 QQ、手机短信等方式，一个月的流水也能达到 500 万元左右；在有了微信之后，只不过信息传播渠道转变为微信而已。

所以，懂得一些微信营销的手法，可能会提升效率、降低成本，但绝不是说采用了微信做营销就可以一本万利。说到底，买卖的本质无非就是买方用货币换取卖方的货物，如果你有优质的货物，就去找买方，如果你有优质的买方，就去找货物，微信的本质仅仅只是一个工具而已。

要正确看待工具在营销中的地位：

（1）不要期待一个工具可以给你的营销带来多么巨大的改变，工具仅仅是工具，关键在于使用者；

（2）不要寄希望于只用一种工具就可以做好营销，每个工具都有自己的特点，要把所有的工具整合起来。

// 1.6　行业现状与职业规划

课堂讨论

小组内各成员各自陈述一下：你心中的微信运营是一个什么样的岗位？平时需要做哪些工作？

打开招聘网站，搜索关键字“新媒体运营”，会出现多少条结果？如果将地域选择在你所在的城市，又会有多少条结果？平均薪资如何？

微信运营是新媒体运营的一部分，而且由于大部分中小企业的各大新媒体平台均交给一个人打理，因此一般招聘需求上也会直接写“新媒体运营”。本节将从新媒体运营的整体情况来解读。

移动互联网的发展，带来了微博、微信等社交媒体的火热，这一度让新媒体运营成为一个热门词，广告主青睐，企业方重视，从业人员增加……再加上新媒体运营本身的创意性、灵活性、趣味性等因素，更是让新媒体运营成为不少大学生的求职方向。

但是“圈里的人想出去，圈外的人想进来”的新媒体运营的现状到底如何？

1. 入职门槛低，出彩要求高

和教师、医生、律师、记者等需要资格证才能上岗的职业不同，目前新媒体运营没有对应的从业资格证书。求职者只要符合用人单位的需求，就能获得一份新媒体运营的工作。

可以说，这是一个“英雄不问出处”的职业，谁都有机会成为这个领域的一员，甚至成为出色的一位。

虽然新媒体运营是一个对资格证书及专业没有要求的岗位，但要做好这个工作对个人要求并不低：内容输出、活动运营、粉丝互动、品牌合作、专题策划、海报制作、视频制作、H5 传播、数据分析……在运营岗位中均有可能涉及。

2. 薪资不均衡，高低看个人

打开一些招聘网站（见图 1-3），可以看到，在北京地区新媒体运营岗位应届毕业生的平均薪资在 5000 元左右（仅供参考）。

一般来说，有两种应届毕业生在求职时会得到较高的薪资。

一种是个人有运营良好的新媒体账号，或是运营过校园类、社团类的新媒体账号，如果发表过单篇超过 10 万阅读量的文章，这些都是到任何一家公司应聘时都能让人眼前一亮的加分项。

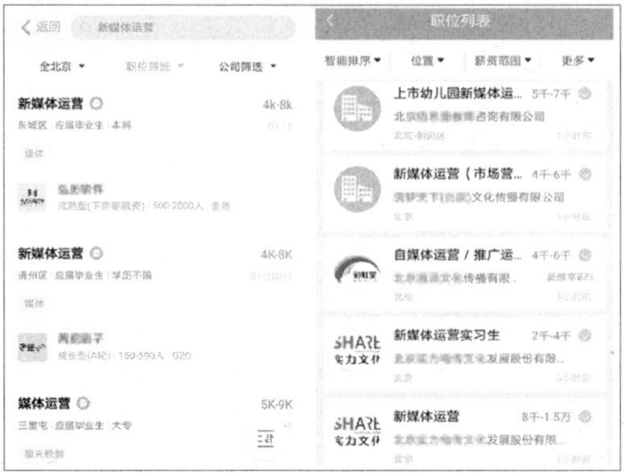

图 1-3　部分新媒体运营岗位的薪资情况

另一种是在大学期间有新媒体项目的经验，因为新媒体的特性，新媒体运营人员不一定需要在企业坐班，所以有一些新媒体爱好者在业余时间会通过网上协作参与到一些新媒体的实战项目中，他们对于新媒体的理解也就超过一般人，于是在求职时更容易受到企业的青睐。

所以，如果大学生想在新媒体领域发展，就要尽量找机会早做尝试，积累一些运营经验，为日后找到一份好工作打下良好的基础。

3. 工作职责杂，涉及领域广

仔细阅读招聘网站关于新媒体运营的职位描述（见图 1-4），会发现“一千家公司有一千种新媒体运营”，不同公司的新媒体运营在工作内容上可能会有很多不同的地方。

图 1-4　部分新媒体运营岗位的职责和要求情况

但总的来说，新媒体运营工作主要包含三大模块：内容运营、用户运营和活动运营。

内容运营需要求职者能够撰写顺畅易读的文案，能够进行美观的排版，有一定的素材资料收集能力；用户运营需要求职者具备良好的沟通理解能力、基础的社群运营能力、对产品的基本理解能力，可以解答用户的疑惑，对用户心理略有了解；活动运营需要求职者具备提出活动创意的能力、撰写活动策划与流程文档的能力，以及活动落地的执行能力等。

不同的企业，配置的新媒体运营人数不同、所给的资金投入也不一样。大企业中可能整整几十人的团队运营一个微信账号，而一些创业团队可能一个人要运营所有的新媒体平台。

整体来说，工作内容杂、临时性工作多、加班是新媒体运营岗位的一种常态。但是，也正因为工作的特殊性与灵活性，相对其他工作来说，新媒体运营岗位涉及领域、眼界、圈子也会比较广。

新媒体行业发展快、变化也快，无论一个运营人员曾经有多么成功的案例，也会感到不安，不知道今天还被热捧的新媒体，明天会不会就成了“旧媒体”。

但同时也可以看到，不论媒介如何变化，运营的经验、传播的原理、用户的喜好……这些东西经常是相通的，正如曾经在微博那一轮热潮中没有抓住机会的人，在微信来临时依旧跟不上；曾经在论坛贴吧时代玩得风生水起的博主，不论后来出现哪种媒介，依旧还是领头羊。

所以，现代的大学生们应该明白一个道理，今天努力去学习和了解新媒体，也许根本不是为了今天能成功，而是为了在七年后、十年后，能等到属于你们的“新媒体”时代。

实战训练

你身边有没有做运营的学长或学姐？请你组织一次职业生涯人物访谈，如果没有条件当面进行访谈，也可以通过微信或电话咨询，请教他们真实的工作状态、岗位职责和职业成长路径。

02 Chapter

第 2 章 微信个人号运营实战

通过阅读本章内容，你将学到：

- 微信个人号的装修技巧
- 有效增加好友数量的方式与方法
- 使用微信个人号与他人建立信任连接的注意事项
- 朋友圈的内容管理和注意事项
- 在朋友圈做活动的常见形式与操作步骤

2.1　微信个人号的装修技巧

微信个人号好比是自己的一张微名片，别人会通过观察你的微信昵称、头像、签名以及封面图判断你可能是一个怎样的人，进而决定是否愿意和你接触，所以做好微信个人号的装修是很有必要的。

微信个人号装修包括昵称、头像、微信号、个性签名、地区和朋友圈共六个细节。

2.1.1　互联网中的个人商标——昵称

通过微信与他人互动时，对方最早接触的就是自己的昵称和头像。从营销角度来说，好昵称能够减少沟通成本。

一般来说，起好昵称有以下几个技巧。

1. 品牌一致，重复刺激

如果你已经有了一定的社会影响力，建议最好在各大网络社区都沿用已经被大众熟知的昵称，因为你经营多年的昵称就如同一个商标。

除了微信个人号，还有微信公众号、微博、QQ、豆瓣、知乎等网络媒体，如果要打造网络个人品牌，最好在不同网络媒体和社区上都使用完全一样的昵称。

现在很多社交平台都要求昵称不能重复，所以企业一定要有品牌意识，要在新媒体平台刚推出的时候就去抢注昵称。这也导致优质昵称成为一种稀缺资源，甚至出现了倒卖昵称的现象，就像当年的网站域名抢注一样。

对于准备打造个人品牌的朋友，建议将微信昵称设置为自己的本名，这样做的好处是增加真实感，进而提高信任度。如果你的本名已经被很多人记住了，那么直接用本名做昵称也是一个好策略。

2. 字数要短，便于搜索

如果没有个人品牌积淀，如何为自己起昵称呢？建议微信昵称尽量要简单、亲切、好记。想让用户可以更快地记住，在起名的时候就需要注意昵称要符合用户的记忆习惯，就像被人们熟知的英文字母表、有规律可循的等差或等比数列、平仄韵律的古诗词等，用户越熟悉的东西就越容易记住，而用词奇怪、字数过多的微信昵称是很难被人记住的。

3. 拼写简单，便于输入

好昵称应该要方便用户快速输入和搜索，除非特殊情况，否则不要出现难写、难拼、难读、难认的文字。如果你希望自己的昵称被更多人记住，那么繁体字、表情、符号、奇异的外国文字最好都不要出现在昵称里。

4. 提供标签，对号入座

课堂讨论

如果有一天公司有一个重要的商务演示要找人做 PPT，在图 2-1 所示的几个微信个人号中，你会找谁？想要学习 DISC，该找谁？想与社群“行动派”合作，应该找谁？

如果单看图 2-1 所示的微信昵称，你可能会毫无头绪，但如果他们的微信昵称改成图 2-2 所示呢？

图 2-1

图 2-2

采取“个人昵称+工作标签”的起名策略，让人一下子就能对号入座，从而减少沟通成本。

如果已经有知名度较高的个人品牌了，取自己一贯的名称或本名就可以，此时你的名字就是金字招牌。

但如果自己没有个人品牌，建议你加上经过提炼的最重要的信息作为后缀，如“实名+公司/项目名称”“实名+擅长领域”“实名+能为大家提供的价值”的结构，只要你在朋友圈足够活跃、内容有足够的吸引力，那么你的个人标签就会得到持续曝光。

标签应该是一个人核心或重点的信息，有些人将地域、公司全称、电话，甚至人生格言理念都加在微信昵称里（见图 2-3），这样会让人感觉非常怪异，有的甚至根本显示不全。

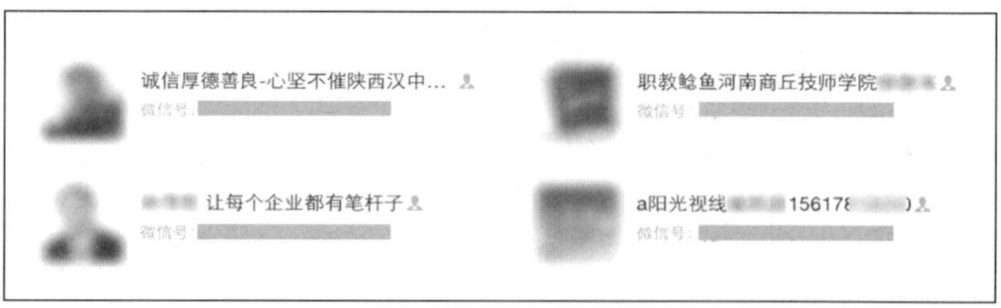

图 2-3

5. 长期不变，永久记忆

微信昵称设置好之后，就不要频繁更换。因为用户一旦熟悉了某个昵称，更换后用户需要再花时间和精力去记忆，增加了记忆负担，导致用户找不到或忘记。

6. 忘掉技巧，拿出真诚

网上曾经流传着很多微信起名技巧，用这些技巧所起的昵称或许在短时间内确实有效，但滥用之后就带来相反的效果，如在自己名字前加个“A”或“0”，如图 2-4 所示，就有机会占据别人通讯录最前面的位置，而现在加“A”的人有一大堆，这样做的效果已经很一般，并且如今昵称加“A”好像就暗示着将“营销”“微商”“卖货”等标签提前告知别人，会让别人产生提防心理。

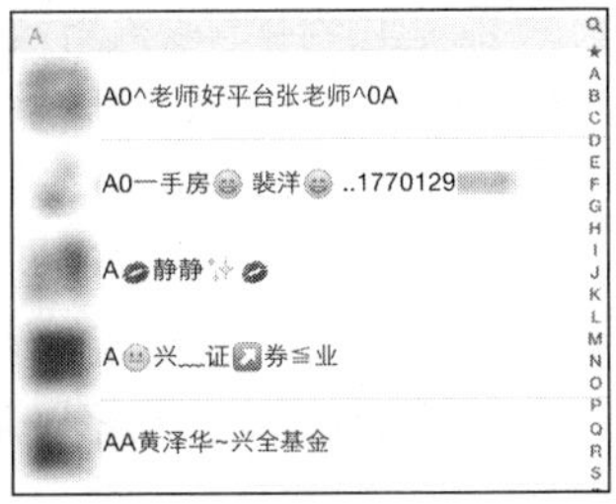

图 2-4

2.1.2 社交网络中的第一印象——头像

头像象征品味、印象、信任度，也是你给用户留下的第一印象，所以一定要用心设置，尽可能减少社交成本。设置头像有以下几个技巧。

1. 辨识度高，清晰自然

课堂讨论

图 2-5 所示的这四张头像，你觉得有什么问题?

图 2-5

- 第一张照片是男生还是女生?
- 点开大图才发现第二张中有人……
- 你存在那深深的黑夜里，隐藏在微信头像里……
- 怎么就没有领导范儿呢?

如果想让微信头像更好地展示自己，需要做到：

（1）图像必须是清晰的，不清晰的头像就像被蒙了一层薄纱，无形中增添了一层隔阂；

（2）图片背景要尽量干净，元素过多会导致头像主体失焦；

（3）头像识别度要高，背景色和头像要有明显的色彩对比；

（4）主体和背景的比例要合适，人物不能太小；

（5）图片要适当裁剪，不要压缩、变形，否则会让人看着感觉非常不舒服。

2. 真实可靠，安全可信

现实生活中不少人喜欢在网络上搜索美女、帅哥的图片作为头像，其实这个做法本身倒没什么，但是如果微信个人号是用于运营的话，则建议使用真人头像，因为真实头像照片能够给人带来安全感。

头像照片可以适当进行美颜处理，但是要把握尺度分寸。真实、美好、能表达你自身气质的头像才会给用户带来好印象，让他们信任你，更愿意和你交谈。

3. 贴近职业，风格匹配

课堂讨论

图 2-6 所示的几个头像对应的职业分别是咨询、培训、时尚、医生。你会不会觉得有点格格不入？

图 2-6

如果只是加了自己亲朋好友的微信号，选用一些搞笑、好玩的头像无伤大雅，但是如果要去对接客户或合作伙伴，选择网络搞笑图片做头像难免会给自己的形象和专业度减分。

所以，在一般情况下，选择的头像风格要尽可能贴近自己的职业，如图 2-7 所示。

图 2-7

4. 突出特点，有话题性

课堂讨论

回忆一下，当你加了一个陌生好友，第一次聊天你会说什么？是不是问“在吗”？

微信加陌生好友后，由于两人相互之间不了解，因此第一次的聊天时往往不知从何聊起，稍微不注意就可能导致误会或冷场，对于内向、不善交际的人来说这更是个难题。

如果将头像设置得具有个人特色一些，则有助于从头像聊起、打开话匣子，又不会因为相互之间不了解导致不必要的误解，就像英国人见面聊天气一样。如本书作者秦阳由于皮肤较黑，就设置了一个夸张好玩的黑色头像，加陌生好友后经常就以头像破冰，如图 2-8 所示。

图 2-8

2.1.3　微信生态中的身份 ID——微信号

课堂讨论

图 2-9 中展示的是一些微信号，请先用半分钟记忆，自测一下，合上书之后你还能回忆起几个。

reading	a7289463517	WeChat
NBA2016	qkjschfymz	We_Chat
NBA2017	jiayoubaby	We-Chat
read01	read02	read03

图 2-9

根据这个自测结果，不难总结出以下两个结论。

1．好微信号的特点：好记、好识别、好输入

微信号是微信唯一的 ID，设置后不能再进行修改，所以如果微信号不好记、不好拼，就会带来一些麻烦，所以尽可能避免以下情形。

（1）难记忆字母组，不好记忆。

（2）不明意义的数字长串，不好识别。

（3）有短杠或下画线，不好输入。

2. 微信号的设置建议：拼音、关联、系列化

一般来说，以下几种设置是比较好的。

（1）名称全拼音。微信号尽量与自己的微信昵称或相关名称保持一致。

（2）绑定手机号。将手机号关联自己的微信，让别人通过手机号就能找到你。

（3）系列化命名。如果你有多个微信号，可以系列化设置，方便矩阵化运营，如“全拼+01”“全拼+02”等。

2.1.4 我为自己代言——个性签名

课堂讨论

假设通讯录提示有 3 条添加好友请求，如图 2-10 所示，你愿意点击“通过验证”吗？为什么？

图 2-10

在添加新好友的时候个性签名被关注得多，直接影响着新增好友的通过率。

个性签名最多可以设置 30 个字，风格可以严肃也可以幽默，关键的是展示自己的个性与特点。从上面的反例可以得出以下两条关于个性签名的经验。

（1）忌空。个性签名不要空着，空着会很像一个没有诚意的僵尸号。

（2）忌硬。避免僵硬的广告，广告性质的个性签名会让人产生警惕心理，好友通过率也就特别低。

2.1.5 远在天边还是近在眼前——地区

在很多人的个人信息里，所在地区都写的是冰岛、法国巴黎、马尔代夫……然而，除非是特殊需求或与产品相关，不要把自己的地址写成这些，这会让客户感觉不踏实，没有亲近感。

2.1.6　每个人都有自己的秀场——朋友圈

课堂讨论

加别人为微信好友后，你做的第一件事是什么？

有一个网络段子是这样写的："我通过了你的好友验证申请，现在我们可以开始互翻朋友圈了。"

打开朋友圈，第一眼看到的就是相册背景图，这是很多人都会忽视的地方。比较常见的做法就是设置风景图和人物图，如果微信号是带有运营性质的，完全可以利用相册背景图来打造自己的个人形象，把自己精选后的经历、头衔或能提供的资源放上去，这样好友在查看你的朋友圈时就能对你有个大致印象，方便后续链接。

朋友圈中发布的状态就是关于一个人的各种信息碎片。这些碎片会随着一张张图片、一段段文字、一条条转发散布在朋友圈里，把这些碎片拼合起来，哪怕没有见到本人，也能看出个大概。朋友圈的行为有发布、转发、评论、点赞等，这些行为背后隐藏着什么秘密呢？

1. 新的一天从发朋友圈开始

朋友圈这种交流平台改变了人们的生活方式，人们可以随时随地晒美食、晒幸福，但朋友圈暴露了很多人的秘密。想要进一步了解一个人，可以看看他平时都在朋友圈发什么、发多少、何时发。

（1）发什么——内容

若某人经常在朋友圈中发一些四处的风景、与朋友们的合影，说明这是一个爱玩、爱旅行的人；还有的人每天必在朋友圈中发自己的宠物（如猫咪），说明这是一个喜爱小动物的人。

所以，从一个微信号的朋友圈内容可以看出他的兴趣爱好、性格特征或者工作内容，从一个微信号配的图片中可以看出他的审美或艺术感，从一个微信号的文字中可以看出他的文学修养或创造性……

如一个人频繁地在朋友圈晒自拍的人性格外向、自信，喜欢对外界展示自己。

如一个人发的朋友圈消息大都是关于自己的，很少发关于其他人的内容，一般来说，这个人比较以自我为中心。

如一个人朋友圈的内容都是自己的原创、从不复制粘贴别人的东西，一般来说，这个人有一定才华，为人处世有自己独到的见解。

如一个人经常在朋友圈发跟工作内容有关的东西，一般来说，这个人一定是以工作为重心的，因为他把社交工具当作发展工作的平台了，也说明他对于人与人之间的情谊比较淡薄，会利用身边一切可以利用的资源来完成工作。

如一个人经常在朋友圈中宣泄情绪、抱怨、对生活和社会现象有很多不满，一般来说，这个人内心不够强大，容易受外界压力的影响却无力去改变什么，唯一能做的就是通过朋友圈这个窗口去宣泄……

因此，通过一个人的朋友圈，可以深入了解这个人，以便将来与其互动时有话题可聊。

（2）发多少——频率

从朋友圈中的更新频率也能看出一些信息。

正常情况下，人们都要忙工作、拼事业，除了微商，普通人不会一天发几十条朋友圈，所以频繁发朋友圈的人，一般来说，要么工作比较清闲，要么一定非常希望得到关注。

很少发朋友圈的人一般为人处世比较低调，但发布少并不代表不看朋友圈，他们在生活中喜欢保持沉默，想要和他们深入接触只有打开他们的心扉，但熟悉之后你就会发现，他们其实也很健谈。

用朋友圈做营销时，要牢记：用户至上，用户体验是核心。粗暴的刷屏刷来的是嫌弃，刷走的是客户！微信官方对于朋友圈营销有着明确的态度："微信的朋友圈是一个由熟人关系链构建而成的小众、私密的圈子。用户在朋友圈中分享和关注朋友们的生活点滴，从而加强人们之间的联系。它并不像微博和电商平台可以肆意地营销，保护用户体验和朋友圈环境质量是第一位的。任何频繁发送信息和过度营销破坏用户体验和朋友圈氛围的行为，微信都会坚决制止，这是我们的底线。不论这家公司有什么背景、不论这家公司有多么大，即使是腾讯内部的产品，只要伤害到用户体验和用户利益，微信团队将一视同仁。此前，美丽说、蘑菇街，以及腾讯自己的产品魅拍 App 都由于过度营销行为被微信禁止。"

（3）何时发——时间

一个人在朋友圈活跃的时间段一般是这个人比较清闲的时间段，所以从一个人经常发朋友圈的时间，可以看出他的作息特点。

2. 转发背后更是一种转达

转发与评论、点赞、收藏等行为是有本质不同的，后三种主要代表着想深入互动、想简单赞美、刷存在感、想深入学习这样的需求。如果一篇文章真的写得非常好，可以发表赞美性评论，也可以收藏以便学习，那为什么要转发呢？

转发行为的背后更多是向外界表达转发的内容并阐述自己的观点、立场和态度。从一个人喜欢转发的内容里也可以看出这个人的价值观、世界观。

3. 评论和点赞也是一种礼仪

喜欢评论别人的动态、为别人点赞的人，一般来说，对生活有热情，很容易满足，也很乐观。他们在人际交往中有更多发言权，而且善于和别人交流。

相反，极少与别人互动、即使别人评论了自己也较少回复的人，大多比较内向，或者工作强度很大。

实战训练

请打开你身边同学的微信个人号，用表 2-1 评估他的装修是否合格，并提出改进建议。

表 2-1　微信个人号装修评估表

评估项	改进建议
昵称	
头像	
微信号	
个性签名	
地区	
朋友圈	

2.2　如何添加更多微信好友

课堂讨论

你有多少微信好友？跟你身边的同学相比是多还是少？你的微信好友来源有哪些？你觉得一个人正常的好友数量是多少？

接下来就来学习添加微信好友的若干方法和技巧。

2.2.1　导入通讯录好友，批量添加

微信好友最直接的一个来源就是原有的好友圈、人脉圈，这些原有的人际关系一般都会沉淀在通讯录中，那如何将这些人加为微信好友呢？要一个个地去索要微信号吗？

微信支持导入通讯录好友，只需点击“添加朋友”—“手机联系人”，就可以添加手机通讯录中开通微信的朋友了，如图 2-11 所示。

图2-11

不过要注意，并不是说只要有了对方的电话号码就可以搜到他的微信号，能够用手机号码搜到微信号的前提是对方在“隐私”中开启了“添加我的方式”中的“可通过手机号搜索到我”。所以，如果你想让别人用手机号码搜索到自己，必须开启这个设置，如图 2-12 所示。

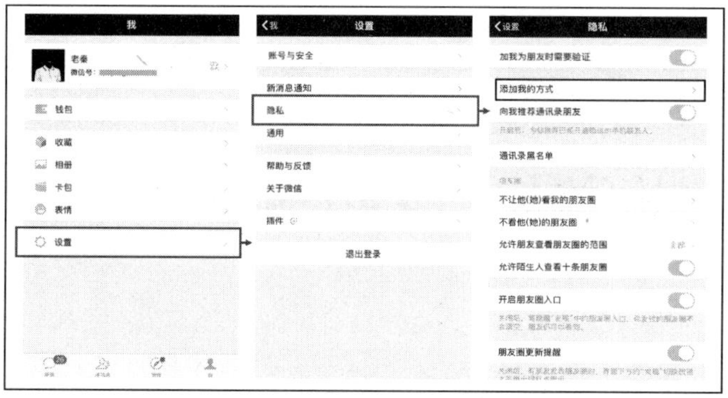

图2-12

对于业务即时性强的人来说，甚至可以关掉“加我为朋友时需要验证”这个设置，这样别人添加自己微信的时候，不需要经过验证即可直接与你进行对话。

2.2.2 扫二维码加好友，简单高效

课堂讨论

生活中，很多人都习惯通过扫描二维码加微信好友，对于经常需要拓展人脉和客户群的业务员来说，更是要争分夺秒地调出自己的二维码，那么你有几种方法可以调出自己的微信二维码？自测一下，最快的方法需要几秒？

一般来说，人们最习惯使用的是扫描二维码添加微信好友，依次点击“我”—“我的二维码”可以调出自己的微信二维码，如图 2-13 所示。

图 2-13

也可以直接在“添加朋友”界面中单击二维码的小图标直接调出二维码，如图 2-14 所示。

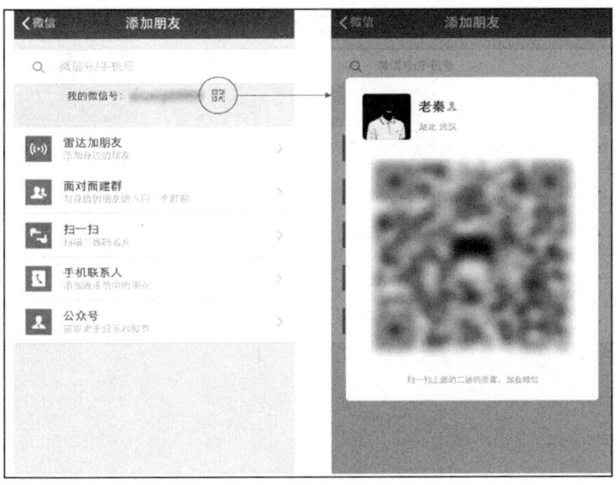

图 2-14

还有比这更快的调出二维码的方式吗？

图 2-15 所示是一位微营销达人的手机，他做了一张有二维码的屏保，只需打开手机即可让别人扫码，连手机解锁都不用。

由于手机信号或者交际场景的约束，有时候掏出手机扫码加好友并不方便，而社交场景中必不可少的就是与他人交换名片，所以完全可以在名片上附上自己的微信二维码，如图 2-16 所示。

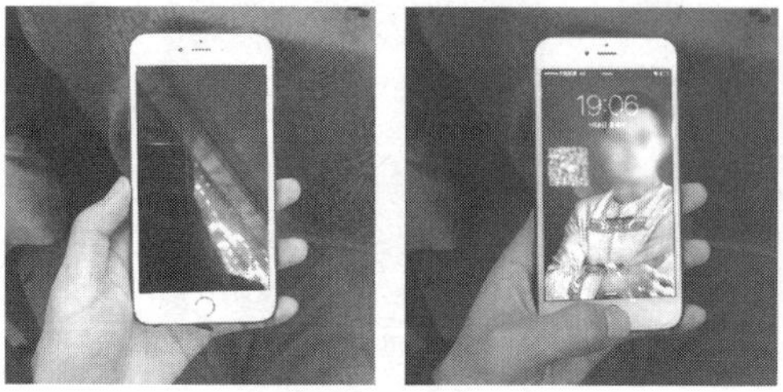

图 2-15

图 2-16

2.2.3 微信“发现”，发现新的朋友

在微信的“发现”界面中有“摇一摇”“附近的人”“漂流瓶”等随机添加陌生人为好友的功能，如点击“附近的人”就可以显示附近正在使用微信的人，点击右上角的“…”还可以对这些人进行筛选，如图 2-17 所示。

图 2-17

课堂讨论

你认为哪些行业会利用查找“附近的人”发展微信好友做推广？请列举 3~5 个可能的行业。

2.2.4　多社交平台引流，汇聚一堂

课堂讨论

除了微信，平时你还使用哪些社交平台？你在这些平台上的自我简介是如何写的？你使用频率最高的是哪个平台？你能把不活跃平台上的好友导入使用频率最高的平台吗？

可以在所有活跃的社交平台上，如微博、QQ、知乎等，留下自己的微信号，只要你乐于互动，喜欢分享，有趣有料，会有很多人想进一步认识你，进而通过搜索微信号将你加为好友。

如笔者就通过知乎的简介添加了大量微信好友，后来由于好友过多且添加过于频繁，难以维护，只得将微信个人号改成微信公众号，如图 2-18 所示。

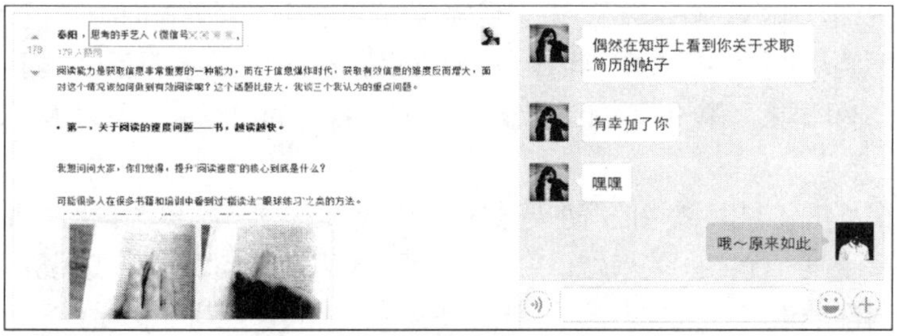

图 2-18

另外，在电子邮件落款处也可以留下微信号方便别人添加微信好友，而且可以精心设计一个落款模板，以后写邮件的时候可以自动加上落款，省事又高效。

2.2.5　信任代理推荐，分享影响力

课堂讨论

平时生活中你有通过中间人介绍认识的朋友吗？为什么需要这个中间人呢？这个法则在互联网世界是不是也适用？

克里斯・布洛根（Chris Brogan）在其作品《信任代理：如何成就网络影响力》一书中说道，在以透明为特质的网络世界可以成功建立起自己的影响力，也可以与人分享这份影响力。

所以，如果能够借助有一定名气、威望的人推荐，或者借助朋友的口碑推广，通过信任代理的方式，可以快速吸引很多人来关注你，如图 2-19 所示。

不过要特别注意的是，自己要具备一定的专业性，如果自身没有内涵和价值，即便加了很多好友也留不住，带不来转化，还会损害推荐人的信誉。

图 2-19

2.2.6 通过社群加好友，精准快速

课堂讨论

你有没有一些很好的朋友是通过一些微信群或者 QQ 群认识的？回忆一下，当时你们为什么会加为好友呢？

一个群少则几十人，多则数百人，所以微信群是一个非常好的加好友的入口。不过，一般人不会随便通过陌生好友的申请，所以平时应该在群里多多活跃、展示自己，让群里的成员对你有印象、有好感，加好友的时候就很容易通过，甚至可以吸引别人来主动加你。

另外不得不提的是通过微信群加好友有一个很大的好处，那就是相对精准。因为大多数群都是基于某一个共同的兴趣、关系、特征而聚集在一起的，如妈妈群、动漫群等，所以先有针对性地进群，找到自己的目标客户是一个非常不错的策略。

以往的销售往往是一对一的，找到一个个符合你的产品定位的人，需要消耗大量的成本。而微信群带来了一种可能，那就是你找到一个符合产品定位的用户，进而顺势从他入手，顺藤摸瓜，打入他背后跟他有一样兴趣的人的微信群，一下子找到了一群目标客户，以这个群为入口，通过了解与互动，进而找到更多定位相仿的微信群。因此，社群对于销售效率和成交率的提升都大有帮助。

如有一个卖 T 恤衫和纪念品的生意人，开始做的时候每个月销量没多少，又没钱做广告推广，后来他突发奇想，开始通过论坛和线下活动，加入某明星的粉丝群，其实他根本不追星，但是他头脑灵活，在每一个群里都很活跃，一会儿在这个群谈论明星最新的综艺节目，过一会儿又在那个群就某个新闻为明星鸣不平……他风趣幽默，平时在各个群里刷足了存在感，加上他的 T 恤衫和纪念品里有大量跟明星相关的，还经常更新明星同款服饰，所以后来他的生意非常好。

那么，怎么寻找有价值的群呢？

1. 搜索

（1）可以直接使用 QQ 的群搜索功能通过相关关键词查找相关的群。

（2）在百度用“××QQ 群”“××交流群”等关键词搜索。

（3）使用 QQ 的“附近的群”“兴趣部落”等功能进行检索。

（4）在微博、论坛等平台上搜索相关的明星或核心人物，从中寻找线索，然后顺藤摸瓜。这些平台上经常会有很多的活跃分子，他们手里面一般都有大量的相关的群资料。

2. 线下活动

通过线下活动加群通常是指在各种线下活动的场合组建新的群，或者已经有现成的群，群内的人把群外的人拖进去。

通过线下活动可以认识很多相关社群或产品的粉丝，他们都可以帮你引荐，让你更易加入，借此认识更多相关人群。

如果你想要多参加线下活动，一方面可以多关注相关的信息平台，如小米社区就有专门的版块，分区域发布相关线下活动的地点、联系方式等，还有很多微博账号也会发布相关信息；另一方面，你也可以自行发起某主题的线下活动，如豆瓣的同城活动。

课堂讨论

线下活动人数众多、环境嘈杂，所以在众人需要相互之间加好友或者建群时，手动拉人与扫二维码都不够高效，那么该如何解决这个问题呢？如果要建微信群，你有哪些方法？

要善于使用微信本身的一些高效建群的手段，如雷达加朋友、面对面建群等。

如在一起的几个人如果两两之间加好友，需要多次扫码，效率非常低，但只要同时点击“雷达加朋友”，这个时候就会扫描出此刻一定距离内打开雷达的朋友。有绿色对勾标志的表示已经是好友状态；没有绿色对勾的表示还没有加为好友，只需点击其头像即可添加好友，如图 2-20 所示。

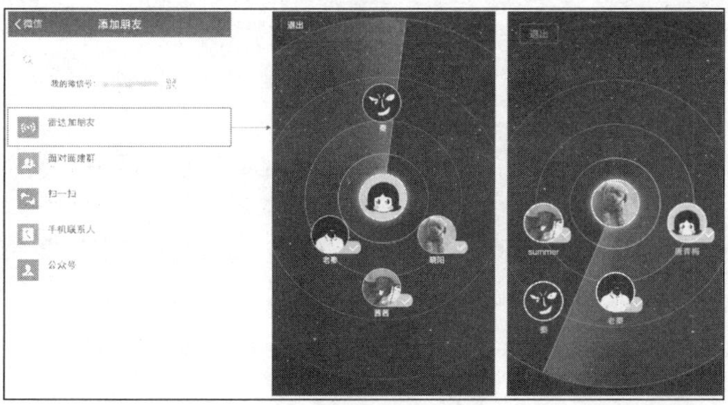

图 2-20

再如多人要建群时，分享群的二维码、手动拉人都很低效，而此时大家只需点击“面对面建群”，输入同样的4个数字，如“2018”，这时输入这四个数字的人就会即时进入一个微信群中，如图2-21所示。

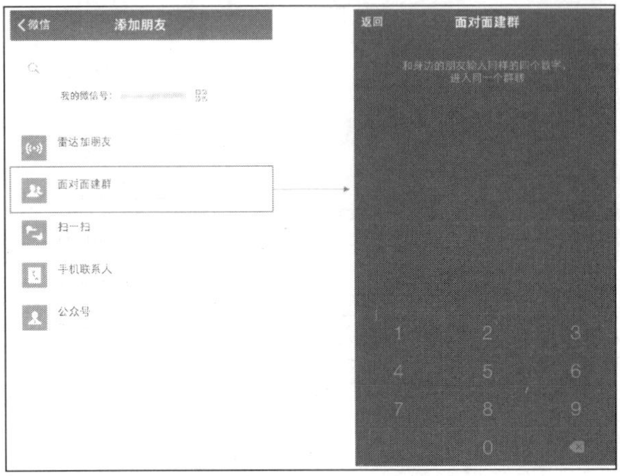

图2–21

建立微信群后，记得将重要的群聊及时“保存到通讯录”，避免日后找不到。如果不小心删除了群聊，在微信第一屏顶端的搜索框中输入微信群名称，即可找回。如果记不起群聊名称，就直接输入自己的微信昵称进行查找。

3. 自建社群

自建社群是指通过自己建立QQ群或微信群，将相关专业的朋友拉到群里，吸引别人主动来加入。这个方法的效率与自身的专业度、影响力息息相关。

2.2.7 软文推广，借载体四处扩散

写文章，或者引用好文章，如分享自己的故事、分享生活、分享知识……在文中巧妙地加入自己的微信号或二维码，然后发布到自己的微信公众号、博客、与产品相关的各大论坛和贴吧等。这种方法是最有效，也是见效最快、加好友最精准、好友黏度最高的一种方法。

发博文还有一个好处就是，很多第三方博客权重高，容易被百度收录，排名靠前，容易被搜索相关关键词的用户看到。

你还可以尝试将软文内容散布在百度系产品里，如百度知道、百度经验、百度文库等，这样就更容易被使用百度来检索相关产品信息的用户看到。

2.2.8 线下引流，重视每一个顾客

如果有机会，多参加一些同学聚会、同行聚会、线下论坛、行业交流等线下活动，

参加的时候多和他们交流，建立关系，和他们加为微信好友。通过这种方式添加的人黏度也很高，毕竟大家有一面之缘，彼此的信任度较高。

如果有实体店铺，那就更不要浪费线下的资源与优势，一定要想办法让来店里的客户留下联系方式，哪怕是通过送小礼物或办会员卡的方式，尽可能让别人关注你的微信个人号。

课堂讨论

为什么要把零零散散的用户导入微信？你认为这样做有什么用？

让用户成为微信好友最大的好处就是能把进店买东西的客户、随便看一眼的客户、停留几分钟就走的陌生客户……都装在一个容器中。只要加了他的微信，未来都有可能在微信上带来交易转化，这样就可以大大减少陌生客户的流失。假设一个服装店每天进店的散客有 100 多人，可能有 1 人成交，那一个月有 3 000 多人的流量，可能的成交量如果仅仅把注意力放在有购买转化的30个人身上，也就只有30次交易，但如果把这3 000人装进微信，你就获得了大量潜在的推广可能。

课堂讨论

实体店铺有哪些吸引别人关注自己的微信个人号的策略？分享一下你知道的案例。另外，是引流到微信公众号还是微信个人号？这两种方式，你觉得哪种更好？

线下引流的关键其实不是实体店铺，而是引流设计的思维，通过流程设计将线下流量引导到线上。如在微信卖面膜的小 A，需要大量精准女性好友，她曾经用一个月累积了 5 万微信好友，她是如何做到的？

小 A 找到一个经常给写字楼送外卖的小哥，然后与外卖小哥协商，如果是女士订餐，就赠送她一张小 A 家的面膜，并通过进一步的奖品申领流程引导她扫描微信二维码加小 A 为好友。

第一天测试，送出去面膜 200 多张，就有 150 多人加小 A，而且都是非常精准的客户。

小范围测试有效后，她就继续复制，又与写字楼附近的肯德基、麦当劳，还有一些送盒饭的快餐店合作。就这样，一个月时间过后，她的十几个微信个人号足足积累了 5 万好友。

2.2.9　公众号引流，反哺微信个人号

如果已经注册了微信公众号且积累了一定的用户，可以考虑将微信公众号上的用

户引流到微信个人号加为好友。由于公众号每天的推送次数有限，以及订阅号折叠等原因，推文打开率一直在下降，所以不妨考虑通过微信个人号与用户产生连接与信息覆盖，效果反而更佳。

所以，目前大部分公众号都会在关注自动回复、文章末尾等处留下小编或者运营者的微信个人号。如果公众号本身质量不错，引流的效果也就会很好，如图 2-22 所示。

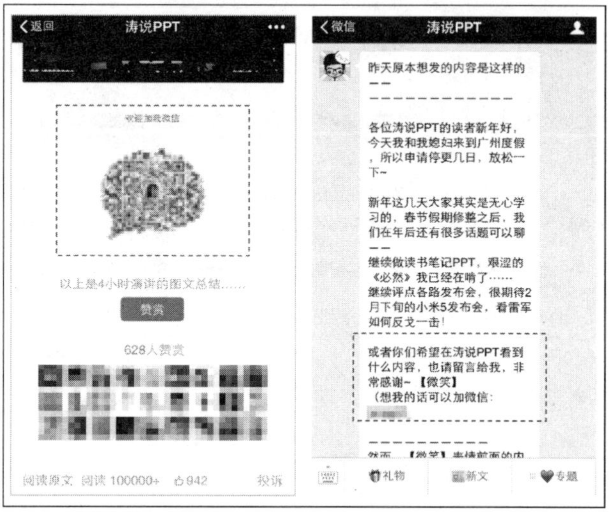

图 2-22

课堂讨论

有人担心，如果把用户引流到小编的微信个人号，当小编离职，那这些用户不就被带走了吗？这个问题该如何解决？

这个问题不难解决，这些微信个人号由公司或市场部门申请，属于公司所有，只是交给小编以个人化的形象进行运营，人事变动后由接岗的小编继续运营即可。

换句话说，微信个人号也可以完全像官方微博、官方微信公众号一样公司化运营，只不过凸显个人化的风格而已。

2.2.10 有奖活动，简单但有效

可以利用奖品激发别人推荐，这种方式见效最快，如图 2-23 所示。

一些有创意的活动，也可以起到四两拨千斤的效果。图 2-24 所示的集赞活动，由于参与者需要朋友帮忙点赞，因此必须发动自己身边的朋友去加活动发起人的微信个人号。

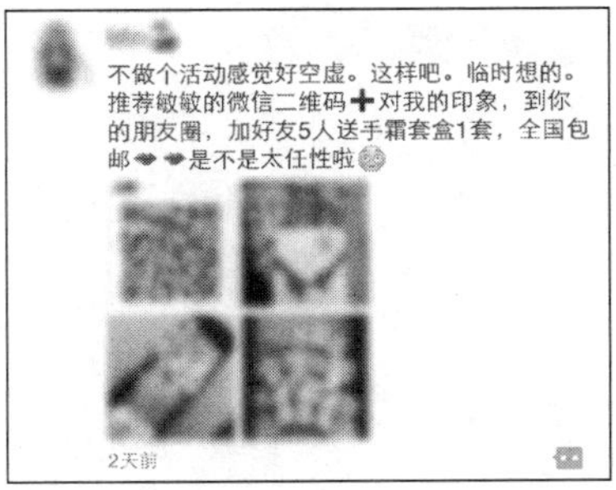

图2-23

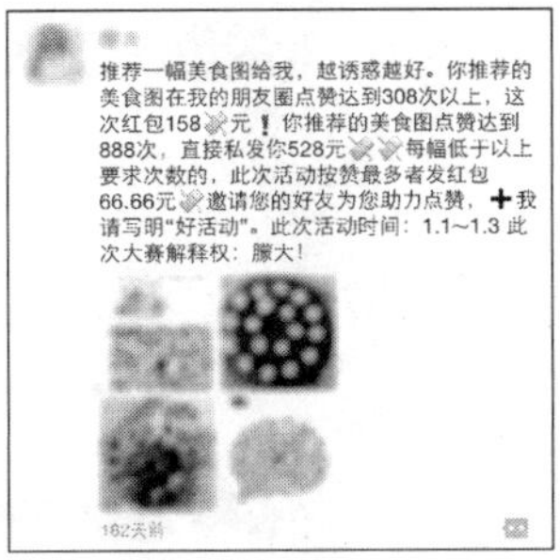

图2-24

// 2.3　如何用微信建立信任

即使掌握了很多加好友的方法，将自己的微信好友人数加满，也不意味着加了微信就万事大吉。加好友只是营销的开始，要实现交易转化，你要做的不是仗着好友数量多就发硬广告，而要做个招人喜欢、值得信任的人。

互联网已经毫无疑问地改变了人们做生意的手法，对于市场营销来说尤其如此。今天，最值钱的货币不是美元，而是社交货币。一个人能得到别人越多的信任，他的社交货币就越多，社交网络和人际关系对于消费者的影响力越来越大。

做朋友圈营销其实和做产品一样，先要给自己一个明确的定位，然后围绕定位展开一系列的产品、运营、营销和销售的工作。

无论你用朋友圈卖东西还是做服务，都不能缺少最重要的一样东西——信任。

朋友圈买东西和淘宝买东西不一样，淘宝有一套成熟的担保约束机制，即使消费者不知道背后的卖家是谁，但是有了支付宝的担保，消费者就敢买你的东西，但是微信没有这个功能，只有消费者对你产生信任才敢交易。

让一个陌生的朋友在你这消费，信任尤为重要。在微信上，商品描述不能做到淘宝那么全面和详细，也没有所谓店铺装修，更没有什么评价体系，也没有保证金，如果不能让人对你产生信任，消费者就不会购买你的产品。

消费者对你这个人认可了，对你的产品才会放心，所以做营销先做人。

2.3.1　好友申请，如何更容易通过

课堂讨论

如果有两个陌生人突然申请加你为好友，如图 2-25 所示，你会有什么样的反应?

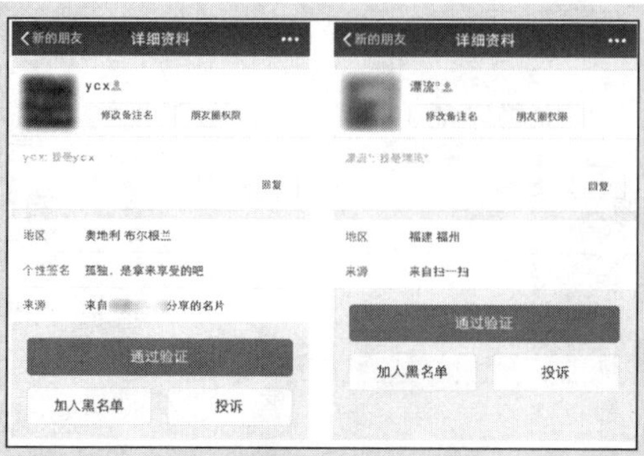

图 2-25

A. 管他是谁，立即通过
B. 不认识，直接忽略
C. 单击“回复”询问对方是何来意
D. 查看“来源”，如果来自我认识的人，可以考虑通过

极少数人会选择 A，大部分人还是很谨慎的。

很多人申请加好友时要么用默认的昵称，要么干脆什么都不写，如果对方连你是谁、来找我做什么都不知道，怎么会放心通过验证呢？所以反过来，如果你要添加别人为好友，一定要认真写加好友申请。

那么申请语怎么写更容易通过呢？一般有以下三个思路。

1. 找到桥梁

在线下社交场合，如果想认识一个人，往往会请一个中间人介绍。对于在线上加好友，这个技巧同样适用。如果是朋友推荐的好友，通过验证的概率较大。之所以如此，是因为有充当桥梁的牵线人作担保。当一个人与另一个朋友有相同的朋友、相同的背景、相同的社群时，就会拉近彼此的距离，彼此也容易产生信任。

2. 表明身份

课堂讨论

如果你的微信收到图 2-26 所示的微信好友申请，你会不会通过？为什么？

图 2-26

如果双方之间没有共同的交集，可以在表明自己身份的同时，用自己的企业或品牌为自己增加印象分。

3. 说清目的

课堂讨论

如果你的微信收到图 2-27 所示的微信好友申请，你会不会通过？为什么？

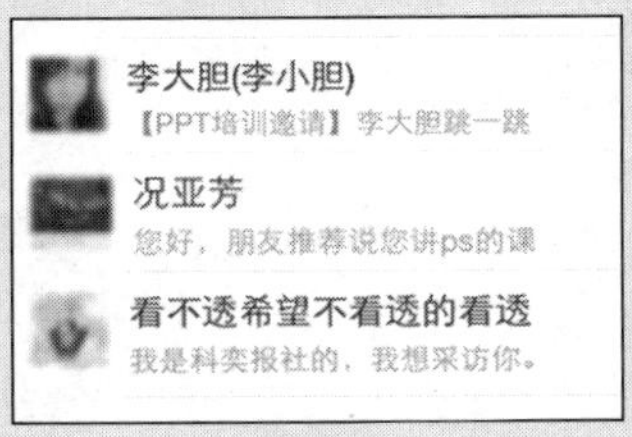

图 2-27

申请加好友时开门见山，直接点明添加好友的目的，也是一种好策略。因为陌生人申请加好友肯定是有目的的，不怕加好友带有目的，只怕加得不明不白，所以在申请加好友的时候用简练的话说清楚加好友的目的有助于通过申请。

2.3.2 信息备注，就是做人脉管理

课堂讨论

通过微信加好友的申请后，你会专门给对方修改备注吗？

很多人没有给微信好友修改备注的习惯，对于做微信营销的人来说，几个微信个人号的好友数量加起来可能过万，如果不备注，能记清楚所有的人吗？尤其很多人的昵称是英文名字，非常容易重名，还有很多人的昵称用一些不常用的符号。在这样的情况下，一旦有的好友更换头像就非常容易混淆。如果给重要客户的私密消息发到了别人那里，后果不堪设想，所以必须注重修改备注。

打开好友的主页后，点击“设置备注和标签”，打开“备注信息”界面，可以添加或修改备注名、标签、电话号码、描述和图片，还可以添加姓名、地域、行业、个人特征等信息，如图 2-28 所示。

用好备注才能做好人脉或客户管理，或许你的微信里埋藏了一座宝藏，但因为没有及时交流与备注，根本找不到宝藏的路径。

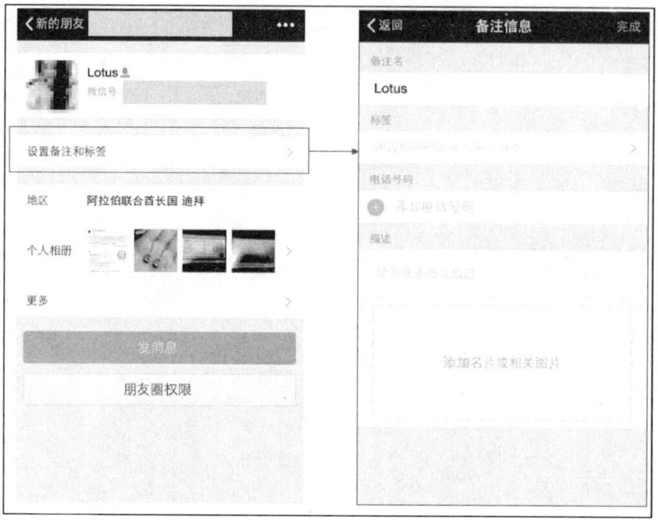

图 2-28

另外，对于做业务或者需要和大量客户维护人际关系的人来说，由于线下对接或者碰面比较频繁，除了叫对名字，还得能将名字和相应的人对上号，如果认错人，不但尴尬还可能会直接影响合作。

所以为了解决这个问题，可以使用以下这个技巧：将其照片或者你们的合影设置为当前聊天的背景，这样在聊天时照片反复出现会加强记忆，从此告别“脸盲症”，如图 2-29 所示。

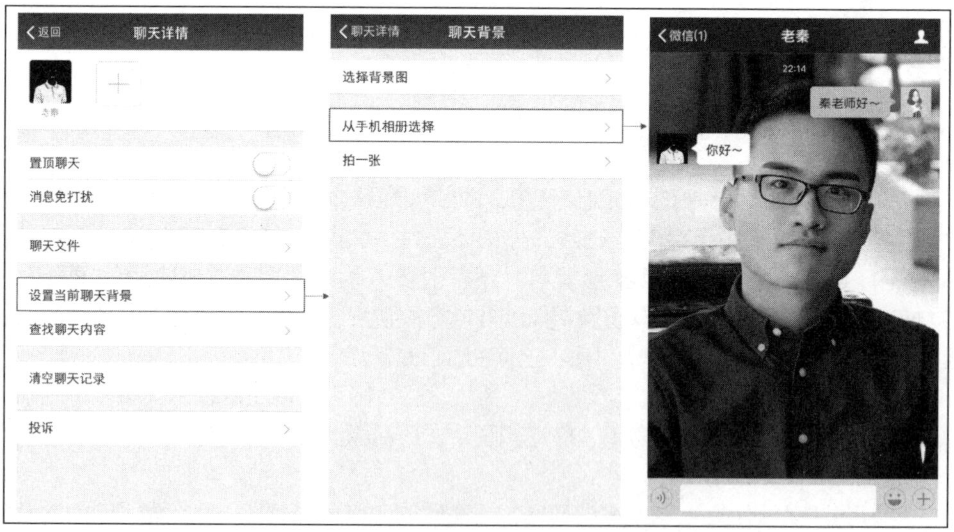

图 2-29

2.3.3　精心分组，沟通高效又精准

课堂讨论

回想一下自己平时使用微信的过程中是否遇到过以下情形。

- 微信中有一些客户需要重点维护。
- 朋友圈中有一些东西只想给个别人看。
- 要给某一个圈子的人发通知总担心遗漏。

由此可见，必须用心给微信好友分组。那该如何分组呢？有以下几个方法可以参考。

1. 备注分组法

给同一个组别的人加同一个备注前缀，这样他们自然就形成了一个组。

课堂讨论

图 2-30 所示是一个 PPT 爱好者的通讯录，总结一下：他是如何给 PPT 爱好者圈子的好友做命名备注的？这样做有什么好处？

图 2-30

显然，这样备注不但使地域、公司、学校等重要信息在昵称上一目了然，还起到给同一群体好友分组的作用。所以，每个人都可以为自己设计一套独有的命名体系来为

好友分类。

2. 标签分组法

通过设置标签，可以将好友放在同一个标签下，点开不同的标签即可看到不同的分类，如图 2-31 所示。一个人添加多个标签有助于在某些需求下快速筛选出需要的人，也有助于在发朋友圈时定向精准发布。

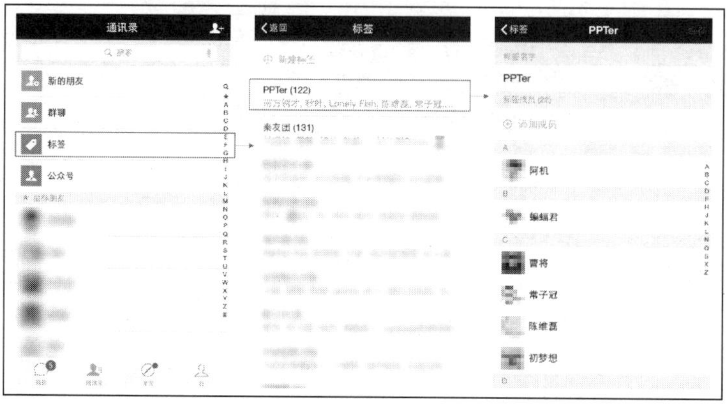

图 2-31

但如果已经有了上千好友，一个个手动添加不太现实，这时在“通讯录”界面中点击“标签”，再在“标签”界面中选择已有标签或新建标签，然后点击“添加成员”，可以逐个选择联系人，也可以点击“从群里导入”。选择一个群后，会自动筛选出这个群中的好友，等待着被添加标签。

3. 重点星标法

如果有一些人需要频繁联系，可以将其“标为星标朋友”。经过星标的好友会出现在通讯录的最前面，如图 2-32 所示，这样只要点开通讯录就可以快速找到星标好友。

图 2-32

4. VIP 置顶法

对于超级重要的人，可以设置“置顶聊天”，如图 2-33 所示。

图 2–33

2.3.4　把握自我介绍的黄金三分钟

通过好友验证后一定要及时做自我介绍。

此规则不仅适用于微信，而且适用于其他社交情境，就跟生活中与别人初次见面要发名片、握手一样，属于基本礼仪。

另外，这也是为了减少沟通障碍，因为通过好友验证后，正是对方在线而且对你最好奇的时刻，可谓相互认识的最佳时间段。

所以，留给你的时间并不多，请珍惜这黄金三分钟。

那么，在这黄金三分钟内，应该如何介绍自己呢？

1. 简明扼要，不卑不亢

如果之前与对方已有交集，那么打招呼即可。如果对方对你完全陌生，还是要有一个得体的介绍。一般来说，自我介绍切忌过长，用 100 字左右阐明重点就好。

自我介绍的最基本结构如下：

“我是谁”+“我能提供什么价值”+“一点礼节性的寒暄”。

笔者添加某位文案专家时的自我介绍如图 2-34 所示。

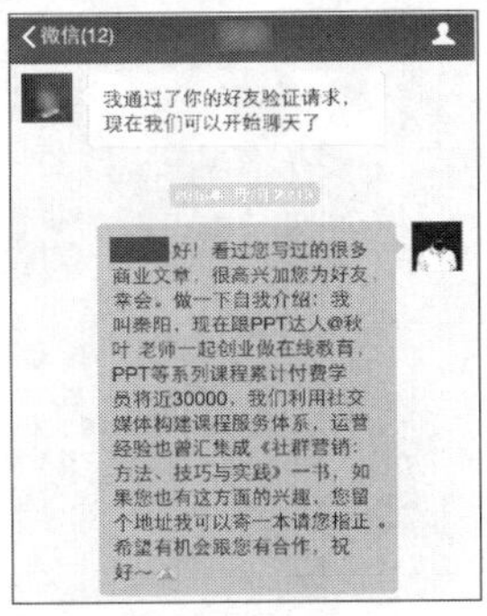

图 2–34

2. 通过朋友圈了解对方

为了使自己的自我介绍更出彩，建议快速翻阅对方的朋友圈，看看他的兴趣、爱好、特征，如对方总是晒自家的猫，那他肯定是一个猫咪爱好者；如对方每天晒微信跑步排名，那他肯定是一个运动达人；如对方经常晒四处游玩的景色，那他肯定是一个旅游发烧友……或者看看评论和点赞看能否找到共同好友。以双方的交集为出发点作为开场，有助于双方更快进入熟悉状态。这个技巧对于线下客户见面更为实用。

但是并不是说找到对方的兴趣爱好，就强行去聊你可能并不是很懂的话题，正确的做法是结合自己的特长去聊，如虽然不了解猫咪，但是自己懂摄影，是个拍照高手，那么可以教对方如何把猫咪拍得更可爱。

3. 储存几条常用的话术

可以写几条常用的自我介绍的话术存在手机的备忘录中，需要使用的时候直接复制过来，然后进行局部的修改，这样既省事，又能给人留下办事效率高的印象。

2.3.5 得体互动，优雅正确有格调

很多人加了大量微信好友，但是很多微信好友好比一潭死水，几百甚至上千人平时根本没有互动和交流，或者只有发广告时才会想起他们。

如何正确优雅地进行互动呢？

1. 不要群发

课堂讨论

春节的时候，笔者收到很多微信好友的新年祝福，如果你收到图 2-35 所示的各种祝福，你会回复哪一条？为什么？

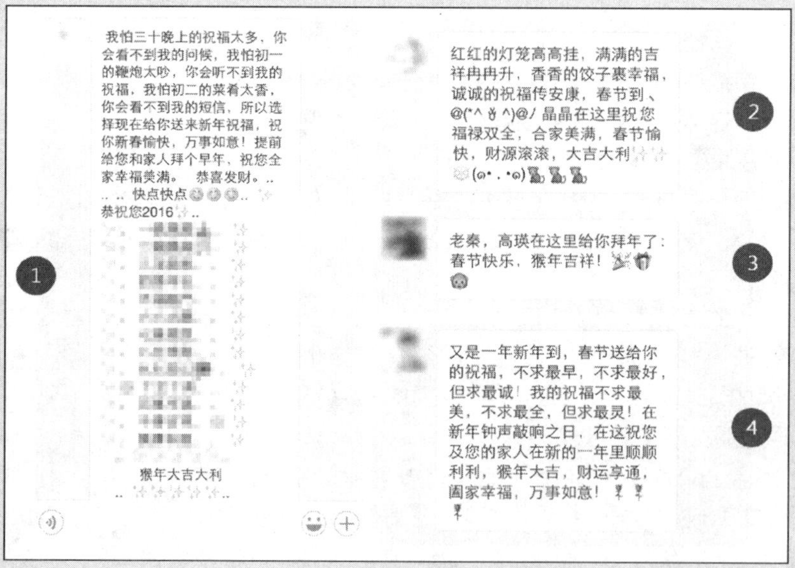

图 2-35

显然，一般都会回复第 3 条，理由也很简单，因为这条祝福有专属称谓，诚意是相互的。

所以，除非万不得已，一般情况下尽可能少用或干脆不用群发功能，因为每用一次都是对自己信誉和好感的透支。

哪怕先写好一个文案，在进行局部修改后带着对方的称谓一一单独发，效果也远远好于群发。

诚意来自于精准，所以把微信好友还原到熟悉的某个人或某类人，能给用户画像，用相应的口气和风格精准互动，才可能进而形成强关系。

2. 杜绝骚扰

课堂讨论

在使用微信时，你或多或少都收到过类似图 2-36 所示的消息。

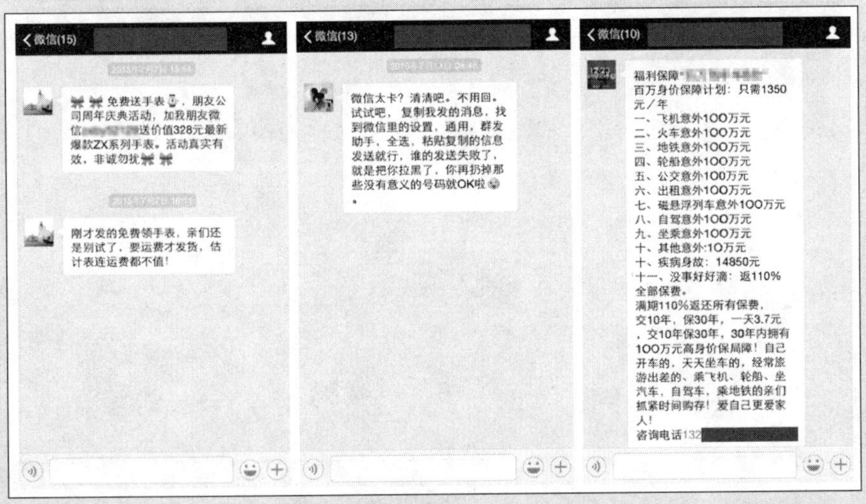

图 2-36

你会如何回应？

A. 怎么会有这样的朋友，直接拉黑

B. 你不群发我还忘了你了，正好删除好友

C. 善意提醒或警告，如果还有下次就直接删除

D. 正常回复或互动

大多数人都不会选择 D，在前面讲过，群发问候这样的行为，顶多是缺乏诚意，不理会就好，但是群发各种虚假广告、清理微信、纯粹硬广等行为已经形成骚扰了，这样

的行为势必会造成他人的反感，导致被删除或举报。

3. 红包先行

课堂讨论

> 微信中什么样的互动人人都爱？——是不是先发红包？
> 微信中什么样的人最惹人生厌？——是不是发了一个一分钱的红包？
> 微信中什么样的生日、节日祝福最实在？——是不是一个大红包？

红包是一种谁都不会反感的互动，其实，不要觉得发红包会损失多少，几块钱在生活中买不到什么，但在红包社交里，几块钱的小红包已经能够让对方惊喜了。

所以在表达谢意、节日问候、生日祝福、咨询问题的时候，不妨随手发个小红包，几块钱就可以给别人留下深刻的印象，如图2-37所示。

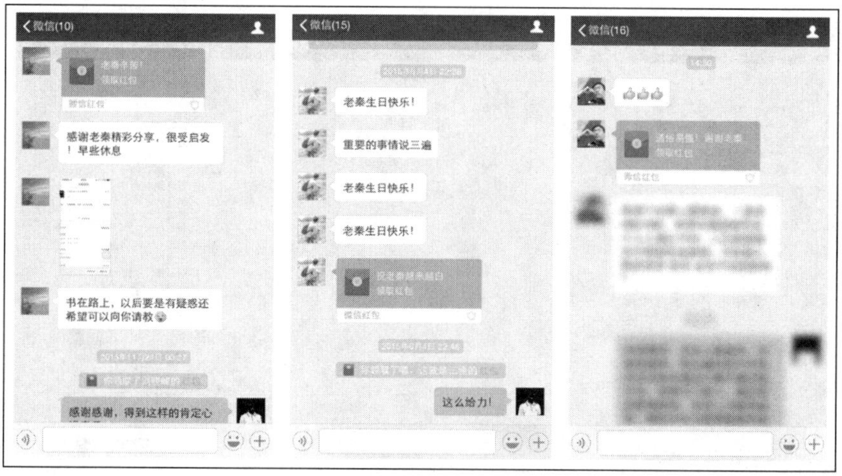

图2-37

4. 评论点赞

课堂讨论

> 平时发布一条朋友圈状态之后，你的心理、行为有何变化？

一般，发布了朋友圈之后，接下来的行为就是坐等别人的点赞与评论，期待别人对自己的自拍、观点做出评价或对今天诸事不顺的自己进行安慰，很少有人会在更新朋友圈之后就把手机扔在一边再也不理会。

这就给我们一个很大的启发，互动不一定非得通过微信聊天，朋友圈里的互动也是非常重要的。一个人在发朋友圈之后最期待的就是有多少人点赞与评论，所以可以多在微信朋友圈中进行互动，尽可能真诚、有趣地一来一往，时间长了，你们也就熟悉了，慢慢就成为好朋友了。

观察你的重要客户，如果他总是在某一个固定的时间段更新朋友圈，你就可以在这个时间段成为第一个为他点赞或与其互动的人。

然而，最为推荐的方式还是真诚有趣的评论，虽然点赞比较容易，但不能只点赞，就算你每一次都第一个点赞，但是从来没有内容上的互动，给人感觉也不过是习惯性点赞，很廉价，和群发短信给人的感觉是类似的。

但是朋友圈中信息那么多，如何才能省时、省事、省力地查看朋友圈信息呢？

在微信第一屏有一个搜索入口，点击该搜索入口后可以看到六个选项，直接搜索关键词，会弹出与关键词相关的联系人、聊天记录、收藏内容；也可以先选择上述六个选项之一，然后按具体类别搜索，如图 2-38 所示。

图 2-38

另外，大部分人可能还有这样的体验：把自己的文章或需要扩散的信息发到朋友圈，有些好友会帮你转发，这时必须给转发的好友点赞表示一下感谢。

如果好友很多，而且帮你转发的好友也很多，那点赞答谢时难免会有遗漏，这时可以用微信搜索功能。

在图 2-38 所示界面中点击“朋友圈”，进入朋友圈搜索，输入自己的文章标题后就可以看到有哪些朋友帮你转发了文章，如图 2-39 所示，可以赶紧去点赞表示感谢。

图 2-39

5. 慎求转发点赞投票

对于自己喜欢的内容，别人会自主转发，但如果不喜欢而被强求转发，就迫使对方陷入关系绑架。平时连互动都没有的人提出投票、点赞这样的要求，这是很不礼貌的。

课堂讨论

你有没有收到过图2-40所示的消息？你一般是如何处理的？

图2-40

即使你们的关系很好，也不要过度要求转发，否则你们之间的关系就会失去平衡，自己会处于被动地位。

请求帮忙的时候，可以顺带发一个微信红包，平时也可以多结善缘，多转对别人有意义的内容，帮助是相互的，多积累人缘，到请别人帮忙转发的时候也会自然些。

6. 多平台覆盖

课堂讨论

挑选你比较熟悉的几位好朋友，请问你跟他们之间平时的连接仅仅依靠微信吗？

互动的平台很多，不要只守着微信，可以由一个点慢慢延伸到其他的平台。只有在任何活动的平台都能看到你，用户才会觉得你是熟人，所以要做好情感营销，要用合理恰当的方式做到信息交叉覆盖，利用多平台产生联动效应。一旦拥有与用户长期接触和互动的可能，就具备了时刻进行交易的可能。

2.3.6 加入社群，在群体中做连接

课堂讨论

2014 年 12 月 20 日，罗辑思维第三季会员开放前，罗辑思维建立了上千个微信群，在微信群里不断有忠实“罗粉”（“罗辑思维”公众号的粉丝）发布最新小道消息。到了正式购买这天，很多人纷纷炫耀自己抢到了铁杆会员，并询问群里熟悉的好友买了没有。使得在这种群里的很多人都买了，好像要留在这个群不买会员都不太好意思，甚至不好意思买普通会员了。

为什么会出现这样的现象?

心理学上有很多与群体现象相关的理论，如“羊群效应”是说人都有一种从众心理，从众心理使人很容易盲从，如“队排这么长，是不是商家在搞促销？我不买是不是就吃亏了？”“同事都在谈论这个牌子，我不买是不是 OUT 了？”

古斯塔夫・勒・邦告诉人们，无论构成这个群体的个人是谁，他们的生活方式、职业、性格、智力有多么相似或者不相似，只要他们构成了一个群体，他们的感觉、思考、行为方式就会和他们处于独立状态时有很大的不同。

所以，用社群作为纽带的好处就是可以进行一对多的互动，群体的氛围又会相互影响，进而促进购买转化。

如上文案例中提到的小 A，她通过与快递和外卖合作，几个微信个人号加了 5 万个好友，那 5 万的好友该如何维护？一个人怎么也忙不过来啊，所以她采取了这样的方式：每天通过朋友圈进行互动，然后通过观察把活跃的好友拉到一个独立的微信群里，为了增加自己的名气和信任度，每天分享专业护肤经验，还不定期地送红包，慢慢培养感情。预热了一个月之后，她开始向微信群里的人推荐自己的面膜，第一天就轻松卖出了一万多片。

2.3.7 专业形象，才是最强的武器

不论你懂得多少营销技巧，在人脉圈，专业才是最有利的武器。

课堂讨论

一位准代理，在还没有现货的情况下只是招呼了一声就有很多人前来咨询购买，很荣幸的是，笔者每推荐一门课程，也会有人立即下单，如图2-41所示。你认为这个时候消费者买的到底是什么？

图2-41

当一个人成为个人品牌的时候，其产品在无形中就会被加分，对个人专业性的信任会延伸到对产品的信任。从某种意义上来讲，你在微信营销中卖的不只是货，更是你本人的品牌价值。

要时刻谨记，自己是一个专业信息的分享者，而不是某个产品的推广者，一个人能为别人解决多少个问号，就会收获别人回馈的多少个感叹号。

2.3.8 微信礼仪，让你更招人喜爱

课堂讨论

如果你的个人简历或名片未经允许就被人贴到了电线杆上，你会有什么反应？

微信个人号，其实跟邮箱地址、手机号一样，同属于个人隐私。当你被垃圾邮件、骚扰电话、陌生人打扰得不胜其烦的时候，就会体会到微信礼仪的重要性。懂得基本的微信社交礼仪不仅会让你变得更讨人喜欢、更容易获得帮助，而且会节省沟通成本、提高时间效率。

1. 未经对方允许不要将其微信名片推送给他人

情形 1：如果确实有急事需要找某个人沟通呢？

替代方案：新建群聊即可。

情形 2：别人问你要某人的微信名片时，你该如何回复？

参考回答：我确实有他的微信，不过出于尊重，我需要先问他一下。

2. 不要用语音开启聊天

为什么不要用语音开启聊天？有诗为证。

理解接收速度慢，信息传递不直观。
无法转发和复制，记录保存不方便。
查找不到回溯难，频发语音惹人烦。
万水千山总是情，不发语音行不行？

语音使用起来确实很方便，但这种方便是单向的：说的人方便了，却给听的人带来很大不便。

至少不要在刚开始聊天的时候就使用语音，因为对方可能在上班，可能在开会，可能在嘈杂的马路上，未必方便听。

如果一定要发语音，也可以先礼貌地征求一下对方的意见，问问对方此刻是否方便。

此外，还可以尝试用语音输入法，如用 iPhone 自带的语音输入法或讯飞输入法等将语音转换成文字来交流。

3. 有事说事，别问“在吗”

对于时间很宝贵的人来说，开门见山没什么不好。你可能觉得找别人帮忙，挺不好意思的，想先寒暄两句。事实上，联络感情要靠平时，突然套近乎只会显得很突兀，所以有事直说就好了。

4. 提问前要组织好语言

如何提问其实是一个很大的问题，怎样的提问方式会让回答者更容易接受呢？

首先，不是“在吗”之类的问题，也不要用语音发送。

其次，自己的问题得让人看得懂。要在最后发送之前读一遍检查一下错字和语病，否则对方看不懂或看得费劲，问题也得不到高效解决。

最后，提问既不要太简单，也不要太难。太简单的问题，通常可以通过搜索引擎解决；太难的问题，包括很大、很空的问题，个人问题，别人如果不了解你的背景，很难给出满意的答案。

所以，如果你真的想做一个好的提问者，请参考以下几条建议。

（1）如果你要别人的联系方式，提问前请花一分钟看看他的公开信息（如微信签名、微博简介等），也许你要的联系方式就在其中。

（2）提问前请先判断你的提问对象对此领域是否专业，假如你要问一个非专业的问题，要提供一个好理由。

（3）尝试用不同的关键词在百度等搜索引擎上搜索你的问题，或者去图书馆查资料。如果问题不紧急，优先去一些好的提问网站，如百度知道、知乎、分答这样的社区，如果没有得到解答，再用微信去问别人。

（4）哪怕是非正式提问，也要先介绍一下自己，不要以为在朋友圈中互动过，点过赞，别人就该记住你。

（5）问题越具体，对方越好回答，尽量让对方做判断题，没有交代背景的问题基本上只能得到外交辞令式的回答。

5. 内容较多时须进行简单排版

如果要发送的文字较多，记得分段处理。一般大于 3 行即可分段。每个段落前可以用【1】、【2】、【3】这样的序号标出，使内容清晰明了，便于阅读。此外，也可以用【 】、『 』等符号标出关键词，让对方瞬间抓住重点。

如果需要发长链接，最好用百度短网址（dwz.cn）、新浪短网址（sina.lt）等工具对网址进行压缩，避免他人误以为是诈骗网页。

6. 发送文件前要征求对方同意

现在微信的应用场合越来越广，有时候也难免需要通过微信发送一些资料文件，但是对于小容量的手机用户而言，这就是一场灾难。

因此在需要发文件的时候可以这么做：

（1）提醒对方先登录微信 PC 端或网页版，以便收取文件。

（2）将文件上传至网盘，分享网盘链接。

（3）询问对方邮箱账号，直接发至邮箱。

（4）寻找其他替代方式，如用石墨文档代替 Word。

7. 记得表达谢意

首先，你不能强求别人回复，不管对方回复不回复，都要先说谢谢。

其次，如果你请教别人问题，他可能需要做大量的调研或思考才能回答，或者你请别人帮忙转发或投票，可能需要他动用自己的人脉，你应该先考虑为别人的劳动或付出给予回报，如一个红包。对于不肯收红包的人，你要记得别人帮了你，找合适的机会回报，这是人与人之间的一种尊重。

实战训练

1. 打开一些社团或学生组织的微信群，尝试主动添加几个好友，认真写申请语，看能否通过。

2. 选择 10 位微信好友，给他们添加备注信息，并设置一张能帮助你记住他们的照片作为聊天背景。

3. 打开微信，为自己的大学同学、中学同学、社团伙伴、执教老师分别设置微信分组。

4. 写一段 100 字左右的基础版自我介绍，然后与身边的同学相互发送、点评，看看谁的更有特色，准备几个不同版本的自我介绍储存在手机备忘录中。

// 2.4 如何在朋友圈发内容

在人际交往中，可以通过朋友圈恰当地向别人展示自己的形象，所以朋友圈形象管理是非常重要的。

网上有个笑话说，有人在朋友圈卖东西，开始时完全没人搭理他，但功夫不负有心人，他每天坚持上货、拍照、修图，然后发到朋友圈，坚持了整整一个月，终于有了“回报”——所有人都把他拉黑了。

在发朋友圈的过程中，一定要放弃推销思维，不能一加好友就发广告，第一句就是求转发，一入群就是扔广告，这些都是没有礼貌、让人反感的做法。

本节将讲解朋友圈营销的注意事项和推广技巧。

2.4.1 注意软度——广告不能太生硬

朋友圈是私人社交空间，如果总是发硬广，大家对这个人的印象分会下降。

在微信朋友圈里做营销，建议发在朋友圈的内容三分之一与业务有关，不建议只做产品广告，还要穿插一些其他类型的内容，比如写干货、做免费分享，定期清理朋友圈，保留大家最想看的内容等。

即使要发产品的广告，也不要太生硬，如结合自己或朋友们的经历系统地说产品的故事就是一种不错的方式。产品说明书似的广告在朋友圈这个生活化平台里势必会遭人厌烦。

以下这种朋友圈内容的分配方式供参考：三分之一的内容与社会、行业有关，如行业大新闻（上市、重大合作等）等；三分之一的内容与个人有关，人都有窥私欲，如转发文章或书的摘抄、自黑、生活趣事、一辈子就那么几次的事、容易引起共鸣的事等；最后的三分之一才是广告。

2.4.2 注意频度——人人都反感刷屏

即使你的朋友圈广告很有效，也要克制自己发广告的冲动。如果你经常发广告刷屏，很可能被朋友拉黑，得不偿失。

课堂讨论

刷朋友圈时，你偶尔会看到某位好友连续发多条广告，如图2-42所示，当你遇到这样的情况，你会有什么反应？

图2-42

A. 我很反感

B. 立即屏蔽

C. 直接忽略

D. 如果有兴趣我会看

大部分人都会选A，因为这种行为既消耗流量，又强行占据朋友圈形成骚扰。因此，这样营销的效果会越来越差。

某微商用4个微信个人号加了10 000个精准客户，刷了一年广告，平均一天卖不到10单，微商那种靠刷屏赚钱的时代早就已经过去了。而且可以断言，今后在任何社交平台，这种粗暴的广告刷单模式都不能长久运营。

做朋友圈营销，要牢记用户至上，用户体验是核心。微信不是淘宝商城，大家进淘宝就是买东西，你推销产品大家是可以接受的。微信朋友圈是社交分享互动的空间，大家在里面是看信息，不是去买东西。微信朋友圈营销的核心是通过分享内容建立信任，水到渠成地去销售产品。在朋友圈中达成商业转化的本质就是先打造个人形象，通过有温度、有情怀、有趣味的方式来与客户做朋友。反之，如果只顾急功近利地“刷屏朋友圈”，只认利益不认人，口碑很容易就毁掉了。

2.4.3　注意长度——注意阅读的场景

朋友圈是小屏阅读，如果不是文章链接，大家缺乏读长文的耐心。就像写微博一样，需要尽量在 140 字内把内容写得轻松有趣，引发大家和你互动，了解更多信息。不要把朋友圈当成展示平台，只有通过引导评论、私聊、点开文章等互动才能创造真正的沟通机会。

课堂讨论

看到图 2-43 所示的这两条朋友圈，你会单击“全文”查看吗？

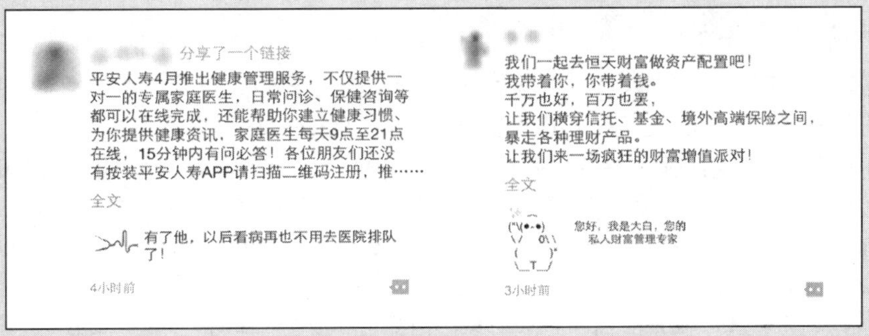

图 2-43

A. 直接跳过，连前六行文字都不看

B. 点开“全文”快速扫一眼就收起

C. 不看转发语，直接点开链接看文章

D. 全部仔细阅读

相信大部分的人不会选 D。朋友圈的内容一般不要太长，原因有以下两点。

（1）六行内容后会折叠隐藏，信息展示不全，人们有耐心点开“全文”查看的概率本来就不大，更何况内容还带有一定广告性质。

（2）转发语原本最重要的目的就是用最直截了当的文字诱导用户点开链接，如果连转发语都需要点开“全文”，两次流失会让打开率降到很低。如果确实需要发布长内容，可以提炼正文的核心内容，完整版放评论区首条。

2.4.4　注意速度——碎片消费拼冲动

大部分用户在朋友圈的阅读速度非常快，如果你的信息不能很快对他形成刺激，就会淹没在众多的朋友圈消息之中。如果要在朋友圈中完成交易，那么如何快速促成购买冲动非常重要。

课堂讨论

有一个心理学实验简述如下。

研究人员随机找了两组消费者，在这两组消费者面前都呈现了一系列果酱，并且给他们提供试吃机会和优惠券。

第一组消费者面前摆着 6 款不同的果酱，第二组消费者面前摆着 24 种不同的果酱。

结果发现，第一组中有 30%的人最终购买了果酱，而第二组中只有 3%的人购买。

为什么会有这样的现象？

这种现象在心理学上叫作“决策瘫痪”，指选择过多的情况下，人会因为对比选项耗费的精力过多而直接放弃做决策。这个实验表明选择多未必是好事。

朋友圈交易经常是碎片生活中的一瞬间发生的行为，让用户在有冲动消费的时候能最快做出购买决策。为了促进购买决策的产生，有以下两个关键点。

（1）精简产品品类、减少选择，杜绝“决策瘫痪”，这也是很多互联网公司做“单品爆款”的原因。

（2）客单价最好不要过高。产品的客单价最好不超过 200 元，超过 200 元的产品，一般销量不太好。因为 200 元是一个门槛，也可以称为“试错的成本”。客单价越高，试错成本就越高，客户购买的时候，考虑的因素就会越多。

2.4.5 注意梯度——购买习惯须递进

如果你们之间并不是非常可靠的社交关系，千万不要认为和别人加了微信就真的是好友。对于并没有真正建立信任的人，一开始最好通过一个不容易使人在心理上抗拒的产品建立合作信任，如试用产品或者低价产品。

课堂讨论

有一个经营母婴类专营店的人，没有互联网资源，所以就选择从线下场景切入，用场景找到潜在目标顾客。

需要母婴用品的人在购买之前会去哪？妇幼保健院、儿童娱乐场、早教中心……他通过加微信入群就送价值 58 元的公仔书包这样的激励措施用 10 天就加了很多妈妈，不但极其精准，而且都有在线下见过面，信任连接更强。

在送礼取得信任的基础上，他先进行了试探性销售——价值 300 元的家庭摄影只需要 98 元就可以获得，这一下带来了 127 位付费客户。

随后他以 6.0 折的纸尿裤为流量产品实现到店导流，237 人到店创造了共计 12 万元销售额。

为什么他能够实现如此高的商业转化呢?

第一次“98 元”的试探的意义在于降低了消费门槛，使自己获得更高的信任授权，有了信任授权才有利于进一步提高客单价。

所以，潜在客户的付费意识、习惯也是需要培养的，建议先小范围尝试再梯度变化，慢慢渗入。当消费者开始愿意在你这里为一个低价位产品买单时，就有可能在你这里消费更多的产品。

2.4.6 注意准度——对症下药有疗效

假如你有很多好友，可以采取一定的策略提高受众人群的精准度，也避免了长期刷屏。

1. 按分组发布

朋友圈有领导，有些动态不能发；朋友圈有爸妈，有些动态不能发；朋友圈有情敌，有些动态不能发。

发朋友圈的时候，可以选择公开或分组。分组可以选择指定的人群观看，方便更好地对意向客户进行产品宣传和推广，推荐合适的内容给合适的人。

分组时可以用用户分层运营思维管理微信好友。

按照标签分类将他们分为陌生人、普通朋友（同学、同事、闺蜜、朋友）、亲人。

用户分层及策略如下。

（1）陌生人：破冰，先互动成为熟人，即潜在客户。

（2）潜在客户：维护好熟络的关系，持续发布优质内容，向一般客户转化。

（3）一般客户：至少成交过一单，需要进一步稳固关系，如利用福利、奖励等一方面促成更多的交易，另一方面让其愿意为自己宣传。

（4）核心客户：主动发朋友圈替自己宣传，主动为其提供所需要的服务。

2. 按时间发布

一般来说，发朋友圈可以抓住以下四个黄金时间：7:00—9:00，新一天的开始，也是人们在上班路上的时间，需要打发时间，信息需求量大；11:30—13:30，吃饭、午休时间，玩手机概率大；18:00—19:00，下班路上；22:00 以后，很多人会躺床上玩手机，此时也是发布消息的好时机。

当然，更佳的手段是针对产品所对应的目标客户的活跃时间段进行发布。

3. 使用提醒功能

注意使用“@”提醒功能，以提醒你的强目标客户。不过，注意好钢用在刀刃上，不要条条提醒，而是重要信息提醒重要的精准客户。

2.4.7 注意风度——感知要大于事实

每个人在工作和生活中都有负能量时刻，但如果把不良情绪宣泄到朋友圈，会让人产生不好的感受，一旦别人对你有了不好的印象，你再去做推广，就容易遭到潜意识里的拒绝。

课堂讨论

如果你在朋友圈中看到图 2-44 所示的这些动态，你会愿意从这些人手里买东西吗?

A. 原来他对待客户的态度是这样的，算了，我还是找别人吧

B. 怎么这么没素质，这样的人卖的东西靠谱吗

C. 真性情，我喜欢

D. 一大早就看到这样的负能量真晦气，屏蔽

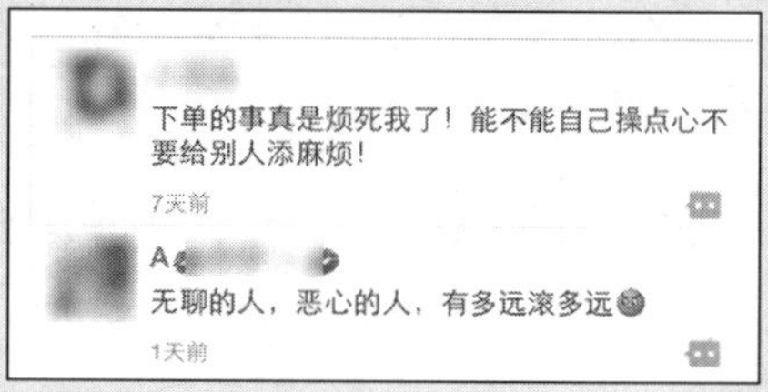

图2-44

相信很少有人会选C。

偶尔的倾诉或抱怨可能会让你显得真实，但经常性地将工作中的情绪、生活中的不顺心发泄到朋友圈中，持续的负能量只会降低别人对你的信任度，而且你的发泄措辞容易导致大家会对你本人的素质产生怀疑，试想一个对生活中各种事物都处理不好的人，他的产品值得信任吗?

控制情绪是一件很难的事情，建议你用两部手机。毕竟，当在生活中遇到烦心事的时候，气头上的人都会失去理性，只想一股脑儿发泄，其他都早已抛到脑后，如果你有两部手机或两个号码，就可以把工作和生活分开。

也可以在宣泄时依次点击“谁可以看”—“私密（仅自己可见）”或“部分可见（选中的朋友可见）”。如果是已经发布的消息，可以依次点击“我”—“相册”—“…”—“设为私密”。

在互联网上，朋友圈里的你也许就是大家眼中的你——在互联网的世界里，感知会大于事实。

2.4.8 注意黏度——有黏度才有关注

如果你有一些认可你的客户朋友，那么要想办法在朋友圈设计一些互动，在发内容时主动提醒他们到你朋友圈互动，当然互动的内容一定要有趣，给他们意外的惊喜或者实在的福利，提高彼此之间的认可度，从而创造更多的成交机会。

另外，特别注意互动时要及时回复，慎用统一回复，以免显得没有诚意。

图 2-45 所示的朋友圈，通过一个简单的填空题，结合 2014 年最后一天这个特殊的日子发起互动，再结合截屏、小礼品等玩法，不但能加强与老客户的联系，更可以激活平时沉默的朋友圈路人。

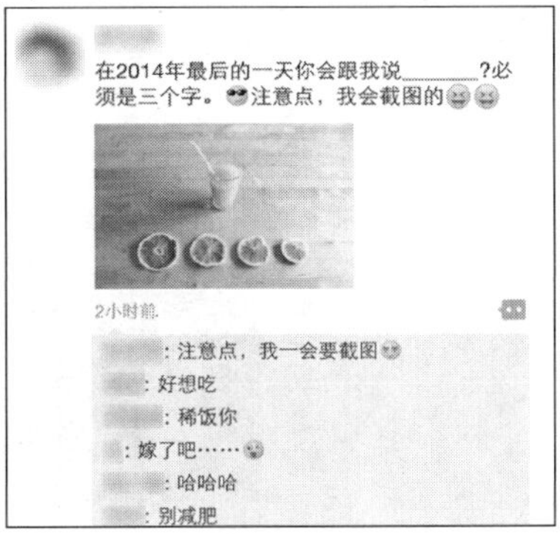

图 2-45

与用户之间产生黏度，他们才会对你以及你的产品保持持续关注，潜移默化地受到影响，而用户从陌生到熟悉再到依赖，是需要一点点培养的。

最基本的培养方式就是通过互动加强黏性。不要总是自说自话，几句话不离自己和自家的产品，其实，你完全可以发一些与产品或许没有直接关系，但是让人有欲望去参与互动的内容，一旦一个人开始与你互动，你们之间就有了相识的理由，就打开了互动的大门，进而才有机会进一步熟悉，也才会有后续的转化。

2.4.9 注意尺度——凡事有度才有得

凡事都要有度，都得有分寸。朋友圈内容一旦过了某个分寸，可能就会适得其反。在朋友圈里有以下三个尺度必须注意。

1. 自夸尺度

自夸又分为两种。第一种是为微商正名的自夸。

很多刚做微商的人会复制发布一些自我证明、激励的话，而这些东西不但与消费者无关，而且更是此地无银三百两。用户会疑惑：既然这个行业没有问题，为什么需要频频澄清，如图 2-46 所示。其实，最好的正名方式是信誉和行动，而不是喊这些没用的口号。

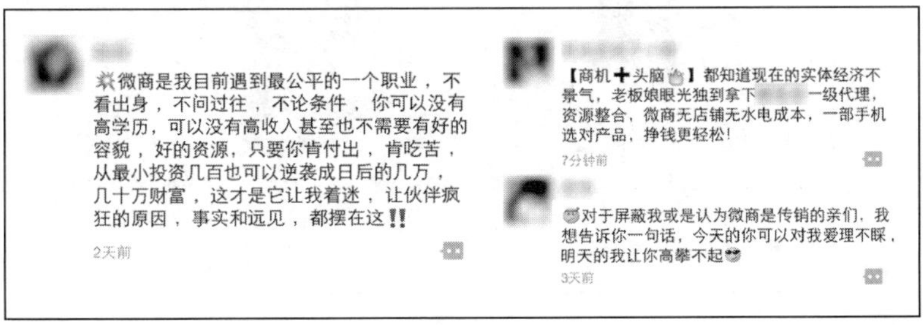

图 2-46

第二种是毫无水平的王婆卖瓜。

最好的夸奖是消费者对你的反馈，用真实自然的语言来体现产品与服务，可以辅助使用真实场景的照片、对话截图等，单一的自吹自擂会让人看得很尴尬，如图 2-47 所示。

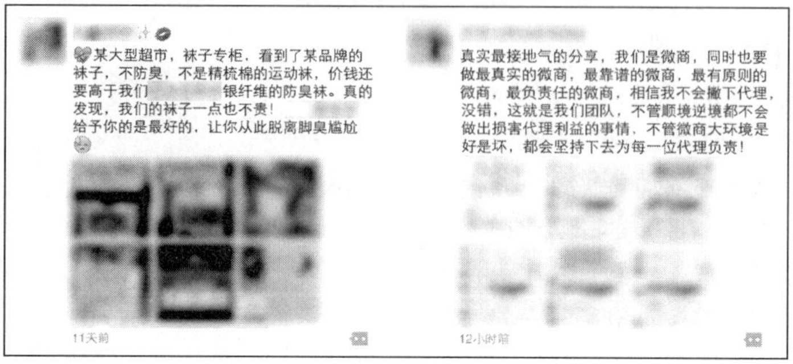

图 2–47

2. 跟风尺度

自媒体时代，民众同时扮演着两种角色——信息接收者和信息传播者。个人对很多谣言很难有专业判断，因此会信谣、跟风传谣。首先，传播谣言的行为是违法的，如图 2-48 所示。其次，这些行为会让别人对你的判断力产生怀疑，进而使你形象受损，专业度、信任感降低。

·新闻　中国江苏网 >江苏新闻 >徐州 > 关注徐州 > 正文

一网友微信传播谣言被抓获

来源：中国徐州网

中国江苏网8月8日讯 昨日，一则“徐州击毙提炸药的暴恐分子”帖子在微信疯传，帖子同时配发图片，让不少网友信以为真。昨晚，徐州警方抓获一名传播谣言者陈某，陈某证实，在明知该消息是谣言的情况下，为了能让自己的网店提升人气，仍大肆传播该消息。直到被警方抓获，陈某才意识到问题的严重性。

图 2–48

微信用户在朋友圈都看过如下类似的信息：“拐卖小孩的人贩子进城，要看好小孩”“学生放学后被拐，老师求救”“使用微波炉致癌”“小龙虾是虫，不是虾”“捡到高考考生准考证”……很多微信用户主动转发这种消息，病毒式传播。微信运营团队及各地监管部门证实，上述信息全部为谣言。

其实，制造恐慌是谣言传播的常用手段，而谣言又恰好能激起人性的善与恶。为了争做谣言粉碎机，一方面要谨慎转发，另一方面要懂一些验证的方法。可以在搜索引擎中搜索相关关键词查看其是否为“老帖”，也可以看消息源是否可靠、专业，还可以查明信息出处，信息中的原始人名、机构名，要向专业人士请教。为了求关注度将道听途说的信息进行传播是不可取的行为，最终不但使自己形象受损还会受到法律制裁，得不偿失。

3. 内容尺度

通过发布低俗趣味、敏感话题来博取眼球的做法是不可取的。

注意以下四种内容坚决不发：

（1）内容低俗的；

（2）阴暗不堪的；

（3）炫耀嘚瑟的；

（4）违背社会主义核心价值观的。

2.4.10　注意角度——条条角度向推广

人们翻看朋友圈是想在碎片时间里获取不一样的信息，而如果一个人只发布所有人都知道的事情，那么他发布的大部分内容就是无效信息。所以，不要总是复制粘贴做搬运工，要有你自己的观点、想法和思考。

另外，建议你站在潜在客户的视角去组织内容，而不是简单地推广业务，要写出自己的业务对别人的价值，引发别人的好奇心，进而向你打听更多信息，创造成交的可能。

课堂讨论

浏览图 2-49 所示的这条朋友圈，你会对他的业务产生兴趣吗？

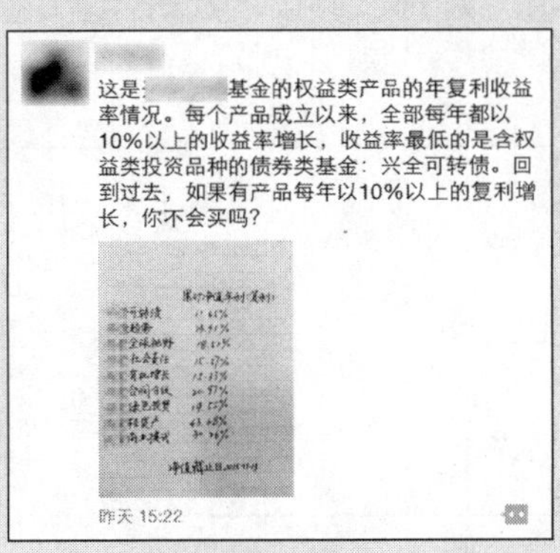

图2-49

这样的朋友圈发的内容很专业，从业务员自身的角度来看会觉得很清楚、很有吸引力，但如果要吸引的是对基金不了解的人，恐怕还要进一步使其通俗化。

不懂基金理财的人是很难看懂这些名词和数据的，可以试试其他表述，如以 100 元作为例子，对比最后的利益结果，让普通人在惊异之余产生兴趣，效果也许会好很多。

所以，在写内容的时候要转换自己的视角，站在用户理解能力层面思考，而不是只站在自己的角度上提供内容。

前文强调过朋友圈内容不要只包括推广信息，还要包括个人的生活状态，如拜访客户等，以增加感兴趣的人对你的信任。但真正的高手会非常巧妙地将生活化的信息与自己的产品无缝连接起来。生活中真实的、有趣的内容都会成为微信内容运营里的亮点。

图 2-50 所示的这位朋友将所有的事物与自己的产品联系起来。朋友的宝宝快出生了，送一双可爱的小棉鞋，再配一句“小宝宝快出生，长大帮阿姨卖核桃吧”，不但温馨，还把自己的核桃俏皮地带了出来；在深山里视察的时候，拍一些深山日出的美景照片，让人欣赏美景的同时还讲述了这些核桃的来源。

图 2-50

谁说广告就不能互动？如图 2-51 所示，她将经典的段子融入核桃，最后一句话与用户互动。偶尔还可以玩心大发，把核桃串起来做成“佛珠”，请用户估价甚至拍卖……用户不但不会生厌，反而觉得趣味十足，好玩的互动会让人感觉印象深刻，一旦提到“核桃”，便不由自主地想起她。

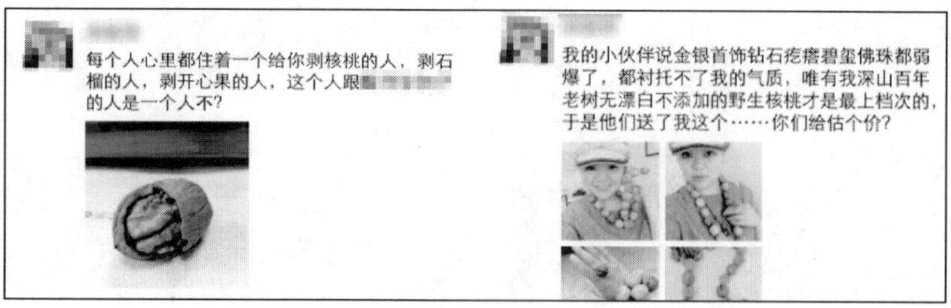

图 2-51

课堂讨论

观察图 2-52 所示的几条朋友圈，你会发现她的内容形式非常多元，从这些多元的内容中你发现了什么特点？

图 2-52

这位朋友将讲座通知、客户成果、干货分享、话题借势……用一根线串起来，这根主线就是理财的专业性，把自己塑造成一个专业的理财达人。

再如之前提到的用核桃把生活串起来，塑造了一个惹人喜爱的、让人印象深刻的、和核桃有紧密关联的形象，植入朋友们的心里。

所以，朋友圈推广做得好的人一般都会有一根主线把所有不同角度的内容串起来，朋友圈中发布的内容或许多而杂，角度丰富，但是只要主线不乱，形散神聚，就能达到预期目的。

2.4.11 注意热度——找到载体长翅膀

每天都会有热点新闻、热传段子、视频或者一些巧妙的营销活动。作为运营者，不要总把这些当作热闹看，要善于联系自己，多问自己“如果我的产品与这个热点结合，可以怎么做？”“如果这个形式换成我的产品，可以怎么做？”……尝试让自己的产品和热点之间产生交错、碰撞，就有可能冒出很多的想法和创意，让流传的每一个段子、每一个热点都可以为自己所用。将热点作为传播的载体，就会使你的内容插上翅膀，引爆朋友圈。

神曲《小苹果》在网上突然火了，前文提到的推销核桃的那位朋友就安排团队快速制作了一曲《小核桃》；网上结合水果照片添加拟人化手绘的对话场景形式火了，她就换成核桃做一组……如图 2-53 所示。

图 2-53

2.4.12 注意深度——深挖专业是正道

不论一个人懂得多少营销技巧，都不能忽略一个道理：专业性才是最大的武器。

哪怕前面提到的 11 个技巧都做不好，但能够把专业性做到极致，依然可以获得丰厚的回报。

比如卖一些专业性的东西，像茶、酒、文化这一类产品，再比如做专业的服务，像制作 PPT、培训这一类服务，首先要把自己树立成这方面的专家，偶尔还要在朋友圈里分享相关的深度文章，解答一些问题——行业专业性的深度才是最有力的名片。

所以对于一个人来说——自己就是品牌。很多人没有什么特别的技巧也可以做得风生水起，只因为所有的技巧都抵不过专业性。

实战训练

分享一件你在 QQ 空间或朋友圈中遇到的有趣互动方式，想想能否用这种方式与客户互动。

2.5 如何在朋友圈做活动

我们可以把朋友圈理解为一个上限 5 000 人的微博，如果有足够多的好友，也可以利用朋友圈策划活动，让大家参与并主动转发到自己的朋友圈，基于社交能量去传播。

如果想在微信朋友圈策划一场微活动，并且让活动取得一定成效，也需要进行系统策划。

2.5.1 活动形式

课堂讨论

打开你的微信朋友圈，尝试总结出几个朋友圈的活动形式，然后小组内综合一下看一共可以总结出多少种。

常见的微信朋友圈小活动有哪些形式呢？

1. 转发

利用奖品促使微信好友转发，基于传播结果给予一定的回报，如图 2-54 所示。

2. 集赞

（1）集赞获取礼物

将某特定内容发到朋友圈集齐一定数量的赞来获得某福利，如图 2-55 所示。

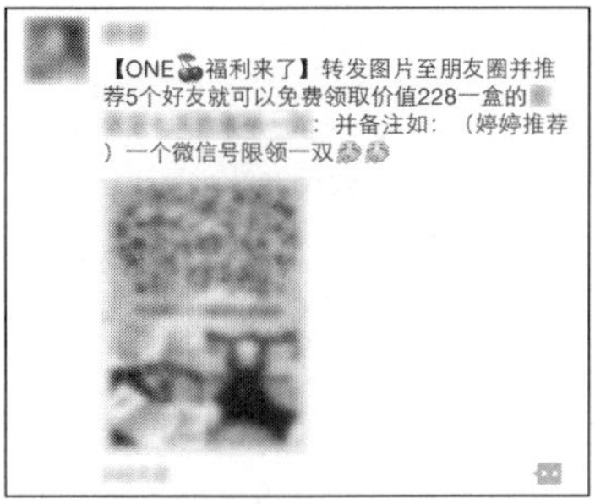

图 2-54

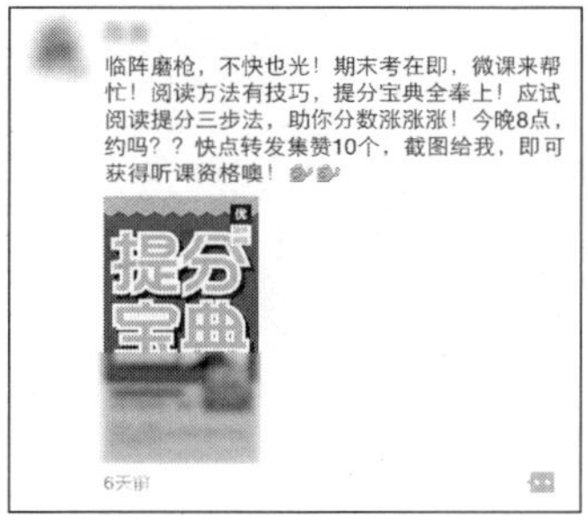

图 2-55

（2）集赞定向发红包或送礼

在活动发起人的朋友圈下点赞，特定规则下的点赞者获得某福利。注意活动截止到什么时间或者多少位为止要提前说清楚，活动后再把点赞截图、中奖的人发布到朋友圈证明其真实性，如图 2-56 所示。

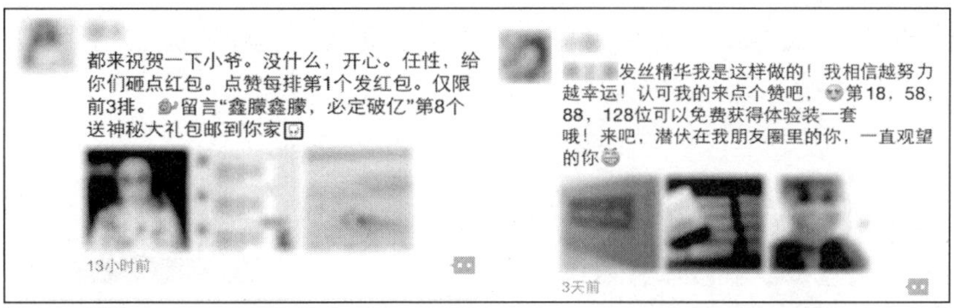

图 2-56

（3）集赞抵现金或送代金券

集齐一定的赞可以抵消某产品消费现金或送代金券，最主要目的其实还是促进产品的销售，如图 2-57 所示。

3. 试用

购买 A 产品可免费试用 B 产品，只需要填写一份试用报告，反馈试用效果即可退还邮费。或者直接付邮试用，只需要试用后填写试用报告，即可免费领取一定金额的代金券，于下次购买产品使用。

4. 筛选

说明一定要求，请满足要求的人点赞，由此筛选出自己需要的人群，以进行后续安排，如图 2-58 所示。

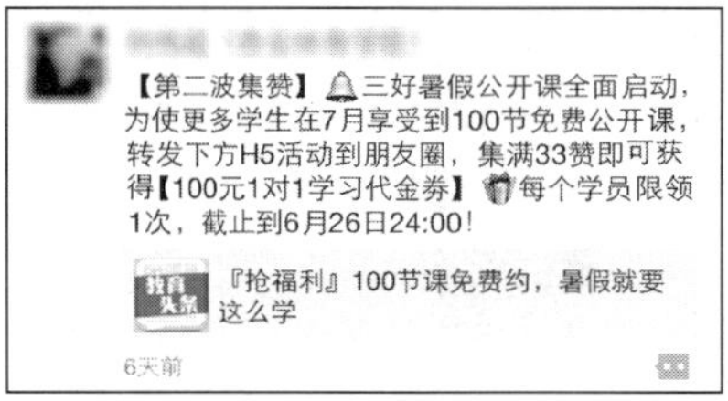

图 2-57

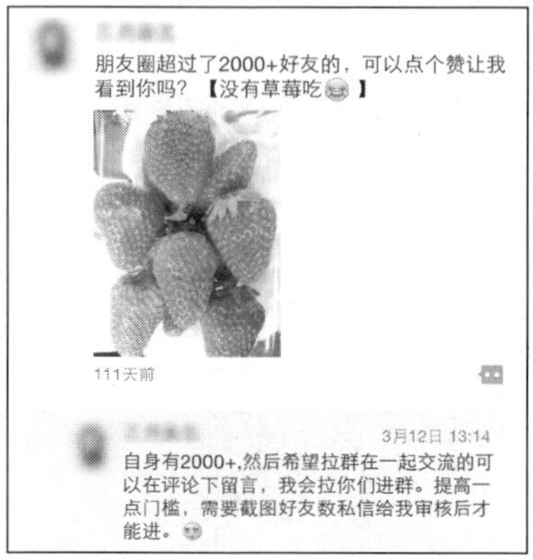

图 2-58

5. 引流

通过朋友圈的小活动获取的奖品需要到线下店铺或其他平台领取，如图 2-59 所示。

6. 互动

举办朋友圈活动的目的是激发活跃度，常见的互动形式有以下几种。

（1）顺序互动

根据点赞的顺序采取不同的互动方式，由于点赞的人完全不知道自己会是第几个点赞，所以会有所期待，如图 2-60 所示。

图 2-59

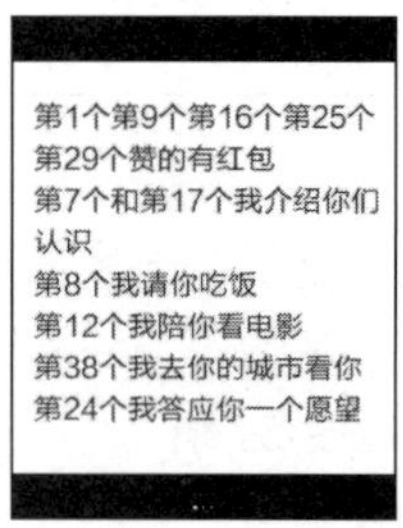

图 2-60

（2）一赞一×

点赞数量等同于另一个行为的数量，这种互动形式既是一种互动，也是自己兴趣爱好的一种展现，如图 2-61 所示。

（3）点名接龙

冰桶挑战、微笑挑战、A4 腰挑战、锁骨挑战……曾经刷爆朋友圈，如图 2-62 所示。

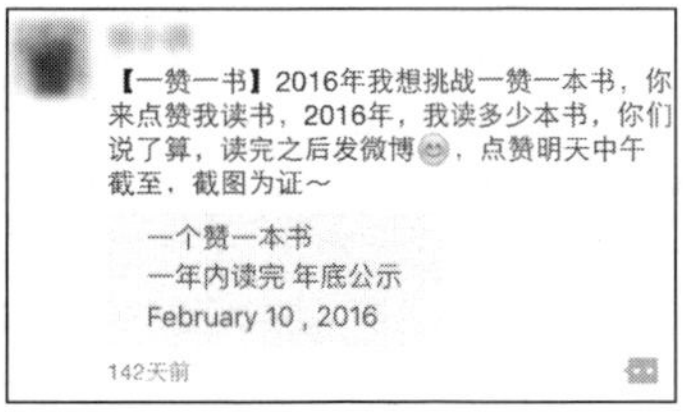

图 2-61

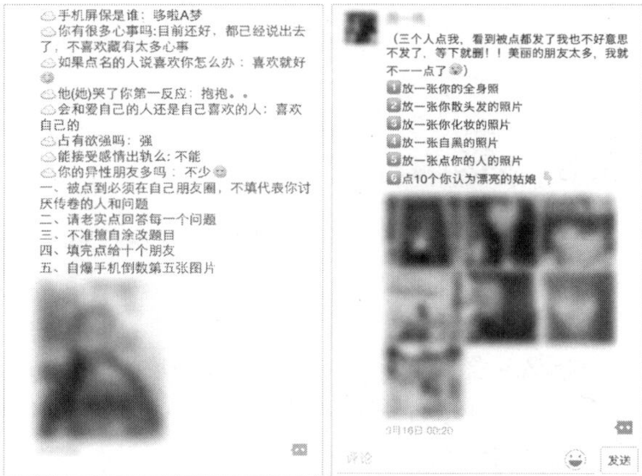

图 2-62

（4）互动游戏

如果有一定的技术，可以做成有趣的 H5 形式。例如，秋叶团队设计的《相识多年，你对我有多了解？》的互动小游戏，用户可以自己在其中设置题目，然后转到朋友圈里测试朋友们对自己的熟悉程度，甚至还可以在题目中巧妙地植入自己的广告，如图 2-63 所示。

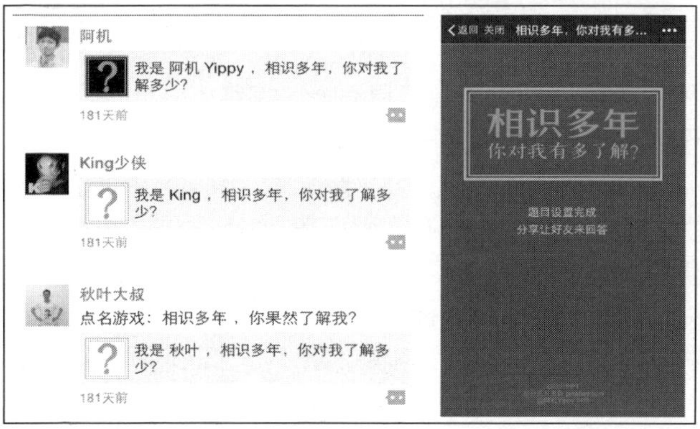

图 2-63

2.5.2 活动预热

在开展朋友圈活动前，最好能提前在朋友圈预热。如可以提前一至三天在朋友圈预告，先采用神秘的方式告知，在活动前一天才进一步透露。预告时告知活动内容、活动时间、参与方式，最好还要公布奖品，因为这是吸引用户参与的重点。

在活动正式开始前的一小时尤其要重点预热，以达到一个好的宣传效果。

预热时要积极和微信好友进行互动，让他们对活动产生兴趣，互动时还要保持一定的神秘感，给用户留下一些期待的空间。

当然，活动预告除了在朋友圈推广之外，还可以在微信群、QQ 群、微博、QQ 空间等渠道去推广，以达到更好的效果。

2.5.3　活动公布

经过预热和宣传，朋友圈已形成了一定热度。要想提高大家的参与热度，在活动公布的时候要注意以下几点。

1. 主题要鲜明

活动必须有一个主题，如“评论就有奖”“三八节美丽专场”等，让人一看就知道是什么活动，以及有什么好处。吸引人们关注你的微信，主题非常重要。

2. 内容要简洁

在微信上发布活动，字数不要太多，内容要言简意赅，文字建议控制在 150 字以内，这样可以完整显示。若超过 150 字，就会只显示一行字，这样就很难一下子阅读完整，阅读体验不太好。

很多人的活动参与人数不多，这和他们的文案大有关系，文案切忌死板、生搬硬套、没有趣味。如果文字功底不强，做不到精彩绝伦，至少要做到信息简明扼要，一目了然。图 2-64 所示的这个案例，“集赞送高端女鞋”把活动形式说明放在最前面，竖线后面是活动主题“爱在女人月”，参与方式是“请为我点赞”，字数不多，但是信息清晰、完整。

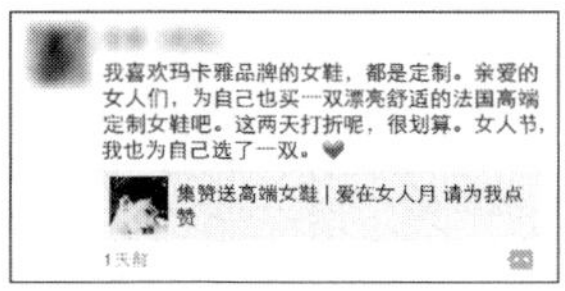

图 2-64

3. 流程要简单

在朋友圈开展的活动不能太复杂，要尽量简单，参与及评选都要简单，因为人们刷朋友圈本身就是为打发时间的，很少有人愿意花太多精力去参与复杂的活动。

4. 时机要斟酌

发布朋友圈活动选择目标人群大量在线且有时间刷屏的时间段，效果会更好。例如，在 21:00 以后发布活动，在线人数多，刷屏时间充足，而且如果活动受欢迎也有二次扩散传播的时间。

2.5.4　活动监测

活动开始后，要随时关注大家的参与情况和反馈意见，如是否有什么问题、流程是否顺畅、参与度是否高等，要根据实际情况进行调整和应对。

所以在活动开展前，最好制订几套应对方案，以便出现意外情况时可以及时调整和应对，让活动的效果更好。

2.5.5　活动总结

1. 效果评估

不论是为了促销还是互动或是增加好友数量，活动开始之后都一定要时刻注意活动的效果。如果不满意，要思考是不是可以及时补救；如果效果超出预期，要思考是不是要趁热打铁再来一轮。

2. 复盘总结

活动结束后要对整个过程进行复盘总结，把经验及教训及时写下来。单纯做活动只能叫经历，只有经过总结、改进之后才能变成经验。经历多不代表经验多，一个人不是活动做得多就经验多，也许他只不过是不断机械重复做一件事而已。

实战训练

假如你的老师给你 10 本他的书作为奖品，想让更多的大学生知道这本书，请你设计一个朋友圈小活动，吸引更多人参与，而不是只有你朋友圈的朋友参与。

03 Chapter

第 3 章 微信公众平台基础操作入门

通过阅读本章内容，你将学到：

- 订阅号、服务号、企业微信、小程序之间的区别和联系
- 微信公众号的申请流程、认证步骤、附加功能等
- 微信公众平台账号详情、功能、安全等相关的设置操作
- 微信公众平台后台的操作使用
- 管理微信公众平台后台的消息、用户、素材
- 微信公众平台相关数据的收集与分析
- 微信公众平台的使用规范

// 3.1　微信公众平台的分类

3.1.1　订阅号、服务号、企业微信、小程序的介绍与对比

微信公众平台有多种类型，它们在使用方式及功能上有诸多区别。

1. 四种微信公众平台的功能介绍

（1）订阅号——主要偏重于为用户传达资讯（类似报纸杂志），认证前后都是每天可以群发一条消息。

（2）服务号——主要偏重于服务交互（类似银行、114），提供服务查询，认证前后每个月均可群发 4 条消息。

（3）企业微信——主要用于公司内部通信，是一个面向企业级市场的产品，是一个好用的基础办公沟通工具，是一个专门为企业开发的 IM 产品。

（4）小程序——小程序可以在微信内便捷地获取和传播，同时具有出色的使用体验。

2. 订阅号、服务号、企业微信的功能对比

订阅号、服务号、企业微信的功能对比如表 3-1 所示。

表 3-1　订阅号、服务号、企业微信的功能对比

账号类型	订阅号		服务号		企业微信	
业务介绍	为媒体和个人提供一种信息传播方式，构建与读者之间更好的沟通与管理模式		为企业和组织提供更好的服务，提升其用户管理能力，帮助企业实现公众号服务平台		企业的专业办公管理工具。与微信一致的沟通体验，提供丰富免费的办公应用，并与微信消息、小程序、微信支付等互通，助力企业高效办公和管理	
功能权限	普通订阅号	微信认证订阅号	普通服务号	微信认证服务号	普通企业微信	微信认证企业微信
消息直接显示在好友列表中			✓	✓	✓	✓
消息显示在“订阅号”文件夹中	✓	✓				
群发消息	1 条/天		4 条/月		无限制	

续表

账号类型	订阅号		服务号		企业微信	
保密消息禁止转发					✓	✓
关注时验证身份					✓	✓
基本的消息接收/运营接口	✓	✓	✓	✓	✓	✓
聊天界面底部设置自定义菜单	✓	✓	✓	✓	✓	✓
定制应用					✓	✓
高级接口能力		部分支持		✓		部分支持
微信支付——商户功能		部分支持		✓		✓

3. 企业微信介绍

企业微信原名企业号，管理员可在企业微信官网登录管理后台，管理企业通讯录、管理企业应用与小程序、使用应用发消息、邀请成员关注企业微信等。

企业微信的产品功能如图 3-1 所示。

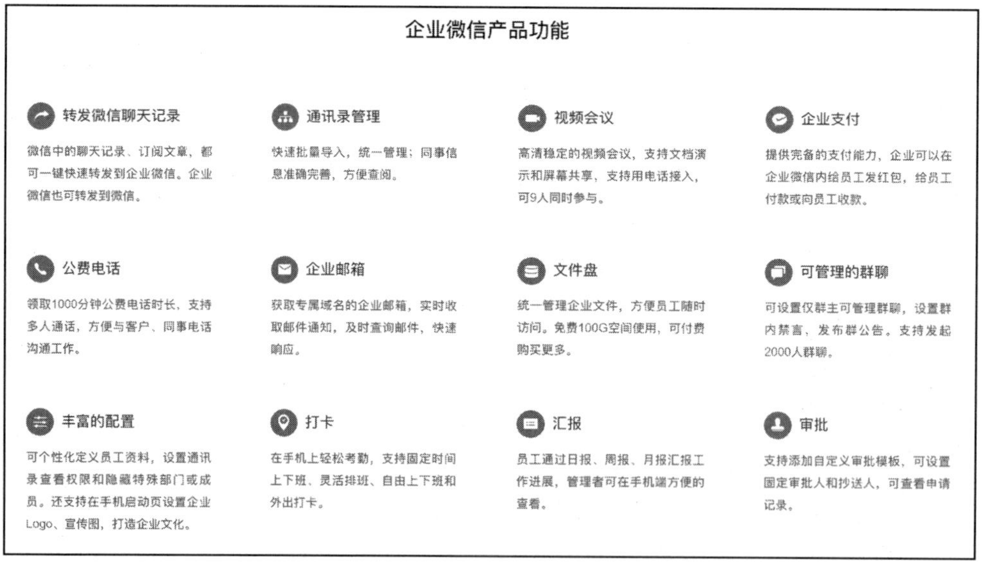

图3–1

升级后的企业微信为企业提供了更多功能。

（1）与微信一致的沟通体验

简单易用，零成本上手，用熟悉的方式工作。

（2）连接微信

成员可在微信中接收企业通知，连接微信支付、公众号、小程序等微信功能。

（3）丰富的办公应用

预设打卡、审批等 OA 应用，提供丰富的第三方应用供选择，还支持 API 接入自有应用，如图 3-2 所示。

图 3-2

简而言之，企业微信正在充分利用自身的优势，与微信生态做更紧密的结合，构建一个更加开放、完善的企业级服务生态。

4. 小程序介绍

下面就微信推出的小程序进行详细介绍。

小程序好比微信时代的网站，如果把微信比作浏览器，小程序则是其中的网页。访问小程序就像以前访问一个网站，只不过是用扫二维码代替了输入网址。

（1）推出小程序的目的

小程序作为一种功能性公众号，目的是连接用户与服务，重新定义线上产品与线下服务场景的连接，以替代一些低频原生 App 以及体验差的服务号，同时满足服务号没有做到位的高频应用场景需求，让用户直接在微信里就能瞬间获得生活中所需的各类服务，如旅游、点餐、订餐、上门服务等。

（2）小程序的定位

小程序是一种全新的连接用户与服务的方式，它可以被便捷地获取和传播，同时具有出色的使用体验。它是一个独立的、全新的体系，兼顾了 HTML 5 和移动 App 这两种应用形态的优势。小程序并不是一个过去意义上的应用程序，而是一种更灵活的应用组织形态。

微信不希望小程序承载太多的能力，所以，小程序是一种轻量级应用，更适合做单点服务，并希望能把单点服务做到极致。如果一个庞大的原生 App 要接入小程序，必须要对其进行减负，可能一个 App 会被拆解出多个单点能力，开发出多款小程序。

（3）小程序与订阅号、服务号

小程序作为一个功能性的公众号，它不只是一次技术升级，更是作为微信公众平台的一个功能辅助，与订阅号、服务号、企业微信组成微信生态圈。小程序和以往的公众号有很大的不同，公众号价值的大小跟粉丝数量密切相关，而小程序只是一种访问关系，不是一种粉丝关系。小程序和订阅号、服务号从本质上来说是截然不同的，它是一种新的形态。

小程序和订阅号、服务号的主要区别如下。

① 服务号的不足促使小程序的诞生。

微信原本的规划是：订阅号负责为用户提供内容，服务号则为用户提供各种服务，使微信逐渐成为一个生态圈。然而，服务号似乎并没有完成它原有的使命。

虽然也出现了一些优秀的服务号，如招商银行、助理来也、朝夕日历等，但它远远没有订阅号那样繁荣，真正优质的服务号数量稀少。

如今，用户常用服务号的功能很简单，使用场景以接收通知为主，还有就是查询借记卡余额、信用卡额度等低频服务，而服务号的其他功能则很少被用到。张小龙在一次微信公开课上也提到：“服务号还是没有达到我们的要求。”

从服务号现在的发展状况来看，它显然没有很好地达到帮助微信解决“连接一切”的目的。因此，微信推出小程序这一新产品，接手服务号尚未完成的使命。服务号无法完成的事情，可以交由小程序完成。

② 小程序不存在订阅关系。

做一个公众号，会收获很多用户，就是粉丝，并且从粉丝数可以判断公众号的价值，但是小程序不存在这种情况。小程序是一种访问关系，而不是一种粉丝的关系。

③ 小程序不能推送消息。

如果小程序能够推送消息，意味着之前访问的程序都会发送一条消息给用户，将导致非常糟糕的用户体验。因此，微信只提供了比较有限的服务触达能力，当用户在小程序里面进行了一个操作，并且希望接到后续通知时，此时微信提供一个通知机制，使得用户可以接收他所需要的通知，即模板消息，如图 3-3 所示。

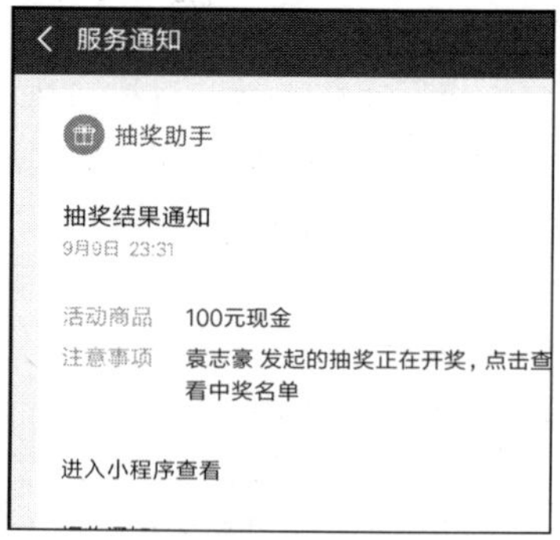

图3-3

模板消息指的是包含一些固定格式的模板化消息。例如，酒店预订成功时，通知消息包含订单号、入住时间、房费等。通过将相似的内容和文案组织成模板，对于同类通知，就可以反复使用。这意味着商户在向用户发送提醒的时候，只须将具体信息发给微信服务器，微信就会自动填充模板，再向用户推送消息。

④ 小程序不能直接分享到朋友圈。

小程序无法直接分享到朋友圈，但是小程序可以直接分享给好友或微信群里。分享形式可以是一个小程序，也可以是小程序页。

小程序页指的是当前页面信息，好友打开时看到的页面和分享时的页面是一致的，如图 3-4 所示。

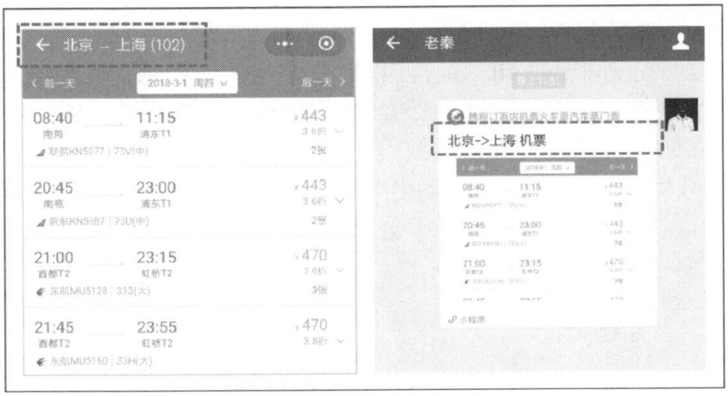

图 3–4

小程序和公众号之间存在关联。用户可以在公众号详情页看到关联的小程序，也可以在小程序中看到关联的公众号，如图 3-5 所示。

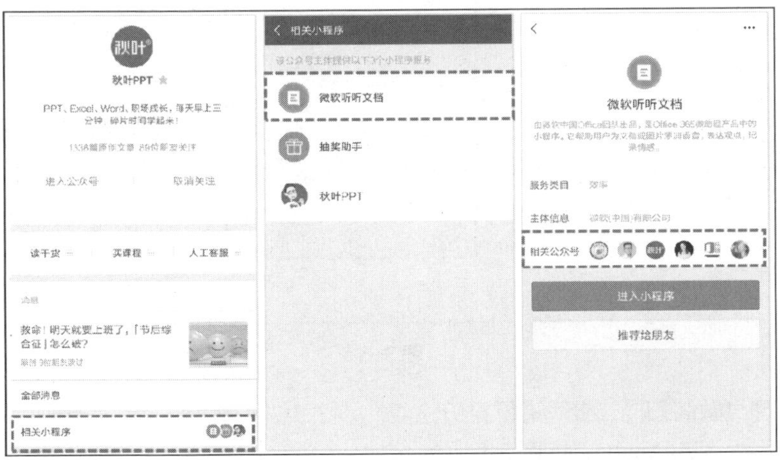

图 3–5

课堂讨论

你经常阅读的公众号有关联小程序吗？如果有，请思考一下，这些小程序都提供了哪些服务？

公众号除了可以关联小程序，还可以在群发文章中添加小程序卡片、文字或图片链接，也可以在群发文章底部广告位进行推广。

公众号关联小程序的规则如下：

① 所有公众号（不限类型）都可以关联不同主体的小程序；

② 公众号可关联不同主体的 3 个小程序；

③ 公众号可关联同一主体的 10 个小程序；

④ 一个小程序可关联最多 500 个公众号，一个月可以新增关联 500 次。

公众号关联小程序的步骤如下。

首先，公众号运营者须联系对方的小程序管理员获取相应小程序的 AppID（相当于小程序的身份证），之后登录微信公众平台后台，依次单击左侧的“小程序管理”—“关联小程序”关联小程序，如图 3-6 所示。

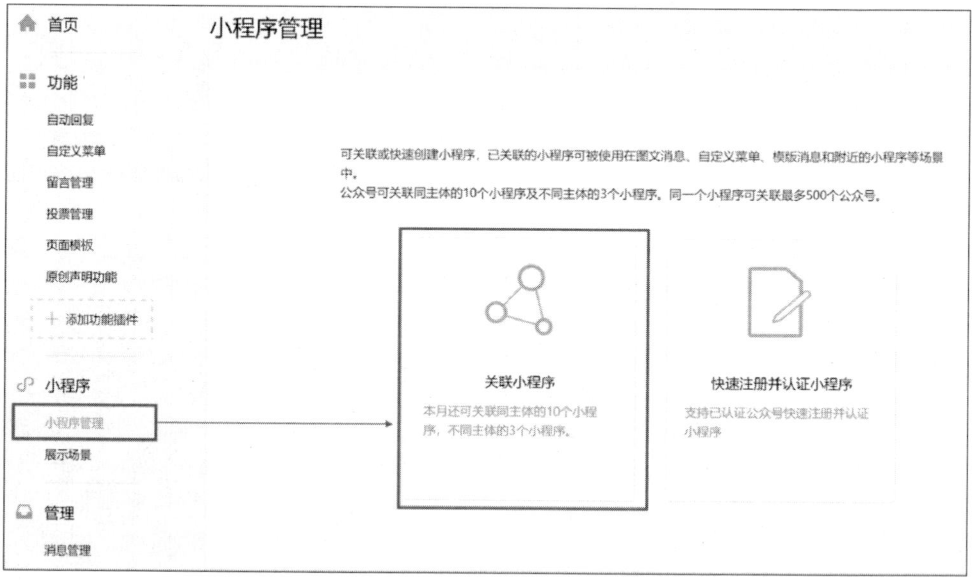

图 3-6

用管理员微信扫描二维码进行身份验证，如图 3-7 所示。

输入小程序的 AppID，如图 3-8 所示。

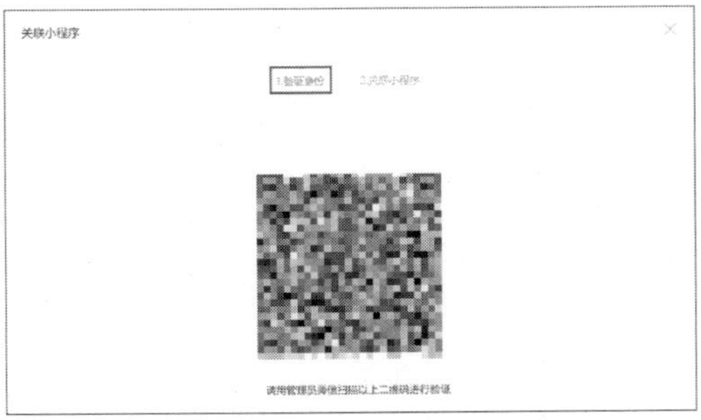

图 3-7

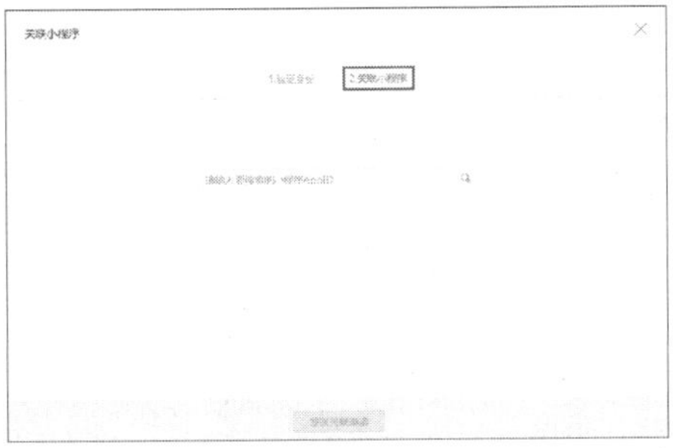

图 3-8

确认关联操作后，公众平台会自动向小程序管理员发送关联邀请；小程序管理员只需要在手机上确认，即可成功将公众号与小程序进行关联。已关联的小程序可被使用在图文消息、自定义菜单、模板消息和附近的小程序等场景中。

微信支持在小程序内打开公众号文章的功能。同时，用户在线下扫码使用小程序时，也可以快捷关注公众号，如图 3-9 所示，不过，前提是公众号须与小程序主体一致。

图 3-9

（4）小程序与 App

小程序无法完全取代 App。小程序可理解为"镶嵌在微信里的 App"，相比于 App，小程序使用更为方便、更加迅速。小程序的特点是轻量，仅保留原生 App 的部分功能，更丰富的应用则适合以 App 的形式存在。如春秋航空推出的"春秋航空特价机票"小程序，专注于为用户提供需求十分旺盛的低价机票，而春秋航空 App 为用户提供包括机票预订、酒店预订、预约打车等全面而丰富的购票服务，两者以互补的关系存在。

小程序和 App 的主要差异如表 3-2 所示。

表 3-2　小程序和 App 的主要差异

对比项	App	小程序
面向用户	所有智能手机用户	所有微信用户
下载安装	主要来自应用商店（如 App Store）	无须下载安装，通过微信扫一扫、搜一搜等渠道直接获取使用
占用空间	安装于手机内存，一直占用手机空间，过多的 App 会导致手机内存不足	微信自身有严格的小程序内存管理机制，占用内存空间可以忽略不计
手机适配	须适配各种主流手机，开发成本大	一次开发，多终端适配

续表

对比项	App	小程序
开发周期	一款完善的双平台（iOS、Android）App 平均开发周期为几个月	平均开发周期为 2 周
产品发布	提交到各大应用商店审核，所需资料不同，流程烦琐	提交到微信公众平台审核
推广难度	需要用户主动下载较大的安装包，在无 Wi-Fi 的情况下推广艰难	可以通过二维码、微信搜索等方式直接获得，推广难度降低
消息推送	经常推送消息或广告，给用户带来困扰	不允许主动给用户发送广告，只能回复模板消息，用户体验好
功能局限	可以实现完整功能	仅限微信提供的接口功能

从移动应用可分享至微信的小程序页面，用户访问时支持打开来源应用，如图 3-10 所示。同时，用户也可以从 App 跳转至某一微信小程序的指定页面，完成服务以后再跳转回原 App。

图 3-10

课堂讨论

你使用的 App 中有哪些还开发了相应的微信小程序呢？请举出至少两个例子，并谈谈你会在哪些场景下使用 App，哪些场景下选择小程序？

（5）小程序的入口

小程序采取的是一种用户触达的方式，当用户需要的时候触达到它，然后使用它，而不是在不需要的时候推荐用户使用。目前小程序的入口方式已经多达几十种，下面介绍几种最常见的进入方式。

① 线下扫码。在各类线下的商业场景中扫描二维码是获取小程序最基本的方式，也是小程序最大的入口。在微信中打开“扫一扫”，扫描线下二维码即可进入小程序。

如携程推出的小程序购票，在初次使用时完成注册，之后只须扫一扫相应的小程序二维码，就可快速跳出购票页面，图 3-11 所示。

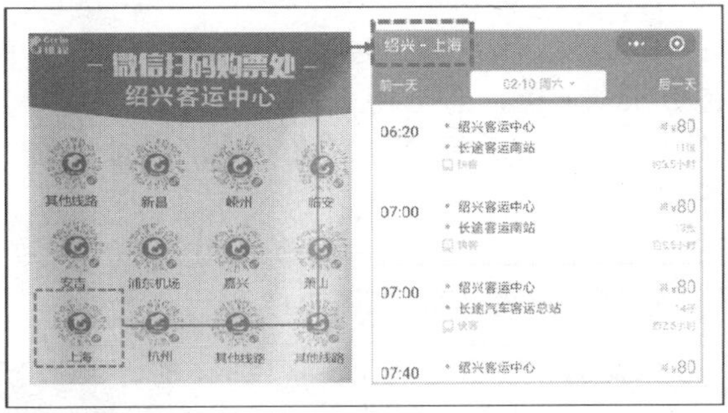

图 3-11

② 微信搜索。在微信客户端最上方的搜索框，通过搜索关键词获取小程序，如图 3-12 所示。

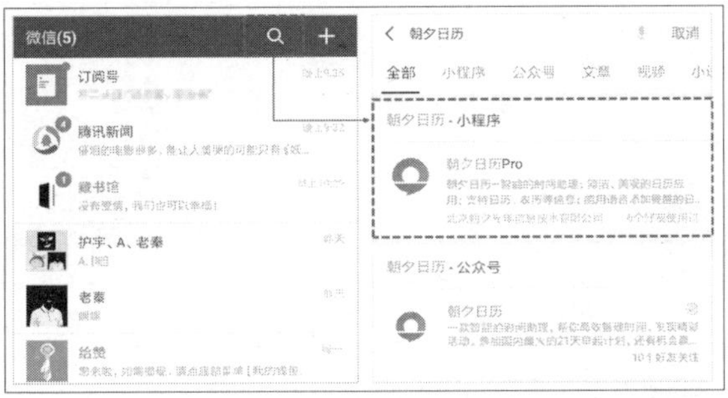

图 3-12

此外，微信在搜索功能中设置了“小程序”选项，用户可以根据自己的需求查找对应的小程序，如图 3-13 所示。

图 3-13

③ “发现”入口。依次点击微信底端的“发现”—“小程序”，可以看到页面包含“附近的小程序”“我的小程序”“最近使用”三个板块，如图 3-14 所示。

公众号添加地点后，可把已经关联的小程序展示在这些地点的周围。当用户在此地点的周围时，可在微信小程序入口“附近的小程序”中发现并使用小程序提供的服务。“附近的小程序”还提供分类功能，不同用户使用时的分类不同，展示的分类种数也不同。在“我的小程序”中可以添加自己经常使用的小程序，最多可收藏 50 个。“最近使用”则会显示近期使用过的小程序。

④ 小程序任务栏。用户可以在微信客户端首页通过下拉的动作调出任务栏，打开“最近使用”的小程序或“我的小程序”，如图 3-15 所示。

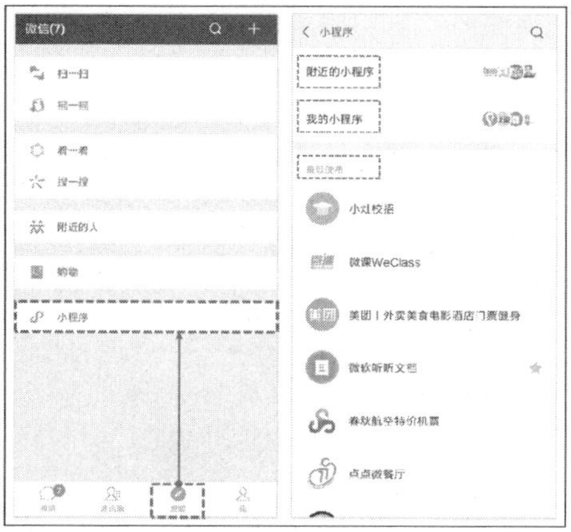

图 3-14

图 3-15

⑤ 会话分享。微信的个人聊天和群聊也是小程序的重要入口，尤其是当小程序的业务和社交场景相关时，如外卖红包分享、帮别人抢车票、砍价。分享的小程序还会以“聊天小程序”的形式留存，如图 3-16 所示。

⑥ 朋友圈分享。小程序不支持直接在微信朋友圈进行发布的分享方式，但是可在朋友圈分享小程序二维码，用户可通过识别图中的小程序码打开小程序，如图 3-17 所示。

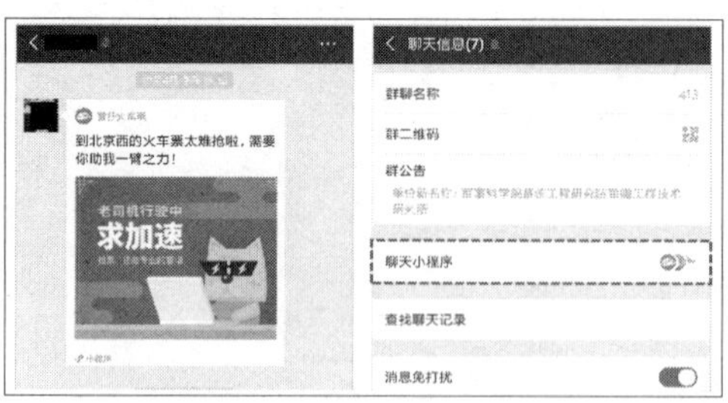

图 3-16

图 3-17

⑦ 公众号关联。由于公众号可以关联小程序，因此用户可通过公众号进入小程序，如图 3-18 所示。

图 3-18

⑧ 公众号群发文章。用户可以在公众号群发文章中，通过单击文字或图片链接的方式打开该公众号已关联的小程序并使用相关服务，如图 3-19 所示。

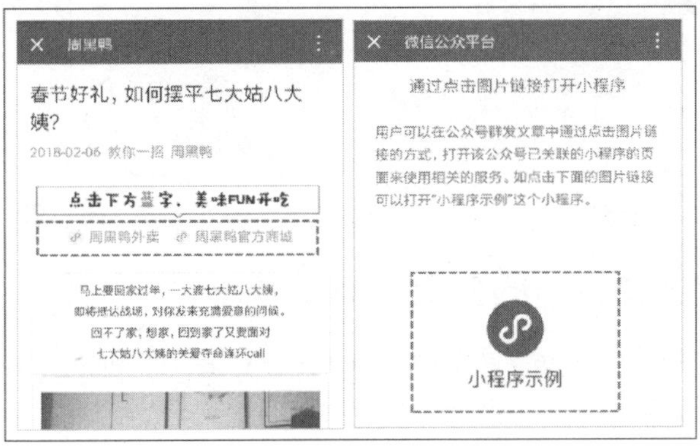

图 3-19

⑨ 广告位推广。已经开通广告主的公众号用户，可以登录微信公众平台的“广告主”模块，选择小程序的投放场景，如图 3-20 所示。

图 3-20

目前比较常见的投放场景是公众号底部的广告位，可以根据广告主的投放需求，以图文、图片、视频的形式显示小程序广告。用户点击广告可直接跳转至相应小程序。

5. 四种账号类型图例

四种账号类型图例展示如图3-21和图3-22所示。

图3-21

图3-22

3.1.2 如何选择合适的公众号类型

订阅号主要用于传播，通过展示自己的特色、文化、理念树立品牌形象，每天一条的发送有很多传播利用空间，所以大部分企业和媒体都选择了开通订阅号。

服务号主要用于服务，如招商银行服务号，将招商银行个人号与该服务号绑定后，每次消费时招商银行服务号都会发来提示信息，服务效率非常高。客户服务需求高的企业也会考虑在订阅号之外再开通服务号。

企业微信主要用于管理，类似于企业内部的管理系统，面向的是企业内部员工或者企业运营流程的上下游用户，所以就目前而言，对于管理运营并不复杂的中小型企业来说，开通企业微信的价值不大。

小程序主要用于连接用户与服务。对于有服务内容的企业和组织，可以在开通其他公众号的基础上再开发或关联一些小程序。

简而言之，如果想简单地发送消息，做宣传推广服务，达到宣传效果，建议选择订阅号。如果想进行商品销售，建议申请服务号，后续可认证再申请微信支付商户。如果想用来管理内部企业员工、团队，对内使用，可申请企业微信。如果想更好地打通线上和线下的服务，更好地连接人和服务，可以开发小程序，和其他类型的公众号联合起来使用。

实战训练

请判断以下情景分别应该用哪个类型的公众号。

- 学校应该选用哪种类型的公众号？
- 学校门口的肯德基应该选用哪种类型的公众号？
- 同学老乡会有无必要开通一个订阅号？

// 3.2　微信公众号的申请

3.2.1　微信订阅号、服务号的申请流程

微信订阅号的申请流程如下。

（1）进入微信公众平台页面

方法一：利用百度搜索“微信公众平台”。

方法二：直接输入网址。

（2）开始注册

单击“立即注册”超链接，如图 3-23 所示。

图 3-23

（3）选择注册的账号类型

单击“订阅号”按钮，如图 3-24 所示。

（4）填写基本信息

按照图3-25和图3-26所示填写信息。

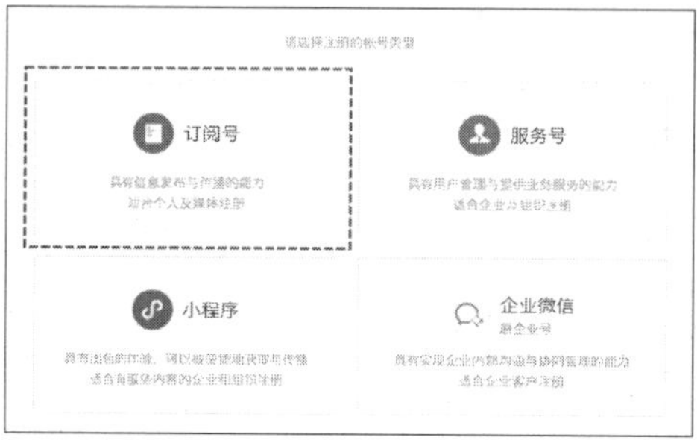

图3-24

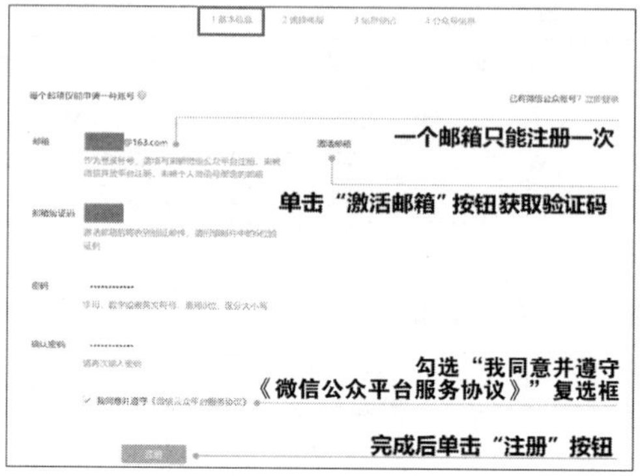

图3-25

图3-26

注册注意事项如下。

① 最好使用国内邮箱，如腾讯的QQ邮箱，防止发生邮箱无法登录或者来自微信的邮件被国外的服务器屏蔽的风险。

② 为了提高安全性，建议使用6位以上密码，包含大小写字母和数字。注意邮箱和密码设置好之后要备份，同时要养成定期修改登录密码的习惯。

③ 成功开通公众号后，登录邮箱可以修改密码，但每月只允许修改一次。

如果收不到激活邮件，怎么办？

① 以QQ邮箱为例，登录邮箱，单击“设置”按钮，在“邮箱设置”页面中选择“反垃圾”选项卡，单击“设置邮件地址白名单”，将weixinteam@qq.com添加到白名单后重新发送。

② 如果设置了白名单还是收不到邮件，建议更换网络环境或者尝试其他邮箱。

（5）选择运营主体类型

填完信息后进入“选择类型”环节，如图 3-27 所示。

图 3-27

当选定“订阅号”类型并单击“选择并继续”按钮时，会弹出提示对话框显示“选择公众号类型之后不可更改”的提醒，如图 3-28 所示。

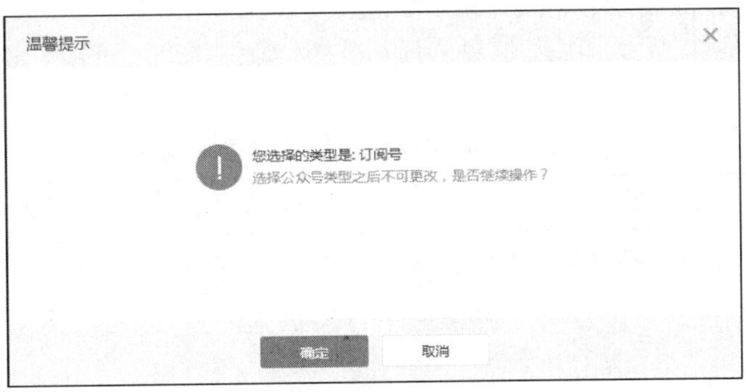

图 3-28

在确定无误后单击“确定”按钮即可。

（6）信息登记

确定类型后就可以进行“信息登记”了，如图 3-29 所示。

在填写信息前，用户需要先填写“主体类型”。各主体类型介绍如下。

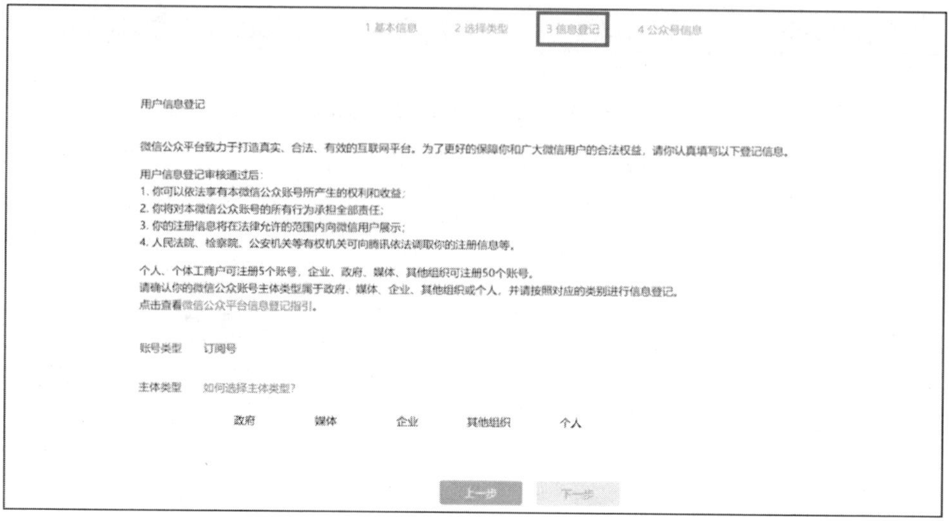

图 3-29

"政府"类型包括国内各级政府机构、事业单位、具有行政职能的社会组织等类型的公众号，目前"政府"类型主要覆盖公安机构、党团机构、司法机构、交通机构、旅游机构、工商税务机构、市政机构等。

"媒体"类型包括报纸、杂志、电视、电台、其他媒体等类型的公众号。

"企业"类型包括企业和个体工商户，企业具体包括企业、分支机构、企业相关品牌等，注册时须按照营业执照上的主体类型如实选择注册类型。

"其他组织"类型指不属于政府、媒体、企业、个人类型的公众号。

"个人"类型指由自然人注册和运营的公众号。

选择主体类型之后即可填写信息，而不同主体类型需要准备的材料也不同，具体如表 3-3 所示。

表 3-3　不同主体类型需要准备的材料

政府类型	媒体类型	企业类型	个体户类型	其他组织类型	个人类型
政府机构名称	媒体机构名称	企业名称	个体户名称	组织机构名称	
组织机构代码	组织机构代码/统一信用代码	营业执照注册号/统一信用代码	营业执照注册号/统一信用代码	组织机构代码/统一信用代码	
运营者身份证姓名	运营者身份证姓名	运营者身份证姓名	运营者身份证姓名	运营者身份证姓名	运营者身份证姓名
运营者身份证号码	运营者身份证号码	运营者身份证号码	运营者身份证号码	运营者身份证号码	运营者身份证号码

续表

政府类型	媒体类型	企业类型	个体户类型	其他组织类型	个人类型
运营者手机号码	运营者手机号码	运营者手机号码	运营者手机号码	运营者手机号码	运营者手机号码
已绑定运营者银行卡的微信号	已绑定运营者银行卡的微信号	已绑定运营者银行卡的微信号	已绑定运营者银行卡的微信号	已绑定运营者银行卡的微信号	已绑定运营者银行卡的微信号
		企业对公账户			

根据表 3-3 所需材料上的信息一一填写、上传、验证即可。

在填写运营者信息时有以下几个注意事项。

① 运营者身份证姓名：填写该公众号运营者的姓名，如果名字包含分隔号“·”，请勿省略。信息审核成功后身份证姓名不可修改。

② 运营者身份证号码：一个身份证号码只能注册 2 个公众号。

③ 运营者手机号码：一个手机号码只能注册 5 个公众号。

④ 运营者身份验证：为了验证身份，请使用绑定了运营者本人银行卡的微信扫描二维码。该验证方式不扣除任何费用。

⑤ 运营者的相关信息只要公司/组织的相关负责人的即可，没有限制一定要法人的资料。

（7）填写公众号信息

在确定公众号类型并填写完信息登记后，申请流程就到了最后一个环节——填写“公众号信息”，如图 3-30 所示。

图 3-30

在填完账号名称、功能介绍、运营地区后单击“完成”按钮即可提交审核，审核通过后即可开始使用。在填写公众号名称时有以下几个注意事项。

① 公众号名称不需要和公司或组织的名称一致，但是公众号名称不能与已经注册成功的公众号名称重复。

② 目前个人类型公众号一年内可修改两次名称，企业、媒体、政府、其他组织类型的公众号在微信认证过程中有一次重新提交命名的机会。

③ 若名称不可使用，页面会有相关提示，留意页面提示即可。

实战训练

按照书中示例，申请一个自己的微信公众号。

注册服务号与注册订阅号需要填写的内容大致相同，不同的地方在于，服务号的主体类型只有四种，包括“政府”“媒体”“企业”“其他组织”。

3.2.2 企业微信申请流程

（1）进入注册页面

方法一：输入网址，进入微信公众平台。依次单击“立即注册”—“企业微信”，如图 3-31 所示。具体参考微信订阅号申请流程（1）～（3）。

图 3-31

方法二：登录企业微信官网，单击“立即注册”按钮。

（2）填写注册信息

按图 3-32 所示填写信息。

（3）显示注册成功

填完信息并单击“注册”按钮后，显示“注册成功”，如图 3-33 所示。

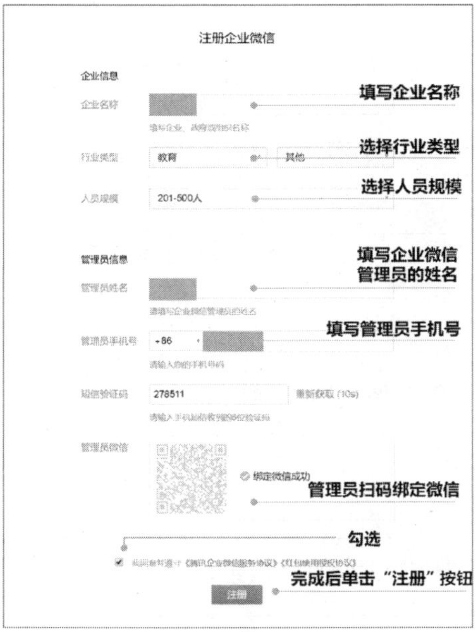

图 3-32

图 3-33

3.2.3　小程序申请流程

（1）进入注册页面

具体参考微信订阅号申请流程（1）～（3），选择“小程序”账号类型，如图 3-34 所示。

图 3-34

（2）填写账号信息

按图 3-35 所示填写信息。

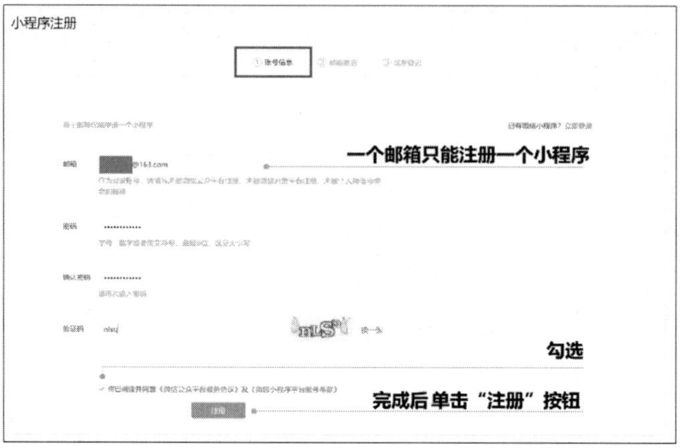

图 3-35

（3）邮箱激活

按图 3-36 和图 3-37 所示用邮箱激活，单击“登录邮箱”按钮。

图 3-36

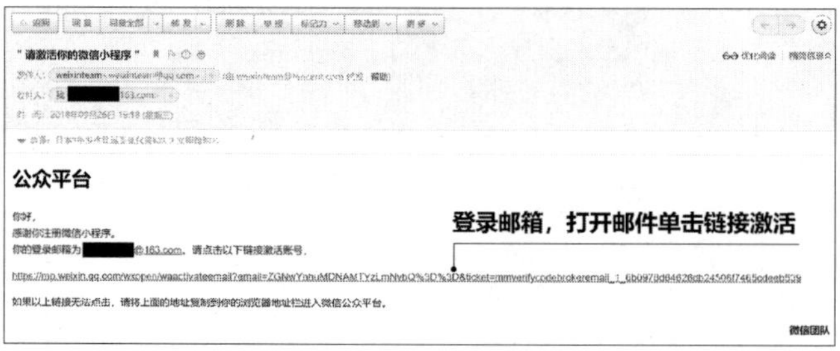

图 3-37

（4）信息登记

激活后，进入“信息登记”环节，填完信息后单击“继续”按钮，如图 3-38 所示。具体可参考订阅号申请流程中的步骤（6）。

图 3-38

（5）前往小程序

单击“继续”按钮后，会弹出“主体信息提交后不可修改”的提醒，如图 3-39 所示。单击“确定”按钮，显示信息提交成功后，可前往小程序，如图 3-40 和图 3-41 所示。

图 3-39

图 3-40

图 3-41

3.3 微信公众号的设置

成功申请微信公众号账号后，用户就可以进一步对微信公众号进行设置，这里以订阅号为例。

3.3.1 账号详情设置

进入账号详情的方法有两种。

方法一：找到微信公众平台左栏的“设置”模块，选择“公众号设置”，如图 3-42 所示。

方法二：将鼠标移动到右上角的头像上，选择“账单详情”，如图 3-43 所示。

图 3-42

图 3-43

“公众号设置”页面“账号详情”选项卡所含内容如图 3-44 所示。

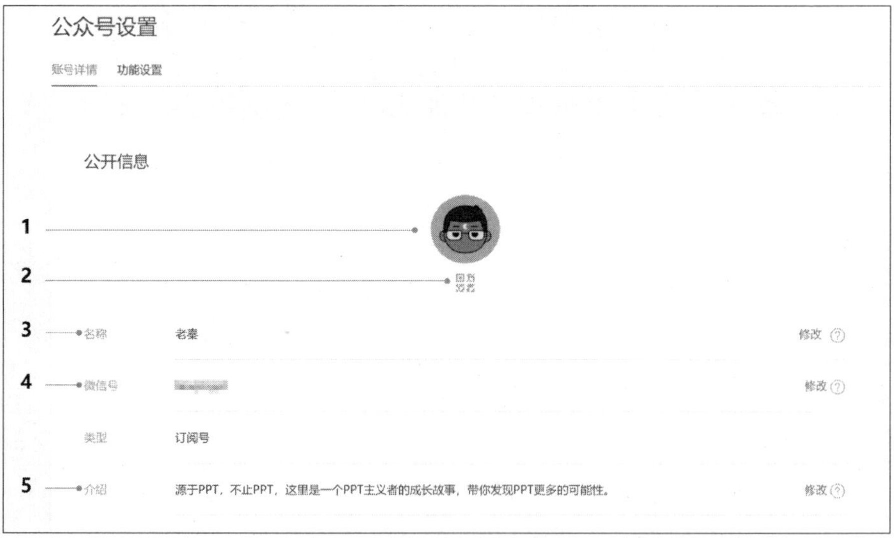

图 3-44

1. 头像

（1）头像的三大作用

课堂讨论

观察图 3-45 所示的头像，在不看账号内容的情况下，这三个图像给你的第一感觉是什么样的?

图 3-45

A. 第一个我一眼就认出来了，每天在街上都能看到，一般都是我们外出集合的地标

B. 第二个虽然不太熟悉，但是看得出它是一个成长类的社群，名字很清楚

C. 第三个肯定是跟女性相关的账号

一般来说，公众号的头像有三个作用——品牌识别，减少认知成本，体现个性化风格或整体形象的延伸。

第一，品牌识别。对于已经建立品牌的平台、公司或者个人而言，使用品牌标志的头像，增加公众号和品牌的关联性，可以快速被粉丝识别，降低推广成本。如果使用与品牌毫无关联的头像，在推广公众号时需要向受众解释该公众号属于何品牌，这就增加了推广的难度。

第二，减少认知成本。对于品牌尚未建成、还处于发展中的账号来说，公众号头像应尽可能让用户在第一印象中获取有效而准确的信息认知，留住用户，减少认知成本。

第三，体现个性化风格或整体形象的延伸。微信是一个相对封闭的社群工具，如果你在朋友圈突然看到一篇有趣的公众号文章，在这种情况下，一个体现个性化和独有风格的头像可以增加好感度并诱导关注。一些有趣的自媒体微信公众号往往会精心设计自己的头像，鲜明地表达公众号的风格。

例如，对于文化创意公司或者漫画家而言，如兔斯基、冷兔等漫画形象就是其鲜明的代表，也是最为大众所熟知的，所以，这样的微信公众号头像直接用作产品形象再合适不过。

还有一些自媒体人，为了凸显定位或者人生态度，会选择知名人物的图片来作为头像，如科学类微信公众号的头像用爱因斯坦等著名科学家的画像。还有的自媒体人为了更好地传达自己的定位和性格，借用著名影视作品的角色，如女性公众号用奥黛丽·赫本等知名演员作为头像。不过，用这些名人头像做公众号头像有侵权的风险，要慎重选择。

（2）头像的五大类型

① Logo 型。顾名思义，Logo 型即把品牌的 Logo 作为头像，也有的头像是 Logo 加上其他元素，如网址、标语等，如图 3-46 所示。

② 个人照片型。个人照片作为头像一般适用于自媒体或者明星认证微信公众号，如图 3-47 所示。

百事中国　中国政府采购网　QQ浏览器

图 3-46

秋叶大叔　papi　黄晓明

图 3-47

③ 文字型。有的公众号头像使用的是文字，大致分为纯中文文字、Logo 和文字组合、中文和英文组合等，文字的显示效果一般都经过了精心设计，符合公众号的风格，如文艺清新等，如图 3-48 所示。

④ 卡通图像型。头像利用的卡通形象一般由文化创意公司或者漫画作者设计，也有自媒体人为公众号量身打造的漫画形象，如图 3-49 所示。

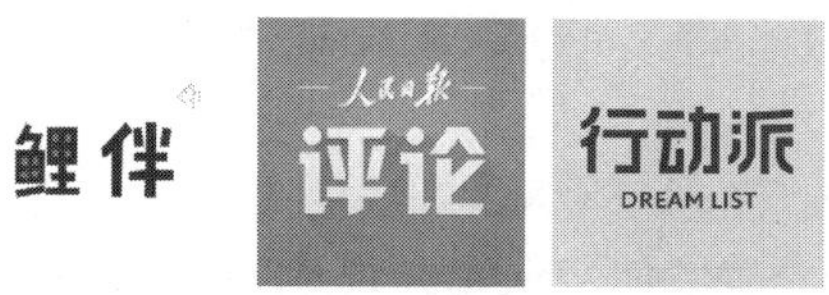

鲤伴　人民日报评论　行动派DreamList

图 3-48

冷兔　英国那些事儿　顾爷

图 3-49

除此之外，还有一些官方组织也会使用漫画形象作为公众号头像，图 3-50 所示的某些大学的微信公众号头像等，这样显得更加亲切。

⑤ 角色形象型。角色形象一般引用的是比较知名的历史人物或者影视人物、动画形象等，借助名人效应增加公众号的识别度，更好地表达公众号的定位，如图 3-51 所示。

武汉大学　　华中科技大学　　重庆大学

图 3-50

哲学园　　阿SIR　　萧秋水

图 3-51

（3）头像显示规则

课堂讨论

假如要为秋叶 PPT 设计一个微信 Logo 头像，某同学最终的设计稿如图 3-52 所示，你觉得头像这样做有什么问题吗?

乍一看，图 3-52 所示的图像似乎没有什么问题，但如果裁剪为圆形，我们会发现有的文字或图案会被裁剪掉，而微信头像在很多展示位恰好是圆形的，如图 3-53 所示。

图 3-52

图 3-53

之所以要有“圆形测试”，是因为圆形头像用于公众号搜索页、公众号名片分享、公众号的详细信息页、手机通讯录公众号列表展示以及订阅号消息列表等，方形头像用于公众号关注通知、订阅号会话列表等，两者都十分重要，如图 3-54 所示。

图 3-54

综上所述，在不影响美观的前提下，要把突出信息的 Logo 或者文字内容缩放在方形的圆中。上传的头像大小不超过 2MB，图片只要是方形的就好，为了保证清晰度，尽量选择或者设计像素高的图片，并且头像显示要考虑圆形头像和方形头像两种展现方式。

2. 二维码

在生成二维码时选择“更多尺寸”会出现图 3-55 所示的界面，微信不仅提供不同尺寸二维码的下载，还提供线下物料素材，将公众号码与搜索框结合物料，引导用户通过扫码和微信搜一搜双重方式找到公众号，方便使用者根据推广需要进行印刷或互联网传播。

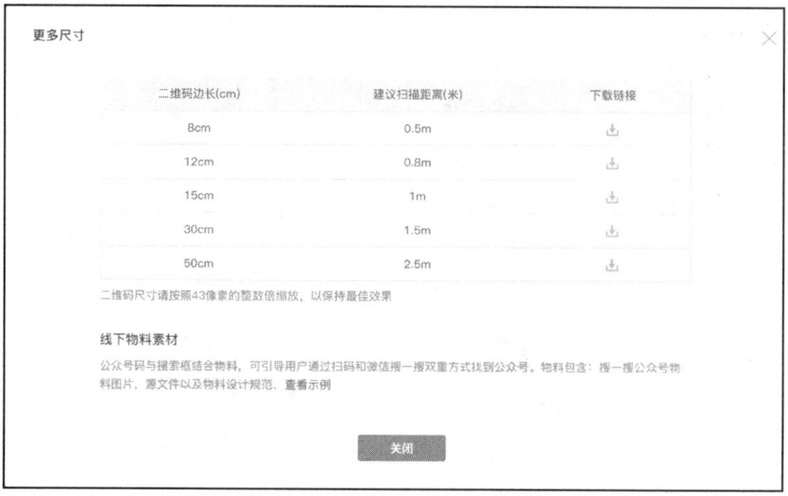

图 3-55

黑白相间的图案特征不论是放在海报、网站、H5 还是一些设计页面里，都显得不太美观，所以得到二维码之后还可以继续对其进行加工美化。图 3-56 所示是上海万科的二维码，其结合自己的特色和场景对二维码进行了重新设计。

图 3-56

3. 名称

公众号的名称是重要的识别标识，是搜索流量的重要来源，也是品牌的第一标签、第一印象。相同名称在平台内只有一个账号可以使用，在设置过程中，若系统检测到已有账号使用该名称，页面会出现提示：名字已被占用。若名称被占用，可以通过侵权投诉的方式对占用名称的账号进行投诉，在侵权投诉页面提供名称使用权后，腾讯公司会有专人进行审核，侵权投诉成功后，该名称会被释放，即可申请使用。

如何起一个好的名称呢？一般应尽可能满足以下三个条件。

（1）品牌一致

课堂讨论

图 3-57 所示是自媒体名人和菜头的公众号，你会怎么评价他的微信名称呢？

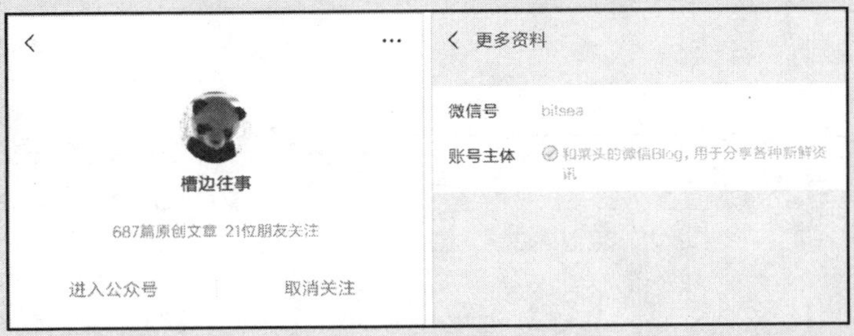

图 3-57

和菜头自己曾说过，每次看到自己的微信公众号都后悔不已。因为他的公众号中文名是“槽边往事”，微信号是“bitsea”，而他的网名是“和菜头”，每个平台的名称似乎都完全不相关。

其实，如果已经有了足够的品牌沉淀，就应该用与品牌一致的名称。这种命名方法一般以平台、企业、媒体、学校、名人为主，如“豆瓣”“简书”“招商银行”“人民日报”“央视新闻”“南方周末”“罗辑思维”“武汉大学”“同道大叔”“顾爷”等。

（2）认知成本

课堂讨论

观察图 3-58 所示的微信公众号名称，你能猜出他们分别是做什么的吗？

A.“酒店助手”“快递 100”都很明显嘛

B.“萧秋水”好有武侠范儿，我猜是连载武侠小说的吧

C.“六神磊磊说金庸”，所以博主叫“六神磊磊”呗

酒店助手	萧秋水	大忘路
顶尖文案	快递100	胡辛束
一大碗手绘	书单	教学笔记
旁门正道	NEE	罗辑思维
[illegible]	拆书帮	秋叶PPT
六神磊磊说金庸	盐计划	采铜的铜

图 3-58

经过测试发现，一个账号除非自身名气很大，用户看到名称已经能够直接联想到其领域或专业，否则为了容易让人记住并传播，应尽可能让用户看到名字就能知道是做什么的，如“酒店助手”一看就知道是订酒店的，类似的还有“练口语”“快递 100”“微路况”等，既专业又能锁定精准用户。

如果是出于品牌建设，还可以在微信公众号名称中突出你所要推广的个性化词汇，而不是宽泛的行业，如“美食”作为微信名显然不如“老妖带你吃西安”有人格化特征，再如“秋叶 PPT”一看就知道与学习幻灯片有关系，而且品牌名叫“秋叶”；“六神磊磊说金庸”一看就知道与金庸小说有关系，而且作者叫“六神磊磊”。

（3）搜索便利

课堂讨论

好的微信公众号名称还要考虑到好拼写、好输入，用拼音或英语名称的公众号经常遇到拼写错误的情况，会导致一些不必要的麻烦，如图 3-59 所示。

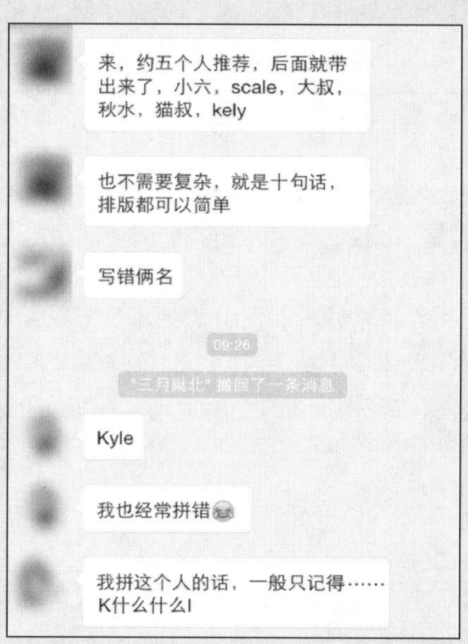

图 3-59

第 2 章在讲述微信个人号装修的时候提到，好昵称要能方便用户快速输入和搜索，除非特殊情况，否则不要出现难写、难拼、难读、难认的文字。

同样，很多用户要通过搜索名称来关注一些相关的公众号，不管是在微信中还是在搜狗微信搜索页面中搜索，都要考虑到搜索的方便性，尽可能避免太生僻的字或不容易拼写的外语。

例如，“嘉懿的小窝”是个既有文化又温馨的名字，但除非你已经做成品牌，或者内容非常精彩，转发率非常高，否则很难被用户搜索关注。

再如，“warfalcon”也是很好的公众号，但是拼写问题也带来过不少的麻烦，若想给别人推荐这个号或者在搜索框里查找，都很容易拼错，不利于传播和搜索。

所以建议在想好名字后，发动身边的人去尝试拼音打字，看是不是会遇到拼写问题。

命名这件事必须谨慎，因为头像和简介每个月都可以修改 5 次，而名称的修改机会很有限，个人类型的公众号一个自然年内可主动修改 2 次名称。企业、媒体、政府等组织类型的账号可通过微信认证确认主体身份后，实现改名。虽然可改名，但频繁修改名称也不利于品牌的长期积淀。

对于新开通的微信公众号，可从以下五个角度入手起名。

第一，从目标用户着手。

想吸引什么样的客户群体，就该起与这个群体相关的名字，如“我们都是健身女”“汪星人”“行动派 DreamList”“餐饮老板内参”“不正常人类研究中心”等。

在研究名称的过程中还可以借助数据工具。如“销售心理学”微信运营者从事销售培训行业，将微信定位在培训行业，起名时通过百度指数搜索“销售”需求图谱的研究，发现“销售心理学”在百度指数热门搜索词中排名不错，这说明有大量用户对这个话题感兴趣，于是就起了这个名字。微信公众号的内容全部和销售心理学相关。他们靠内容和互动，在一年时间内积累了上万粉丝。

第二，从生活场景入手。

从生活场景入手，让用户根据自己的生活场景搜索关注。

如“今晚看啥”“周末做啥”“周末去哪玩”这类直白的表达方式直接告诉用户这个账号可以具体解决什么问题，再如“读首诗再睡觉”“十点读书”“每天一首好音乐”绑定了用户生活习惯中的场景，可增加账号的黏性。

第三，从地域文化入手。

服务于本地的账号，以地域为特征可以让本地用户更有亲切感，也容易吸引到本地用户。例如，“英国那些事儿”“武汉吃喝玩乐”“上海小资美食”等，也有加入方言标志的，如“你瞅啥”“弄啥嘞”，都是为了让某一个群体能快速识别公众号。

第四，从内容比喻入手。

要直接把内容在命名中展现并不容易，所以可以用一个常见的、具体的事物来辅助理解，最常用的就是“百科”“大全”“馆/场/店”等，如“苏珊米勒星座馆”“职场充电宝”“心智工具箱”“电影工厂”“糗事百科”等。

第五，从细分领域入手。

目前，话题范围过大的账号由于受众面过大、重复性高，反而越来越不好做，而垂直细分领域的账号反而可以独辟蹊径。例如，“服装搭配”可以细分为“男士服装搭配”“女生服装搭配”“欧美风服装搭配”等；还有类似“服装搭配师 miuo”这种人名加上高频搜索关键词的组合，不仅可以增加公众号的辨识度，融入高频搜索的关键词“服装搭配”，也提高了被搜索关注的概率。

4. 微信号

微信号的设置规则为：不支持设置为中文账号，必须以字母开头（可以使用 6～20 个字母、数字、下画线和减号）。设置后一个自然年内只能申请修改 1 次。

微信号和网站域名是一个道理，要抢注。为了使微信号好记好搜，微信号应尽可能简短，最好和品牌有统一性。一般来说，微信号尽可能不要有下画线之类的特殊符号，因为不好输入，而且容易输错。

微信号的常见类型如表 3-4 所示。

表 3-4　微信号的常见类型

设置思路		案例	
		公众号名称	微信号
全拼音类	全拼	正和岛	zhenghedao
	全拼+数字	占豪	zhanhao668
	全拼+年份	冷笑话	lengxiaohua2012
	全拼+英文	求是设计会	qiushidesignnew
拼音缩写类	拼音缩写	零点搞笑视频	ldgxsp
	拼音缩写+数字	印象笔记	yxbj100
	拼音缩写+年份	共青团中央	gqtzy2014
	拼音缩写+英文	黑天鹅图书	htebook
	拼音+拼音缩写	罗辑思维	luojisw
英文类	英文	极客公园	geekpark
	英文+年份	单向街书店	onewaystreet2013
	英文+数字	warfalcon	read01
	英文缩写+英文	腾讯 NBA 视频	NBAvideo
	英文缩写+数字	秋叶 PPT	PPT100
	英文缩写+拼音缩写	央视财经	cctvyscj
谐音类		傅踢踢	futeetee
		爱范儿	ifanr
网站域名类		活动盒子	huodonghezi_com
i 系列类		连岳	ilianyue

5. 功能介绍

功能介绍用于描述账号的功能，用户在搜索的时候可以看到，如图 3-60 所示。

图 3-60

功能介绍长度为 4～120 字，功能介绍一个月内只能申请修改 5 次。

原则上，功能介绍应尽可能简单好记、容易理解，能够清晰地传达公众号给用户提供的是什么服务、能带来什么价值，让目标用户快速了解你。如果有认证，认证信息里已经很全，就不必写公司简介或主营业务了。具体举例如表 3-5 所示。

表 3-5　功能介绍案例

描述方向	案例	
	公众号名称	功能介绍
标语	天猫	理想生活上天猫
官方声明	武汉大学	武汉大学官方公众号
内容说明	微路况	领先的汽车公众号，每日为您提供最新的新车资讯、驾车小技巧、保养维修、用车视频演示！查路况、查违章、路况预报、路况定制等服务，无须下载，只要关注即可使用
阐述利益	warfalcon	想每年读完 100 本书吗？想在 100 天内培养一个好习惯吗？想搞定拖延和注意力不集中吗？关注我，让你成为一个行动者，跟几十万读者一起成长，欢迎参加 100 天行动
平台引流	一席	来自新浪微博认证资料：一席论坛官方微博@一席 YiXi
品牌介绍	LinkedIn	LinkedIn（领英）创建于 2003 年，致力于向全球职场人士提供沟通平台，协助他们事半功倍，发挥所长。作为全球知名的职业社交网站，LinkedIn 会员人数在世界范围内超过 5 亿，每个《财富》世界 500 强公司均有高管加入
人生格言	黄晓明	我不是最好的，但我要做最努力的
趣味金句	HUGO	如果有一天你想取消关注，请记得我们曾经相爱过

3.3.2　功能设置

“公众号设置”页面“功能设置”选项卡所含内容如图 3-61 所示。

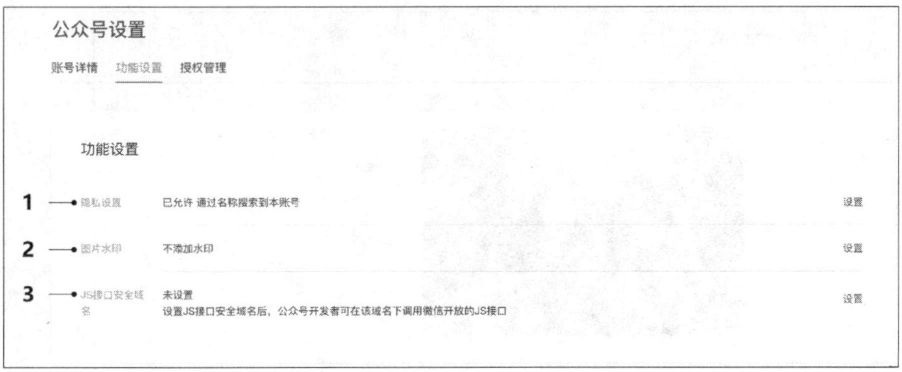

图 3-61

1. 隐私设置

单击“隐私设置”选项右侧的“设置”超链接，进入“隐私设置”对话框，如图 3-62 所示。

图3-62

（1）选择“否”单选按钮设置禁止用户通过名称搜到该账号后，用户可通过微信号ID和二维码搜到该账号。

（2）设置成功后，半小时后即可生效。

2. 图片水印

为了让微信公众号得到更好的推广，获得更多的粉丝关注，目前在微信公众平台上传图片时，图片上会默认显示水印。该水印内容会显示公众号的微信号ID或公众号名称，水印支持设置显示微信号或名称，也支持取消水印，如图3-63所示。

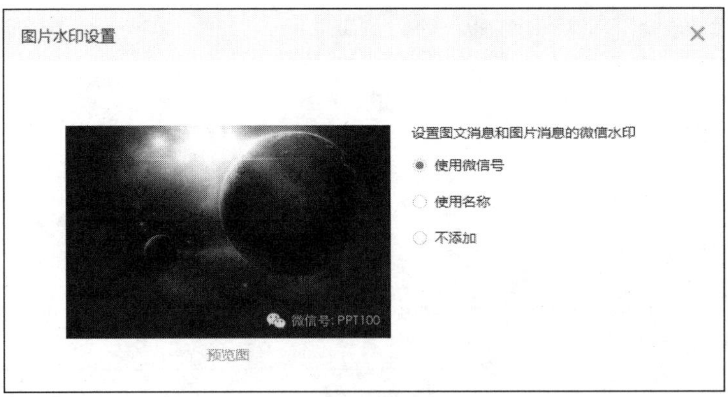

图3-63

另外，在平台上传图片时，须将图片上传至服务器方可显示图片水印（须单击“图片”按钮进行上传，如图3-64所示）。若直接将复制的图片粘贴至正文内容，则图片不会显示水印。

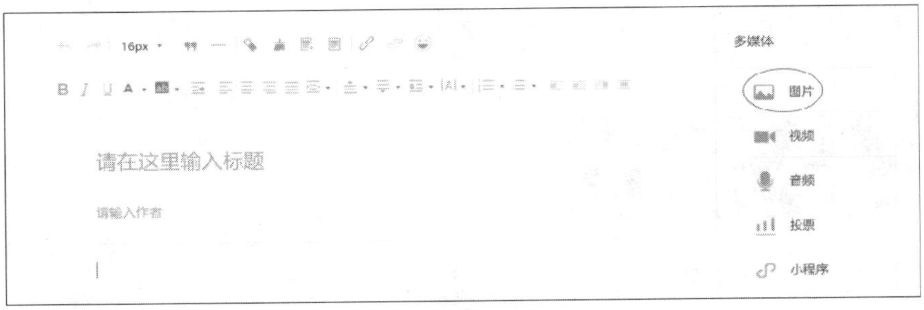

图 3-64

3. JS 接口安全域名

设置 JS 接口安全域名可以让手机端网页在微信里调用相关的技术接口，实现网页高级互动功能，如图 3-65 所示。

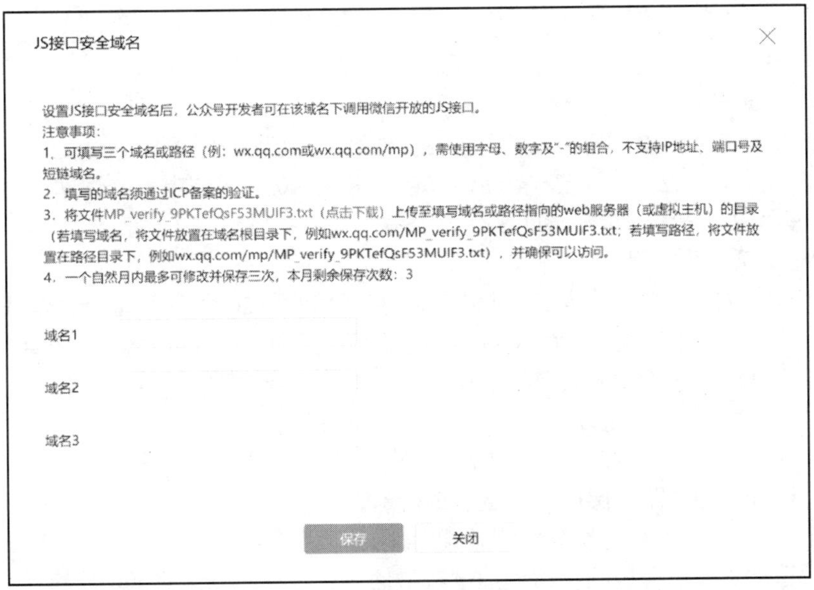

图 3-65

当你使用第三方的业务服务，如有赞的微商城、Epub360 的 H5 时，不要忘记按照提示设置业务域名及 JS 接口安全域名。只有按照提示正确设置域名，才可以让内容正常显示。

如果自己制作的 H5 遇到以下情况，可检查业务域名及 JS 接口安全域名设置是否正确。

（1）单击输入文本框时被提示“防盗号或诈骗，请不要输入 QQ 密码”，此时设置业务域名，如图 3-66 所示。

（2）提示“原网页已由 QQ 浏览器重新排版”，此时设置业务域名，如图 3-67 所示。

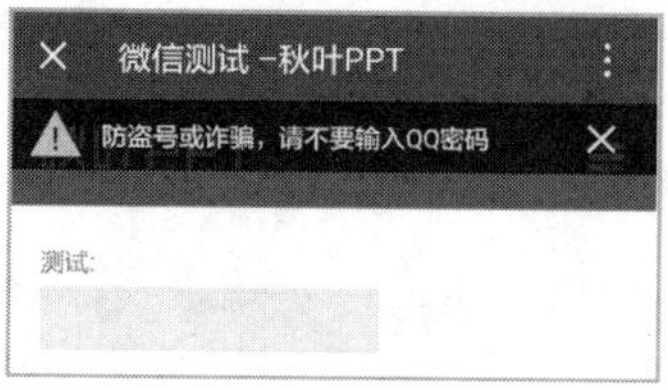

图 3-66

图 3-67

（3）分享网页时，自定义分享图标、标题、内容显示出错，此时设置 JS 接口安全域名。

3.3.3 人员设置

人员设置分为“管理员微信号”和“运营者微信号”两个部分。

（1）管理员微信号

自 2015 年 4 月 23 日起，新注册公众账号后，扫码微信号默认成为该账号的管理员微信号，并与公众平台安全助手绑定。一个公众号可绑定一个管理员微信号。一个管理员微信号可绑定并管理 5 个公众号。

（2）运营者微信号

每个公众号可由管理员绑定 5 个长期运营者微信号、20 个短期运营者微信号。经管理员确认授权后，长期运营者可长期进行登录和群发操作，短期运营者一个月内可进行登录和群发操作，一个月后会自动过期，如要继续运营需要重新绑定。

绑定的微信号须满足以下条件。

① 绑定的运营者微信号须先关注该公众账号。

② 已经开通了账号保护且绑定了银行卡。

（3）管理员微信号与长/短运营者微信号的区别

① 管理员微信号权限：管理运营者微信号；开启/关闭风险操作保护；开启/关闭风险操作提醒；所有风险操作（登录、群发消息、修改服务器配置、修改 AppSecret、查看 AppSecret）。

② 运营者微信号权限：部分风险操作（登录、群发消息），无须管理员确认。

由于管理员微信号及运营者微信号都将被作为公众号风险操作的验证入口，因此要设置好管理员微信号，并加强对运营者微信号的保护及管理。

3.3.4 安全中心设置

“安全中心”页面如图 3-68 所示。

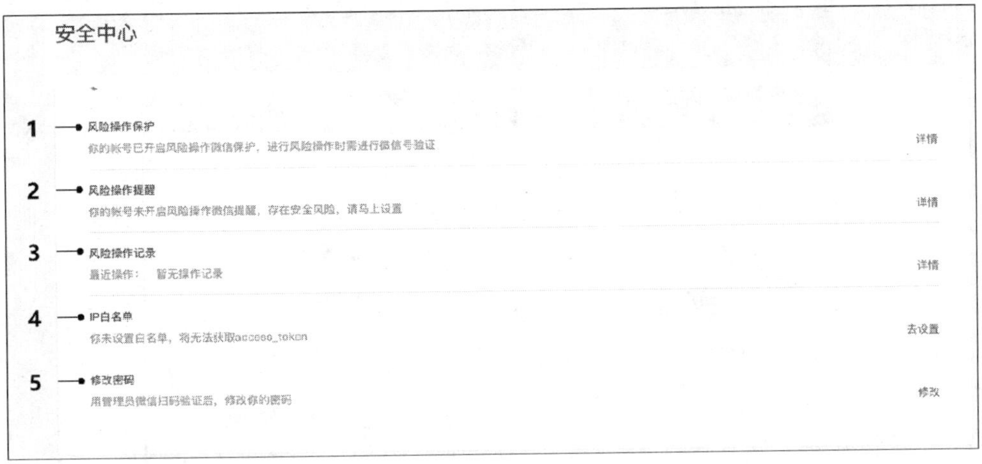

图 3-68

1. 风险操作保护

风险操作包括登录、群发消息、修改服务器配置、修改 AppSecret、重置 AppSecret。开启微信保护有助于公众号运营者更好地保障账号安全，如图 3-69 所示。开启后除登录和群发操作管理员或运营者可直接扫码验证外，其他风险操作都需要管理员微信号进行验证以保证公众号安全。非管理员或运营者的微信扫码后提交操作申请，系统会发送申请至管理员微信号进行验证，此保护可以预防账号被他人盗取后进行违规行为，减少账号所有者的损失。

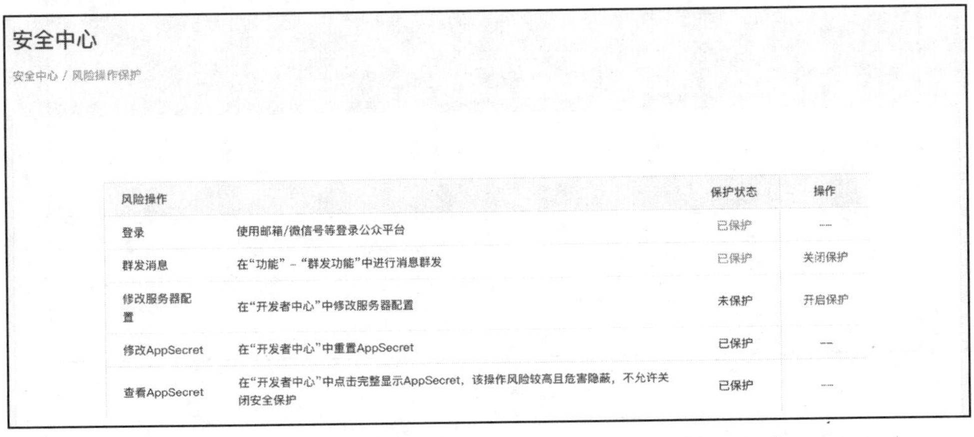

风险操作		保护状态	操作
登录	使用邮箱/微信号等登录公众平台	已保护	—
群发消息	在“功能”－“群发功能”中进行消息群发	已保护	关闭保护
修改服务器配置	在“开发者中心”中修改服务器配置	未保护	开启保护
修改AppSecret	在“开发者中心”中重置AppSecret	已保护	—
查看AppSecret	在“开发者中心”中点击完整显示AppSecret，该操作风险较高且危害隐蔽，不允许关闭安全保护	已保护	—

图 3-69

2. 风险操作提醒

开启风险操作提醒后，当有风险操作发生时，将会提醒管理员，以保证公众号安全，如图 3-70 所示。安全提醒使账号安全更有保障，可及时通知各类风险操作，建议不要关闭提醒。

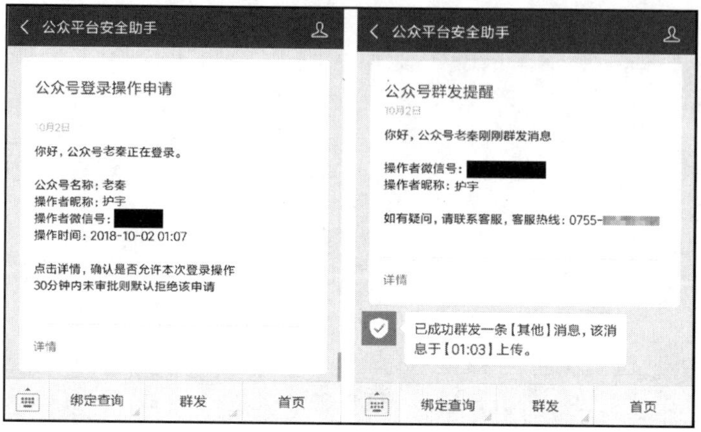

图 3-70

3. 风险操作记录

在风险操作记录处可以查看“当前在线”以及最近 7 日、15 日、30 日的公众平台操作记录，包括登录、群发、修改等，可以显示具体的操作时间、操作微信号、有无管理员验证、登录方式、所在地等信息，如图 3-71 所示。

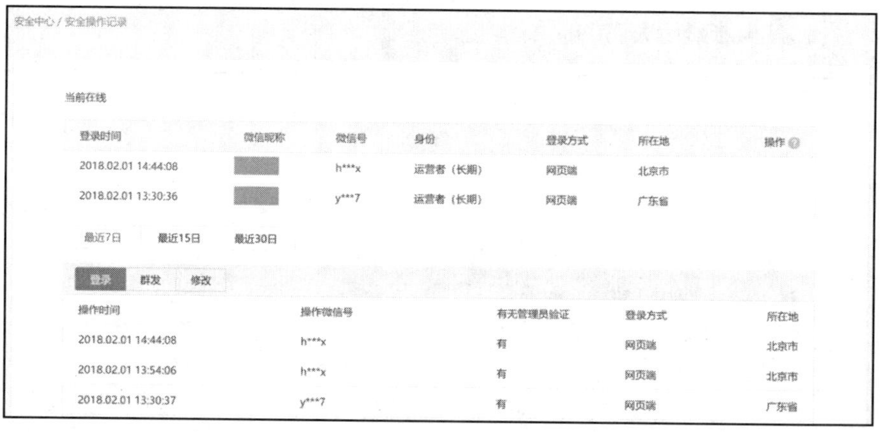

图 3-71

4. IP 白名单

之前，微信公众号一直都可通过公众平台开发者密码（AppSecret）进行群发，而开发者密码一旦发生泄露，盗号者在无须登录的情况下可随意调用群发等重要接口。

2017 年 11 月发生“幽灵群发”事件后，微信发布公告称，为避免因开发者密码泄露对账号造成损失，平台对调用“获取 access_token”接口增加 IP 白名单校验。“IP 白名单设置”对话框如图 3-72 所示。只有将 IP 地址设置为公众号的 IP 白名单，该 IP 地址的用户才能成功调用该接口。即使开发者密码泄露，盗号者也无法进行群发操作，因此微信公众号账号变得更加安全。

图 3-72

5. 修改密码

用管理员微信扫码验证后可以修改密码。

3.3.5 微信认证

微信认证是微信公众平台为了确保公众号信息的真实性、安全性，提供给微信公众号进行微信认证的服务。微信认证后，公众号在搜索列表中的排名会提前，这样获得用户关注的机会会更大一些，如图 3-73 所示。

认证后的公众号还可以获得更丰富的高级接口，享受更有价值的个性化服务。粉丝将在微信中看到微信认证特有的标志，点击账号主体可查看认证详情，从而提升公众号公信度。微信认证后的公众号在手机端的显示效果如图 3-74 所示。

图 3-73

图 3-74

3.4 微信公众平台后台的主要功能

3.4.1 群发功能

群发功能目前支持文字、语音、图片、视频、图文消息的群发，是微信公众号最基础、最重要的一个功能，是向用户推送自己内容最重要的窗口，所以有不少优秀的公众号仅使用群发功能这一项就可以将微信公众号运营得风生水起。

群发类型介绍如表 3-6 所示。

表 3-6 群发类型介绍

群发类型	使用说明
文字	群发内容字数上限为 600 个字符或 600 个汉字
图片	大小不超过 5MB，格式支持 bmp、png、jpeg、jpg、gif
图文	标题不能为空且长度不超过 64 个字（不支持换行以及设置字体大小）； 编辑单图文消息时，可以选填摘要内容，但摘要内容不能超过 120 个汉字或字符； 封面必须上传图片，图片大小不能超过 5MB，若图片过大，可以重新修改尺寸再上传，大图片建议尺寸为 900 像素×500 像素，上传后图片会自动压缩为宽 640 像素（高宽比例不变）的缩略图，在手机端可点击查看原图； 作者可选填，最多可输入 8 个汉字或英文字符； 正文必须输入文字内容，不能超过 20 000 个字，可设置字体、段落格式等，不支持自定义图文消息背景； 支持在图文消息正文中添加图片、视频、音乐、投票、小程序功能； 原文链接地址是指可以填写一个外部文章的网页地址链接发送给订阅用户，但只支持填写网页地址，如果填写文字、数字等非网页地址，会提示链接不合法
语音	直接群发语音目前仅可以选择文件大小不超过 30MB、语音时长不超过 30 分钟的语音文件，格式支持 mp3、wma、wav、amr
视频	不得上传未经授权的他人作品，以及色情、反动等违法视频； 支持大部分主流视频格式，超过 20MB 的视频可在腾讯视频上传后添加； 支持插入微信公众号文章链接、视频详情页链接和腾讯视频链接； 不支持时长小于 1 秒或大于 10 小时的视频文件，否则上传后将不能成功转码； 本地视频上传后需要审核，审核时间不超过 20 分钟

群发规则介绍如表 3-7 所示。

表 3-7　群发规则介绍

规则	使用说明
群发条数	订阅号（认证用户、非认证用户）1 天只能群发 1 条消息（每天 0 点更新，次数不会累加）; 服务号（认证用户、非认证用户）1 个月（按自然月）内可发送 4 条群发消息（每月月底 0 点更新，次数不会累加）
群发区域	通过微信公众平台群发消息时，若默认群发给了全部用户，则全部用户都可以正常接收消息； 若对群发对象、性别、群发地区进行了选择，而该粉丝不在所选择的范围内，则无法接收群发消息
群发删除	通过微信公众平台群发的图文消息内容（包括群发成功或群发后审核中的内容），可在“已群发消息”中删除，目前在微信公众平台中只能删除已发送成功的消息，正在群发的消息，暂不支持撤回或删除； 图文消息删除后，群发权限不会恢复，图文消息在删除 5 分钟后全部生效； 支持删除多图文消息的其中一条

定时群发规则介绍如表 3-8 所示。

表 3-8　定时群发规则

规则	使用说明
群发条数	订阅号（认证用户、非认证用户）1 天只能群发 1 条消息（每天 0 点更新，次数不会累加）; 服务号（认证用户、非认证用户）1 个月（按自然月）内可发送 4 条群发消息（每月月底 0 点更新，次数不会累加）
群发时间	可以选择在 5 分钟后的今、明两天内任意时刻定时群发，成功设置后不支持修改，但在设定的时间之前可取消，取消后不占用群发条数
群发取消	在设定的时间之前，回到微信公众平台首页，找到定时群发，点击“取消群发”即可，确认取消后，该条消息不会推送给粉丝，且群发条数也会恢复； 定时群发的图文消息，在设定的时间之前占用群发条数
提示： 定时消息不支持修改，修改素材库消息也不会改动定时消息的内容。若要修改，可以先取消定时再修改，然后重新定时。	

错别字无法修改是很多公众号运营者都面临的一个问题，尤其是服务号，一个月仅有 4 次推送机会，有时因为马虎而写错关键字而浪费一次宝贵的群发机会。2018 年 2 月 8 日，微信团队发布官方声明：“公众平台新增修改文章错别字功能，支持运营者对已群发文章进行小范围修改。每篇文章允许被修改一次，修改范围仅限正文内 5 个字（5 个

字符）。”之所以对修改功能进行限制，是希望每条推送都是公众号运营者深思熟虑的结果，秉承着对读者负责的原则，更好地保证用户的阅读体验。修改 5 个以下的错别字也是为了尽量避免出现用户重复阅读时内容上前后不一致的情况。

修改注意事项如下。

① 一篇图文只允许修改一次。

② 仅支持对正文文本进行修改，最多可修改 5 个字，且原文是几个字，修改后的文字也只能是几个字，支持手机预览修改后的页面。5 个字包括汉字、英文、数字、标点和空格。

③ 文外的封面题图、摘要和图文选项（如原创、留言等）暂不支持修改。

3.4.2　六大基础功能

在微信公众平台的“功能”模块下，一个刚注册成功的订阅号有六大基础功能：自动回复、自定义菜单、投票管理、页面模板、赞赏功能和原创管理。

1. 自动回复

自动回复功能是指公众号运营者可以通过简单的编辑，设置常用的文字/语音/图片/视频作为回复消息，并制定自动回复的规则。当订阅用户的行为符合自动回复规则的时候，订阅用户就会收到自动回复的消息，有被关注回复、收到消息回复、关键词回复三种自动回复类型，如图 3-75 所示。

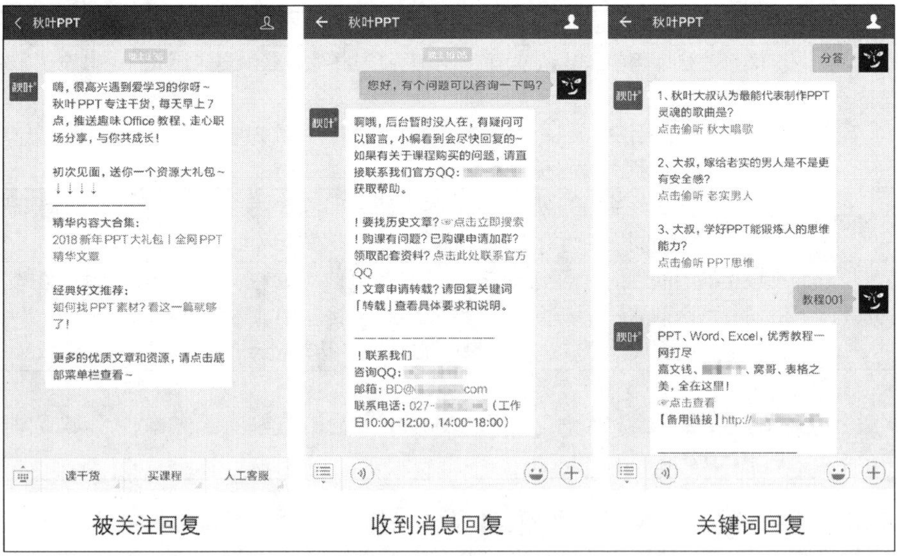

图 3-75

这三种自动回复类型之间的差别如表 3-9 所示。

表 3-9　三种自动回复类型的差别

自动回复类型	说明
被关注回复	在粉丝关注该公众号时，公众号会自动发送所设置的文字/语音/图片/视频给粉丝，设置后可根据需要修改或删除内容
收到消息回复	在设置收到消息回复后，微信公众平台会在粉丝发送微信消息时自动回复微信公众平台设置的文字/语音/图片/视频，但只能设置一条信息回复，在 1 个小时内能回复 1～2 条内容，文字中可以输入网页链接地址，但不支持设置超链接。这种回复形式比较单一，容易给人一种机器人自动回复的感觉，使用较少
关键词回复	通过添加规则，如果订阅用户发送的消息包含所设置的关键词（不超过 30 个字），系统会把相应规则的回复内容自动发送给订阅用户。 1. 条数限制：微信公众平台认证与非认证用户的关键字自动回复设置规则上限均为 200 条，每条规则内最多设置 10 条关键词、5 条回复。 2. 规则设置：可设置多个关键字，若订阅用户发送的信息中含有所设置的关键字，则系统会自动回复，同一规则中可设置 5 条回复内容。 3. 匹配设置：若选择全匹配，则在编辑页面会显示“已全匹配”，对方发送的内容与设置的关键字须完全一样，才能触发关键字回复，如设置“123”，仅回复“123”才会触发关键字回复；若没有选择全匹配，则编辑页面会显示“未全匹配”，只要对方发送内容包含设置的完整关键词，就会触发关键字回复给对方，如设置“123”，回复“1234”会触发，但回复不完整的关键字“12”则不会触发关键字回复

因为“收到消息回复”设置比较简单，使用场景也比较少，所以下面着重讲解“被关注回复”和“关键词回复”。

当用户关注一个公众号的时候，会立即自动收到一段运营者提前编好的欢迎语，而这就是“被关注回复”功能。

对于这个设置，运营者要特别重视。因为这段欢迎语是与用户的第一次互动，内容要尽可能体现企业的宗旨理念，又要不失个性化，让用户一目了然，能自主操作。

从回复形式上来说，“被关注回复”大多是文字，语音和图片形式也会有，但比较少见。

微信公众平台不支持关注自动回复图文消息。要实现此功能的话，需要第三方平台作为辅助。前文提过，要想知道一个页面是不是微信平台提供的，只须将该页面按住往下滑。如果是微信平台提供的页面，将会出现“此网页由 mp.weixin.qq.com 提供”；否则如果是其他平台接口提供的页面，如图 3-76 所示，将会出现“此网页由 h5.youzan.com 提供”。

一般来说，设置“被关注回复”时须注意以下几个方面。

（1）认知

① 告诉用户有什么内容。用户在新关注这个账号后，会很好奇这个账号里有什么

有用的、好玩的内容，对第一条互动一般也会看得仔细一些，所以要把重要的栏目、精选内容让用户在第一时间看到，如图 3-77 所示。

图 3-76

图 3-77

② 告诉用户有什么服务。用户经常基于对服务的需求关注一些公众号。那么关注之后，最直接的一个痛点就是不知道自己的需求如何通过这个账号得到解决以及具体的使用方法。所以，以服务为主的公众号都会直接在“被关注回复”时一一说明，而且会以详尽的图文形式弹出，如图 3-78 所示。

③ 说明使用习惯。很多账号都有比较特殊的使用方法，如日常推送的形式、平时更新的频率、独创的互动方式等，这些需要在与用户第一次见面的时候就说清楚。特殊的习惯需要特殊地培养，如公众号注重质量，一周更新一篇，但若用户不知道，新关注后发现三天不更新则会以为公众号不维护就取消关注了，如图 3-79 所示。

图 3-78

图 3-79

④ 体现自己的个性。很多账号都有自己的特点，或严肃，或有趣，或行业特殊，或有地域特色，或有自己标志性的口号等，那么在第一次打招呼的时候，就可以用最符合自己个性气质的方法进行互动。

（2）互动

① 关注渠道调查。微信公众号后台的用户分析数据功能比较弱，对于用户增长的具体途径并不能清晰地反映出来。这个信息的障碍势必导致运营者无法明确渠道来源，不能做到资源的合理分配与投入。所以在“被关注回复”时做一个简单的调研不失为一种好方法，如图 3-80 所示。

② 引导回复关键词。每一个公众号都有自己的目标用户群体，可以针对这个群体提供一些功能，如图 3-81 所示。

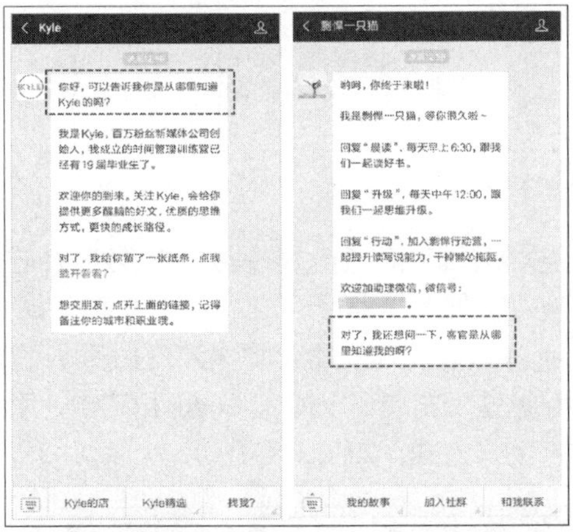

图 3-80

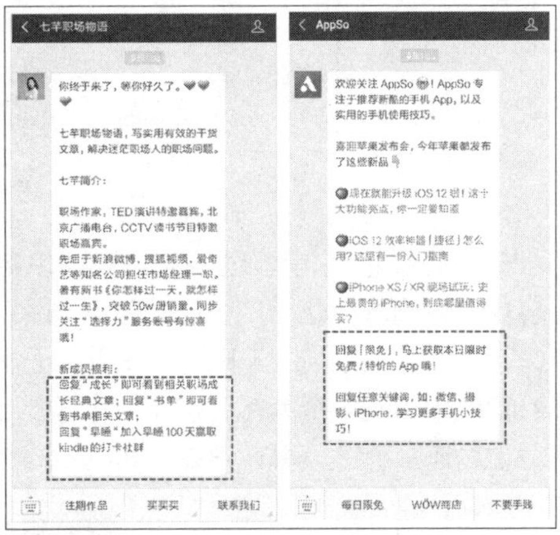

图 3-81

③ 引导查看历史消息。对平时推送内容质量比较有信心的公众号，可以直接引导用户去看历史的推送，如图 3-82 所示。

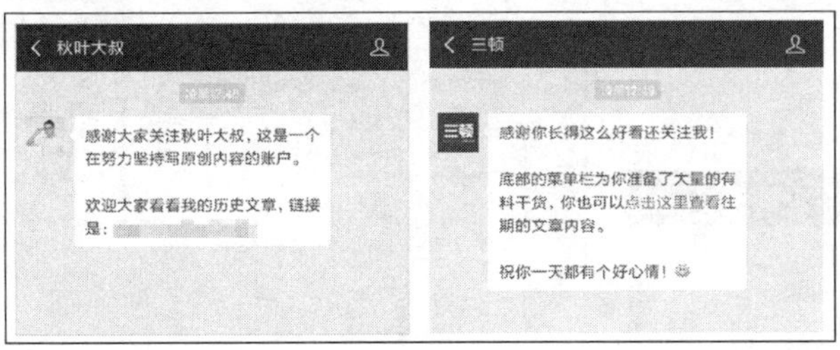

图 3-82

④ 引导单击菜单。在用户添加微信公众号关注时，如果有较为有趣或者有价值的自定义菜单为其提供服务，用户今后可能会更多地使用该微信公众号，如图 3-83 所示。

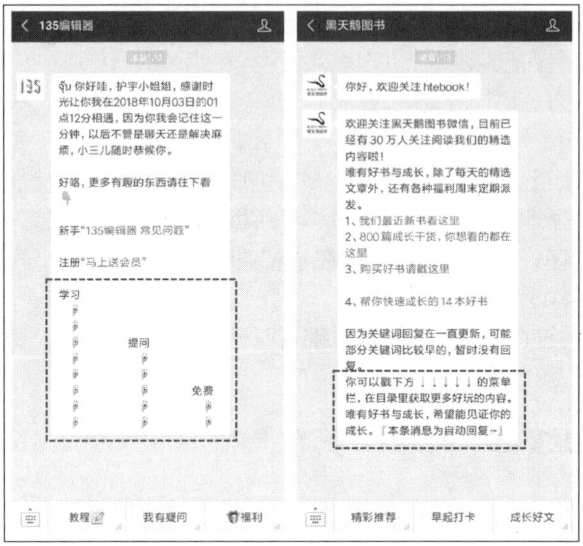

图 3-83

⑤ 测试题。注重互动的账号还可以结合关键词回复，通过“被关注回复”开启一个游戏或者测试，让用户一开始就参与深度互动，如图 3-84 所示。

⑥ 资料下载。资料下载一般适用于学习、成长、职场、培训等相关的账号，在一开始就给用户送一个大礼，留个好印象，而且这些资料还可以植入 Logo 和广告，用户下载之后还会继续分享，这是一种传播、推广的好方式，如图 3-85 所示。

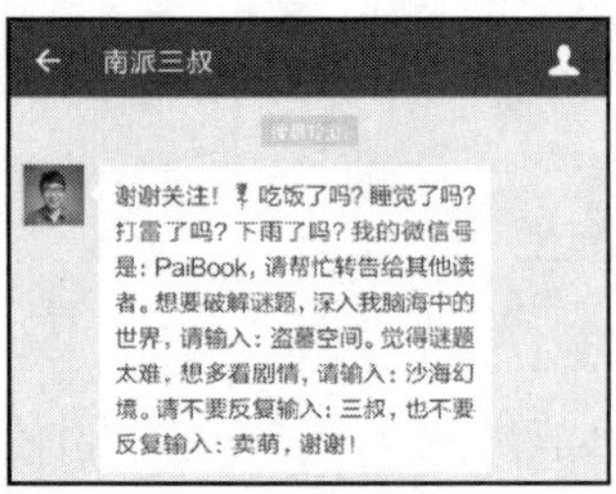

图 3-84

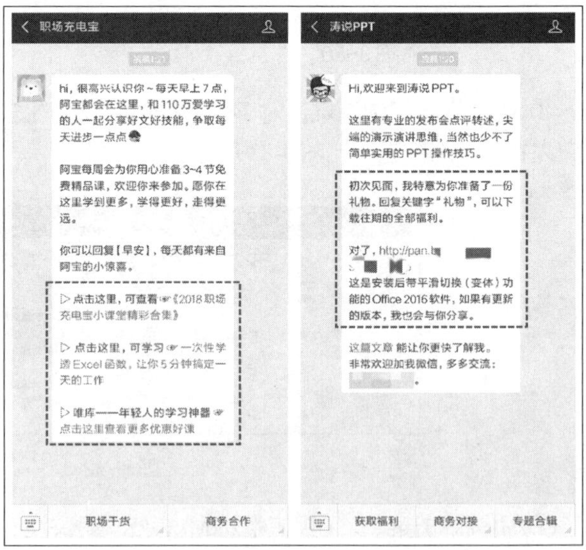

图 3-85

（3）引流

① 网站引流。给自己的网站、店铺、客户端或者自己产品、作品的购买网站引流，如图 3-86 所示。

② 推广 App。在用户关注了微信公众号之后，推荐用户下载 App，可以直接在添加的自动回复之中给出 App 下载链接，如图 3-87 所示。

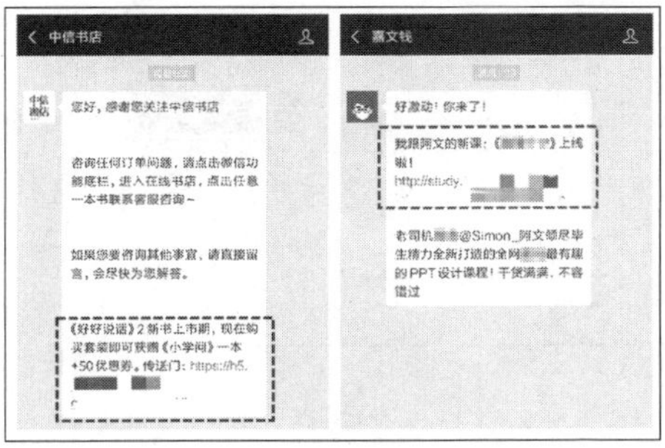

图 3-86

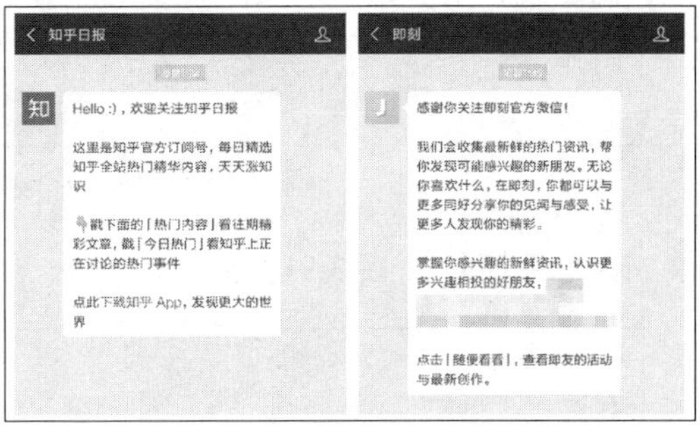

图 3-87

公众号还可以提示用户通过回复关键词到应用商店搜索或通过自定义菜单等方式下载 App，如图 3-88 所示。

从引流的效果来说，一般对网站、小程序的引流效果要远远好于 App，因为网站、小程序的引流只需点击即可，App 则需要下载，操作成本比较高。

③ 相关账号矩阵。一些企业有多个公众号，可通过“被关注回复”进行互推将整个公众号体系做大做强，如图 3-89 示。

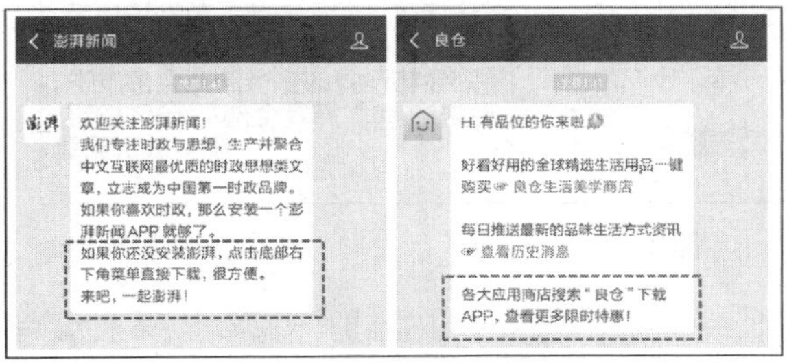

图 3-88

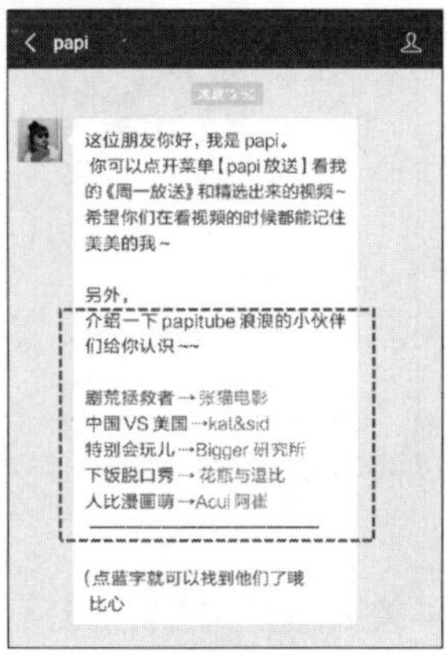

图 3-89

相比于被关注回复和收到消息回复，关键词回复的设置规则更复杂。首先，单击“添加回复”按钮，如图 3-90 所示。

图 3-90

设置关键词，如图 3-91 所示。

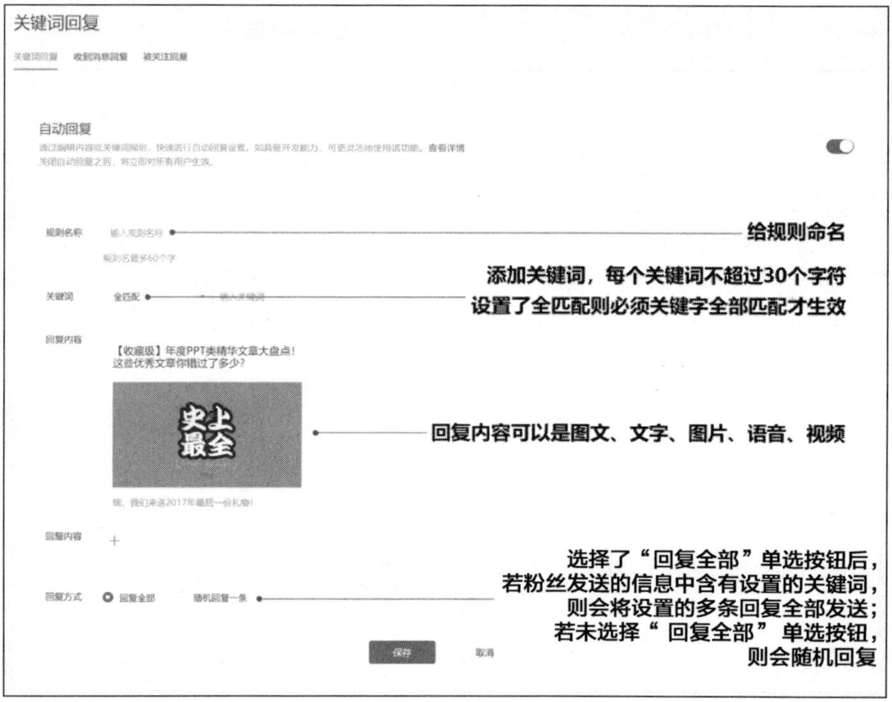

图 3-91

关键词回复语原则上不要太复杂、太冗长，但若回复内容是一串网址，难免会有很长的一段，那该如何做呢？

最简单的办法就是做成超链接，让用户直接单击跳转到新的页面，这该如何实现呢？只需要在文字中添加如下代码：

```
<a href="目标网址#rd">显示文字</a>
```

其中，“目标网址”就是想要用户跳转到的网址，“显示文字”就是用户能看到的蓝字显示部分。注意不要用全角字符，不要在括号和字符之间留空格。

图 3-92 所示为在后台设置关于“福利”的关键词自动回复。

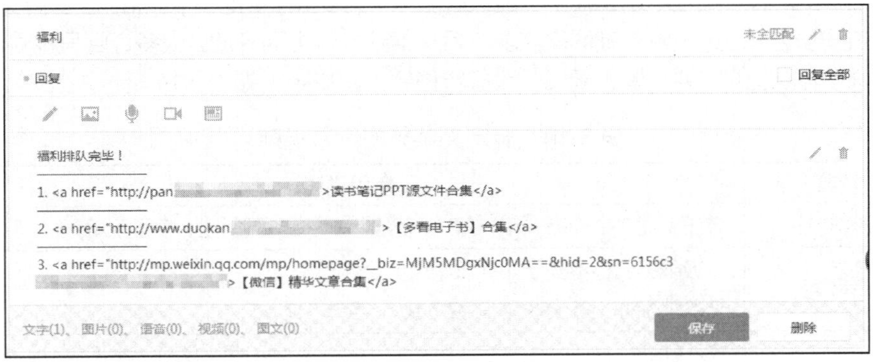

图 3-92

用户在手机端公众号中回复“福利”后得到的效果，如图 3-93 所示。

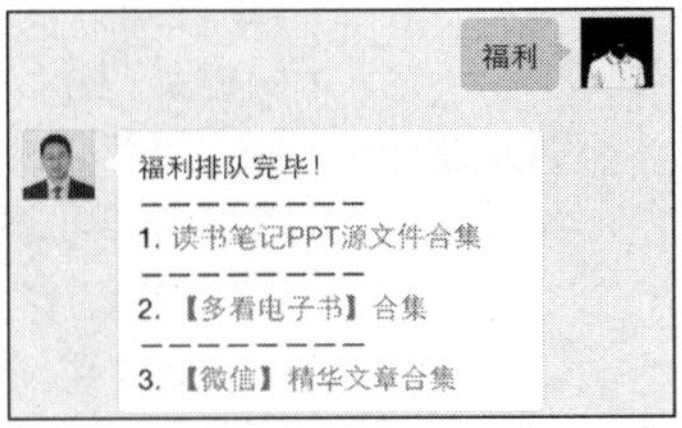

图 3-93

用户只须单击蓝字即可跳转到相对应的页面。

2. 自定义菜单

可以在公众号会话界面底部设置自定义菜单，菜单项可按需设置，并可为其设置响应动作，如收取消息、跳转网页、跳转小程序等，如图 3-94 所示。

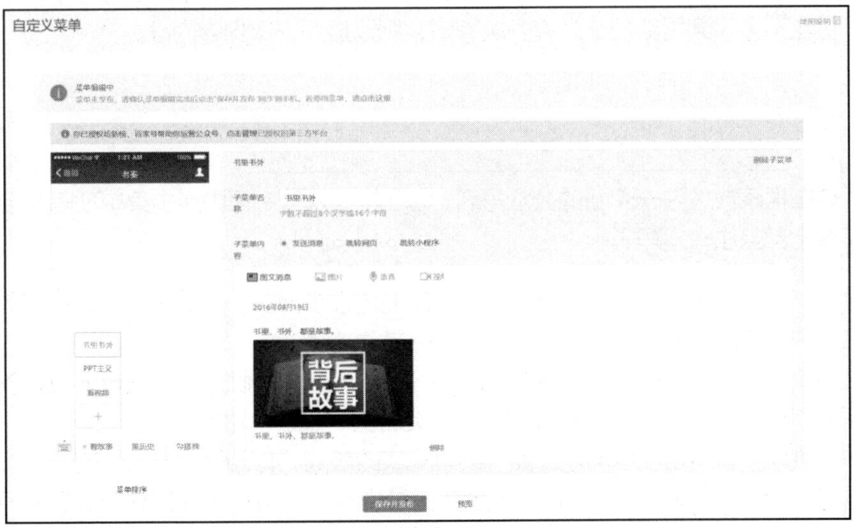

图 3-94

从本质上来说，自定义菜单的作用与前一节讲到的“关键词回复”是一致的，主要目的都是使用户自主操作以满足相应的需求，设置也类似，只不过，自定义菜单需要用户点击，“关键词回复”需要用关键词触发。

其实在微信公众号早期，菜单功能只有服务号才具备，所以订阅号的运营中涉及用户自主服务时都通过设置关键词来实现，后来菜单功能全面开放，大多订阅号也将需要关键词才能触发的重要功能、网页、服务转移到了菜单中，如表3-10所示。

表3-10　自定义菜单的设置规则

内容	使用说明
菜单排序	最多创建3个一级菜单，每个一级菜单下最多可创建5个子菜单
菜单命名	一级菜单名称不多于4个汉字或8个字母； 子菜单名称不多于8个汉字或16个字母
设置动作	“发送信息”：可发送文字、图片、语音、视频和图文消息等类型信息，但未认证订阅号暂时不支持文字类型 “跳转网页”：所有公众号均可在自定义菜单中直接选择公众号的图文消息（包括已发送消息、素材库、历史消息列表、页面模板）作为跳转网页的对象，目前非认证订阅号的自定义菜单动作不支持跳转外部连接，认证订阅号和服务号可直接输入网址 “跳转小程序”：所有公众号都可开通此功能，可将已关联的小程序页面放置到自定义菜单中，用户点击后可打开该小程序页面，关联他人的小程序时，需要和小程序管理员取得联系，获取小程序的AppID

要注意编辑中的菜单不会马上被用户看到，在发布成功24小时后才在手机端同步显示，粉丝不会收到更新提示。若多次编辑，则以最后一次保存为准。

课堂讨论

你在搜索或关注一个新的公众号后，会在其公众号主页中点击菜单项吗？会将子菜单全部点击一遍吗？

对于菜单的设置，并不推荐全部用满，反而建议少而精，将最重要的若干服务、说明、自助查询等放上就可以，过多的菜单会分散注意力。

最简单的一个方法就是，从客服、销售等经常与用户接触的一线岗位人员处收集用户高频的咨询、困惑、痛点、需求，经过分类后整理成菜单功能。

关于菜单栏，值得注意的是订阅号消息列表改版后，订阅号消息入口变浅，群发消息将以“标题+封面图”的形式直接展示在消息列表里，用户进入订阅号消息列表后可直接阅读。也就是说，自定义菜单被注意到的概率变小了，相比之前，运营者需要花费更多的力气才能引导用户使用自定义菜单上的服务。

3. 投票管理

投票功能可收集使用公众平台的用户关于比赛、活动、选举等的意见。

投票功能在公众平台后台的设置方法如图 3-95 所示。

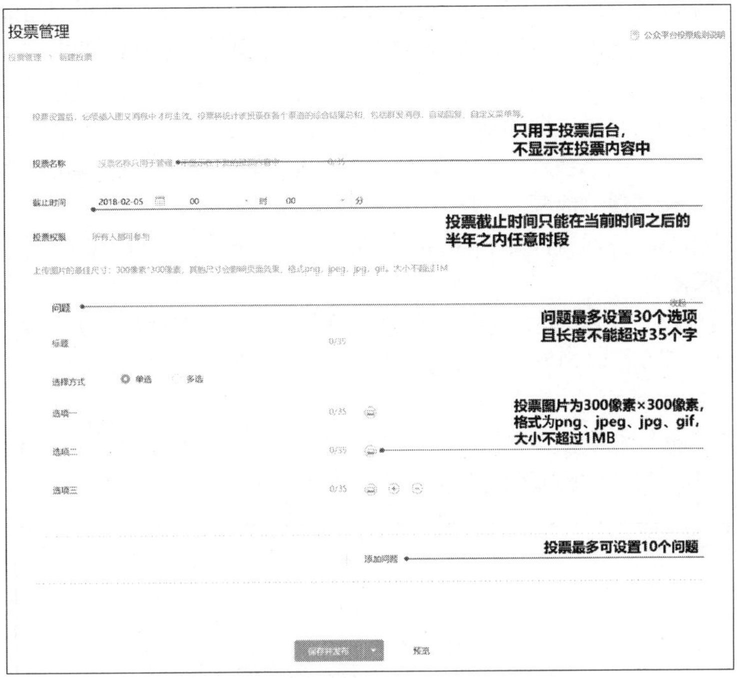

图 3–95

新建投票模板后，要将其推送给粉丝参与，须在公众号图文消息中选择插入投票，如图 3-96 所示。

图 3–96

关于投票的注意事项如下。

（1）粉丝投票可设置非关注即可操作或关注后才能操作，对于投票项目可设置单选或多选。

（2）若是多图文消息，则每一个正文只能包含1个投票（3个图文则能放3个投票）。

（3）投票功能将统计该投票在各个渠道的结果总和，包括群发消息、自动回复、自定义菜单等，同一个微信号只可以参与某投票一次，且不支持查看其他参与人的微信号或昵称。

（4）若发起的投票通过自动回复、关键词回复、自定义菜单、预览图文等渠道，则以上几种方式的阅读量不会统计到图文消息的阅读数里，但投票数会增加，所以有可能导致阅读数低于投票数的情况。

（5）目前暂不支持通过计算机或者手机浏览器打开投票选项的图文消息。

4. 页面模板

页面模板是给公众号创建行业网页的功能插件。之前只有获得原创资质的公众号才可使用该功能，现在已经对所有公众号开放。页面模板的使用可以让读者更清晰地查询和阅读往期精彩文章。

公众号可选择行业模板，导入控件和素材生成网页，对外发布。目前行业模板只提供媒体行业模板，包括列表模板和封面模板，如图3-97所示。

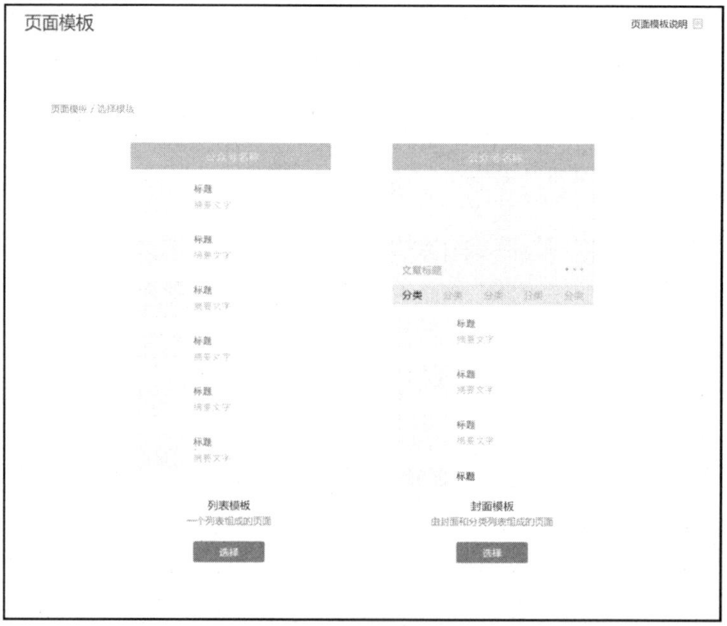

图3-97

列表模板只有一列内容，可以添加30篇文章。

封面模板的封面内容只能添加 3 个，最多可以分为 5 列，每列中最多可添加 30 篇文章。

一个公众号最多可创建 15 个页面，新建或修改页面后，单击“保存”按钮时，立即对外发布；页面可通过自定义菜单、图文消息、阅读原文等方式发布，如图 3-98 和图 3-99 所示。

图 3-98

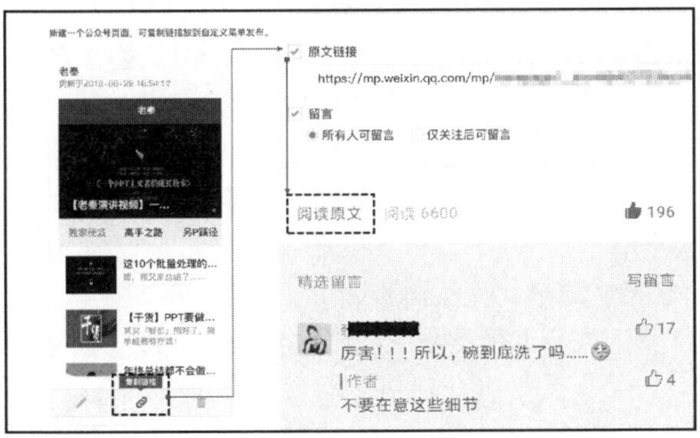

图 3-99

5. 赞赏功能

2018 年 6 月 6 日，微信升级了赞赏功能，由原先对公众号的赞赏变成对作者个人的赞赏。这一功能对所有类型的公众号开放，并且 iOS 版和 Android 版微信均可使用。

读者可通过点击文章底部的“喜欢作者”按钮进入作者页面，里面有作者的历史文章，可以选择赞赏作者的金额，从 1 元到 200 元不等，还可以选择“其他金额”，如图 3-100 所示。

图 3-100

（1）开通赞赏账户的条件

长期发布原创文章且已开通赞赏功能的个人类型公众号，可发送创建赞赏账户的邀请。

刚申请的公众号没有赞赏账户选项，要想开通，需要满足微信设置的条件：公众号上以同一作者名发表 3 篇或 3 篇以上的原创文章，即可邀请开通一个赞赏账户，用于赞赏收款。同一公众号最多可以邀请开通 3 个赞赏账户。

同一作者的赞赏账户，可在多个公众号中使用。所以只要作者已创建赞赏账户，公众号可以直接使用，不需要再次邀请，不占用 3 个邀请名额。

邀请微信个人号开通赞赏账户时，需要注意以下内容。

① 须填写个人微信的微信号，填写微信绑定的手机号或 QQ 号则无法邀请，且对方需要已关注该公众号。

② 若对方已开通赞赏账户，无法再邀请。

③ 发出邀请 24 小时未开通赞赏账户则释放名额，并通过站内信通知名额的消耗和释放。

（2）开通赞赏账户的步骤

在邀请发出后，作者的个人微信会收到邀请通知，如图 3-101 所示。

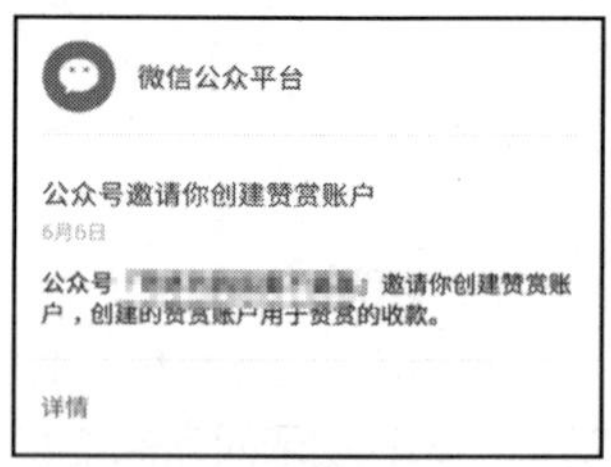

图 3-101

打开通知进入开通赞赏账户的小程序，进行信息填写。

填写信息时的注意事项如下。

① 赞赏账户名称：可选择赞赏账户、公众号或小程序，遵循全平台名称唯一。同主体或同管理员的情况下，赞赏账户名称可以和公众号、小程序保持一致。名称不得涉及侵权、违反法律法规以及平台运营规范的内容。

② 实名信息：须填写作者真实的姓名、身份证号码（实名信息不会对外展示），且须与当前操作的个人微信实名信息一致，提交后实名信息不支持修改，每个人（以身份证统计）只能开通一个赞赏账户。

（3）赞赏账户的管理

作者开通赞赏账户后，可进入“赞赏账户”小程序对账号进行管理。关于赞赏账户的管理有以下几点说明。

① 实名信息无法修改。

② 赞赏账户名只有一次修改的机会，改名时须慎重考虑。旧名字将会有 7 天保护期，在 7 天内可以撤销新名字，恢复原来名称。如果不选择恢复，7 天后旧名称就会被释放，其他人可以注册这一名称。需要注意的是，撤销也会占用改名机会，撤销后也不能再进行名称修改。

③ 其他信息无修改次数限制。

④ 作者可在“收款公众号”添加或移除自己原创文章赞赏收款账户的公众号。

⑤ 赞赏账户的介绍页须在微信公众平台后台进行设置，具体方法如下。

登录公众平台，进入“原创声明功能”，单击“历史文章展示在赞赏账户介绍页”。

选择一个赞赏账户，勾选需要展示的文章，然后单击“确定”按钮，如图 3-102 所示。系统会向赞赏账户对应的个人微信号发送确认通知，打开通知确认即可。赞赏账户在手机端确认后，文章就会展示在介绍页上。

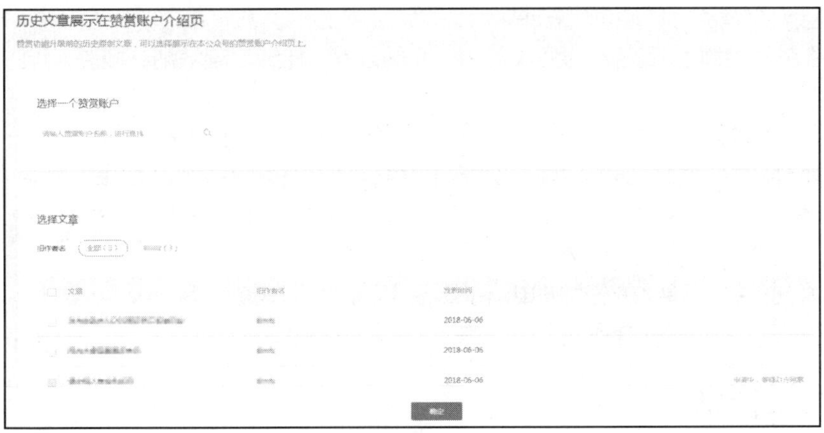

图 3-102

设置规则如下。

① 只能对赞赏功能升级上线之前（2018 年 6 月 6 日之前）的原创文章设置。

② 每篇文章只能设置 1 次。

③ 设置成功后只是展示在赞赏账户的介绍页，文章原有的内容、作者名都不会改变。如果文章原本开启了赞赏功能，依然是赞赏给公众号，而非赞赏账户。

（4）对原创文章开启赞赏功能

公众号只有在对文章声明原创时，才能开启赞赏功能，如图 3-103 和图 3-104 所示。赞赏的资金平台会结算到开通作者的个人微信号，结算周期为 T+7。iOS 和 Android 版微信均不收取手续费。

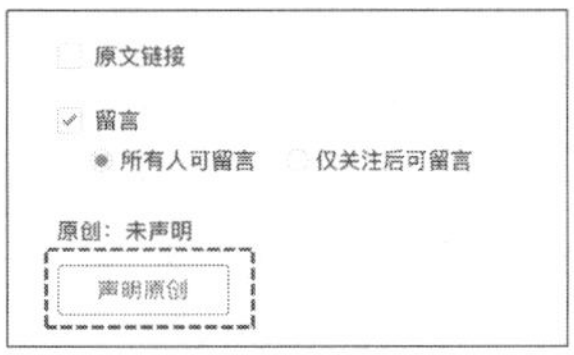

图 3-103

图 3-104

6. 原创管理

原创声明功能是原创保护的基础功能，并且与赞赏功能深度挂钩。在创建图文消息时，在运营者所写文章不少于 300 字的情况下，可声明某篇文章为原创文章，声明成功后系统会对文章添加“原创”标识。

原创声明功能鼓励更多的公众号加入原创行列，杜绝复制粘贴、抄袭，维护原创作者的权益。

之前，原创声明功能并非对所有公众号开放。2017 年 12 月 6 日，微信团队宣布将原创声明功能作为基础功能向所有公众号开放。这意味着所有的公众号在发布文章前都可以声明原创。刚注册成功的公众号也拥有发表原创文章的功能。

所发送的推文只要在发布前申请了原创声明，申请成功之后，将会在文章题目的下方看到一个原创的标记，如图 3-105 所示。

图 3-105

3.4.3 管理

在“管理”模块下，一个刚注册成功的订阅号有三个基础功能：消息管理、用户管理和素材管理，如图 3-106 所示。

1. 消息管理

消息管理用于接收用户对公众号发送的消息。

若一个订阅用户 48 小时内未与公众号互动，那运营者是无法主动发消息给用户的，直到用户下次主动发消息方可对其回复。

图 3-106

对于接收到的订阅用户发送的消息，系统会保留最近 5 天的消息（图片和语音只保留 3 天），超过时间期限的消息会自动清空。另外，与单个订阅用户的实时聊天消息最多只保留 20 条。

如果订阅用户发送的消息被标记为“星标消息”，系统将永久保存该信息。在“消息管理”中可以对关注用户发送的消息进行“标记星标”收藏，便于查看和永久保存该信息。鼠标指针移动到想要收藏的消息上，单击星形标志就可以收藏了。若需要对已收藏的消息进行取消收藏，对已收藏消息单击星标标志取消收藏即可。

若勾选“隐藏关键词消息”复选框后，粉丝发来的关键词消息会被隐藏掉，让公众号运营者更方便人工回复用户消息。

2. 用户管理

（1）用户的搜索

用户管理不支持显示粉丝微信号，只能看到昵称。新关注的粉丝，关注 24 小时后才可以快速搜索；更新昵称的粉丝，新昵称经 48 小时同步后才可以根据新昵称快速搜索。

（2）用户的备注

如果要给用户添加备注，选择需要备注的粉丝，单击即可修改粉丝的备注（备注支持特殊符号，字数在 30 个字以内，修改没有次数上限）。

（3）用户的标签

标签名称只支持设置 1～6 个汉字或 12 个字符。一个用户可以被放入多个标签中，目前微信公众平台粉丝标签最高可以设置 100 个。单击创建的标签，可以对该标签重命名。若要删除标签，可在“用户管理”页面中进入需要删除的标签，单击“删除”按钮即可，如图 3-107 所示。

图 3-107

在微信公众平台“用户管理”页面中可以将关注用户进行分组。将鼠标放在头像上，在浮出的用户信息上单击“加入黑名单”或添加“标签”，也可以批量勾选后进行操作，如图 3-108 所示。

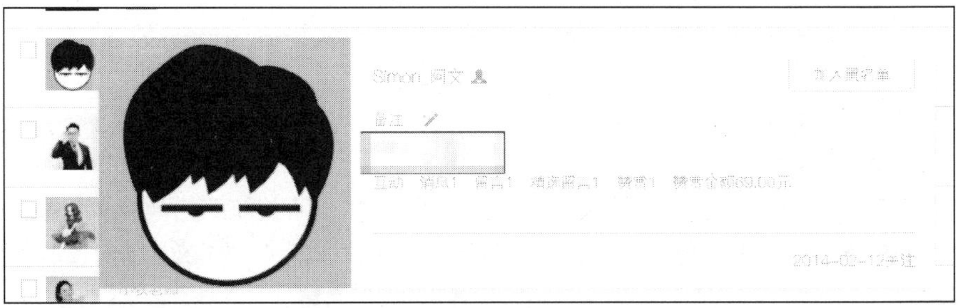

图 3-108

在微信公众平台“用户管理”页面中将关注的粉丝添加到黑名单后，黑名单中的粉丝将无法收到该公众号的群发消息及自动回复消息，但可以通过“查看历史消息”查阅 10 条历史消息。

粉丝被加入黑名单分组后，如果粉丝取消了关注，然后重新关注公众号，该粉丝仍然无法接收到群发消息及自动回复消息。

粉丝被加入黑名单后，给公众号发的消息不会在“消息管理”页面中显示，就算后续移除黑名单，该消息也不会显示。

3. 素材管理

微信公众平台主要有四种类型的素材，如图 3-109 所示。

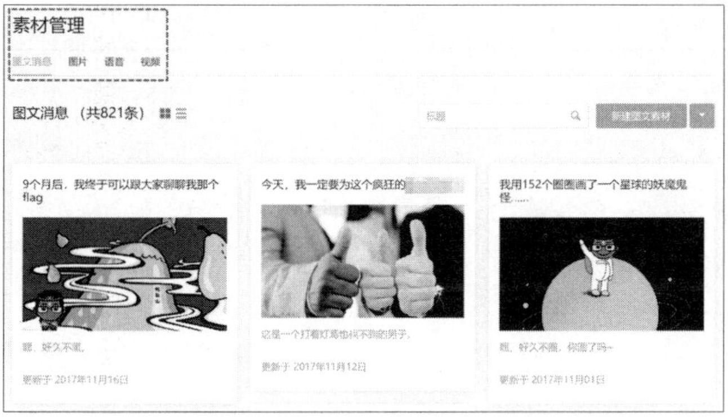

图 3-109

其中，图片、语音、视频都只须按照规格要求上传即可，如表 3-11 所示。

表 3-11　各种素材的上传要求

素材格式	规格要求
图片	5MB 以内，bmp、jpeg、jpg、png、gif 格式
语音	格式支持 mp3、wma、wav、amr，文件大小不超过 30MB，语音时长不超过 30 分钟
视频	20MB 以下，支持大部分视频格式

在使用图片素材管理的分组功能时，随着公众号使用时间的推移，上传过的图片会大量累积，而有一些图片，如特定的栏目封面、表情插画等，重复使用率比较高，这部分图片素材上传后可以新建一个分组把它们放在一起，以方便索引使用，如图 3-110 所示。

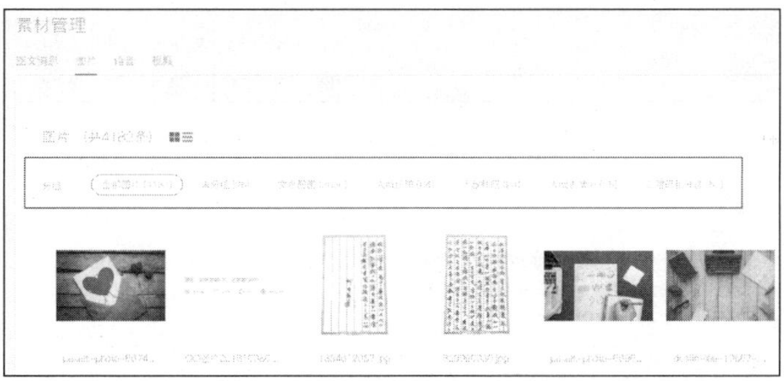

图 3-110

素材管理中使用频率最高、操作最复杂的当属图文管理和图文编辑。

单击“新建图文素材”即可打开新建图文页面，输入标题、作者和正文内容，把需要发布给用户的相关资讯进行编辑、排版，展现活动内容和相关产品资讯等，如图 3-111 所示。

图 3–111

4. 移动端管理

公众号后台是 PC 端网页，但运营者经常需要回复消息、群发推送而不能时刻保持在 PC 端。这个时候有 3 款微信出品的工具可以解决这一问题。

（1）“公众平台安全助手”公众号

“公众平台安全助手”页面如图 3-112 所示。

图 3–112

在公众平台安全助手开启公众号安全保护后，当公众号进行风险操作时，须通过设置的微信号或手机号的验证以保证公众号安全。绑定公众平台安全助手后，运营者的微信将自动关注“公众平台安全助手”微信公众号。该微信公众号将被视为公众号的管理员，单击“首页”菜单即可进入登录页面。运营者成功登录后可以通过绑定微信号在手机上查收消息、评论、赞赏、群发和查看群发历史等，同时还能查看后台的相关数据。

（2）“公众平台助手”小程序

“公众平台助手”小程序支持公众号管理员及运营者在手机端更方便、及时地管理公众号及查看数据，如图 3-113 所示。

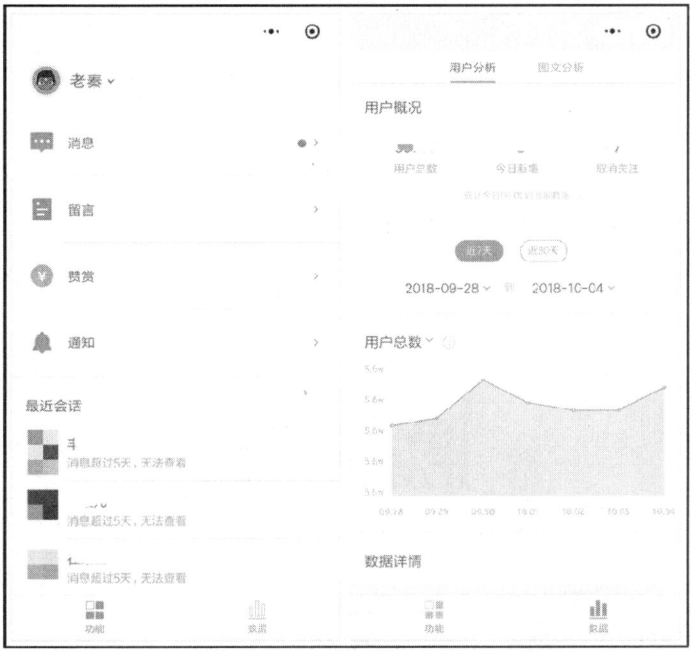

图 3-113

（3）“订阅号助手”App

除了公众号和小程序，目前微信已经推出支持 Android 平台和 iOS 平台的“订阅号助手”App。该 App 提供了更为强大的管理功能，支持公众号运营者在手机上发表内容、查看和回复消息、管理已关注用户和账号，如图 3-114 所示。

3.4.4 推广

平时我们在阅读公众号图文时会发现，在文章底部经常会有一个“广告”字样，为公众号、应用、活动等做推广，如图 3-115 所示。这就是通过公众号的“推广”功能实现的，如图 3-116 所示。

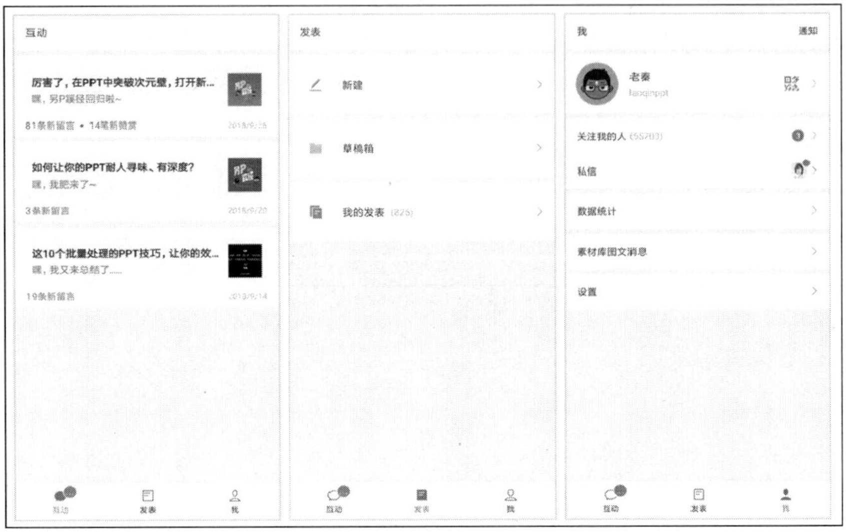

图 3-114

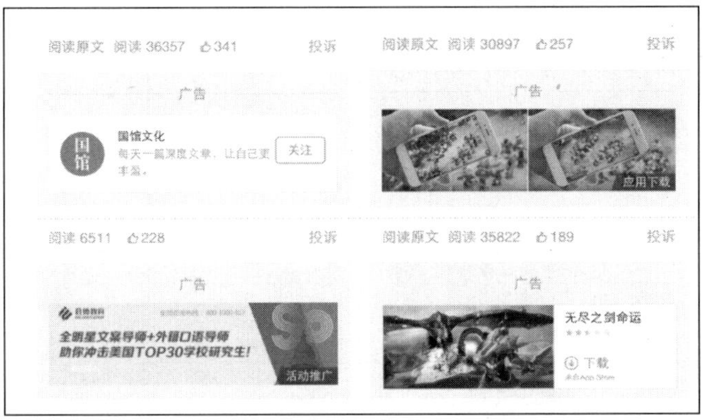

图 3-115

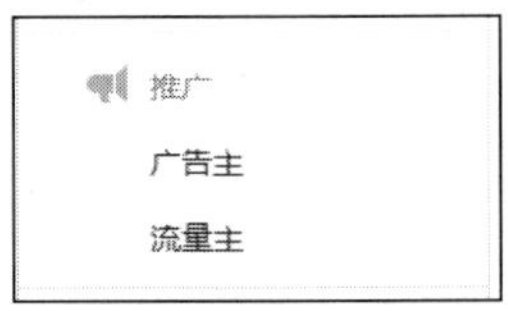

图 3-116

广告主是针对企业收费的，而流量主则是针对用户的，可以收费。

1. 广告主

公众号运营者通过广告主功能可向不同性别、年龄、地区的微信用户精准推广自己的服务，获得潜在用户。微信认证的公众号可申请开通投放服务，成为广告主，通过后可根据不同的需求投放不同的公众号广告、朋友圈广告、小程序广告，具体的可以查阅不同投放场景的介绍文档或直接咨询客服，如图 3-117 所示。

图3-117

2. 流量主

公众号运营者可自愿将公众号内指定位置分享给广告主做广告展示，按月获得广告收入。粉丝人数超过 5000 的微信公众号均可提供广告展示服务，成为流量主。一个公众号主体最多可以对其他 20 个公众号开通流量主资格。

所谓流量主，就是坐拥自己公众号用户点击广告的结果，向广告主收取费用。后台可以看到收入明细，如图 3-118 所示。

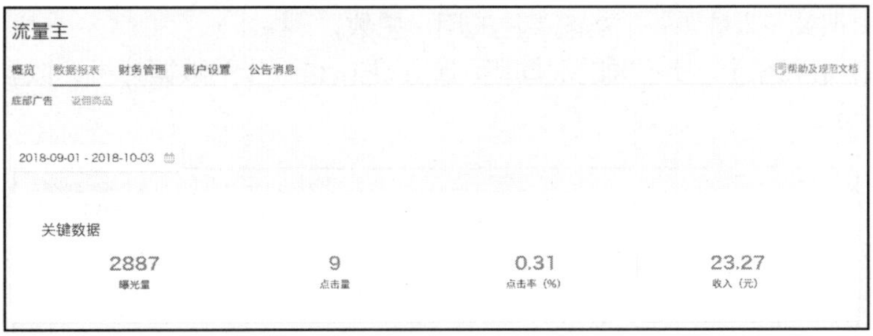

图3-118

这也是很多公众号文章末尾会提醒用户“莫忘点击广告”的原因，如图 3-119 所示。

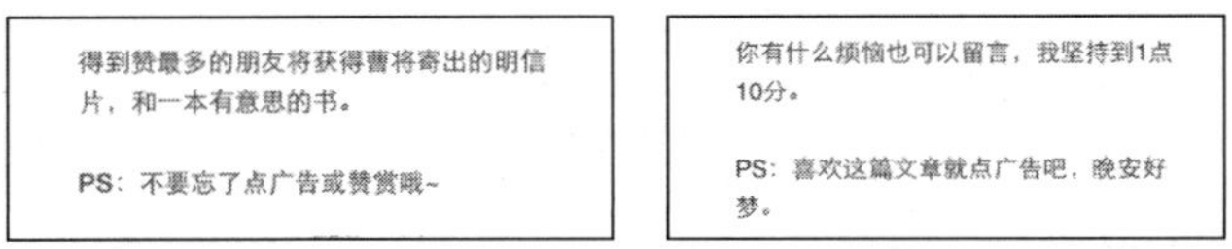

图3-119

3.4.5 统计

1. 用户分析

（1）用户增长

用户增长数据包含了有关用户的数量指标和增长来源，主要有四个：新关注人数、取消关注人数、净增关注人数和累积关注人数，如图 3-120 所示。

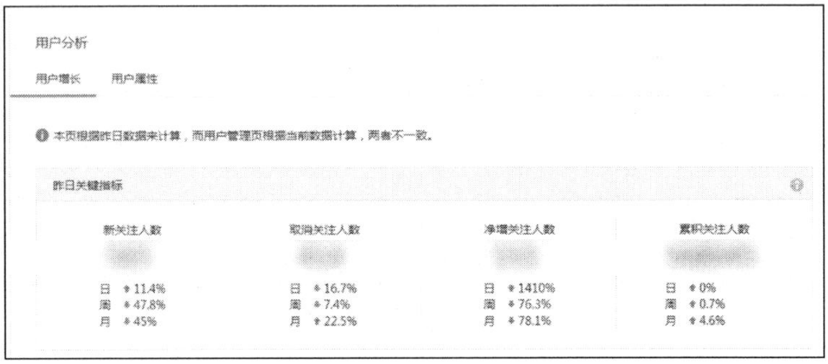

图 3–120

各个指标的概念如下。

①“新关注人数”——新关注的用户数（不包括当天重复关注的用户）。一般情况下，新关注人数来自前一天的推送的转化。

②“取消关注人数”——取消关注的用户数（不包括当天重复取消关注的用户）。

③“净增关注人数”——“新关注人数”与“取消关注人数”之差。

④“累积关注人数”——当前关注的用户总数。

运营者可以通过选择不同的时间段和来源进行进一步的数据分析，数据分析图如图 3-121 所示。

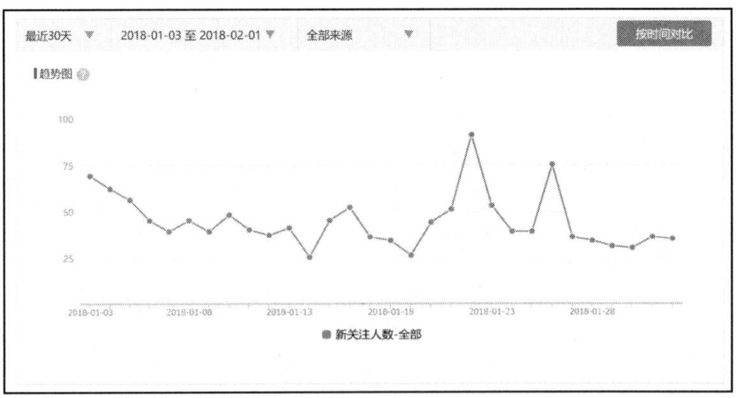

图 3–121

运营者可以选择“最近 7 天”“最近 15 天”“最近 30 天”来查看，也可以手动选择时间段。

在“全部来源”下拉列表框中有不同来源的新增用户的比例，基本上涵盖了目前关注一个公众号的所有方式：公众号搜索、扫描二维码、图文页右上角菜单、图文页内公众号名称、名片分享、支付后关注、其他合计。用户数量关注的增减能最直接地反映公众号的整体运营质量。

如果“净增关注人数”短时间之内相比于平时突然增多，可能是前一天的推送或者活动有效，以后可以多尝试此方向的形式或内容。

如果“取消关注人数”在短时间之内相比于平时突然增多，可能是前一天推送的内容方向或者质量出了问题，那就必须马上调整，甚至可以寻找一些用户进行交流，找到核心问题。

课堂讨论

你认为对于侧重于服务的公众号应该侧重哪一块的数据分析？对于侧重传播的公众号应该侧重哪一块的数据分析？

不过特别要注意的一点是，如果一个公众号侧重于提供服务，那用户增长相关的数据远比阅读量相关的数据重要。如果微信公众平台无法跟粉丝形成一种持续性的互动，或者无法提供粉丝需要的刚需内容，失去关注只是时间问题，粉丝量再大也没有什么实际意义。

（2）用户属性

用户属性分为性别分布、语言分布、省份分布、城市分布、终端分布和机型分布，如图 3-122 所示。

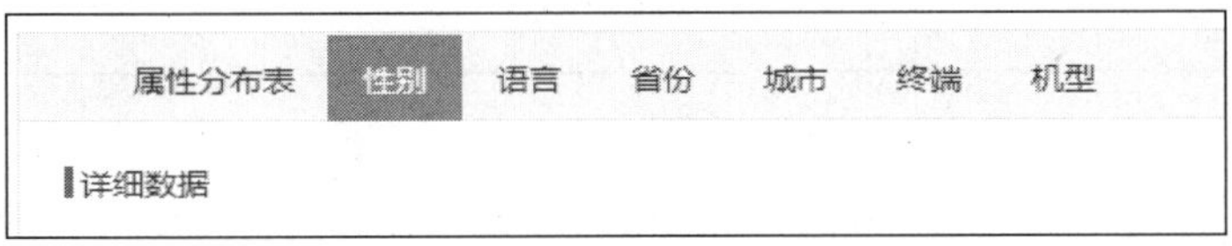

图 3-122

课堂讨论

很多公众号运营者只关注粉丝增减和阅读量，从不看用户属性的相关数据，觉得这类数据没有意义。你觉得通过这些属性可以帮助运营者获得哪些重要信息？

用户属性数据分析的最大意义在于，可以看已有用户与自己品牌、产品、服务所对应的目标人群画像是否相符，是一个公众号运营定位的重要参考。

有了这个参考，就可以比较精准地把握大多数人的偏好，根据用户的特征进行有针对性的运营。

例如，推送内容的配色应该偏哪种？可以看看“性别”数据做选择。要开拓全国市场或者举办线下活动，选哪个地方最容易成功？可以看看“省份”或“城市”数据做判断。做一个地方公众号，质量会如何呢？可以看看“城市”数据做评估。微信编辑在排版的时候要预览一下效果，拿什么样的手机预览呢？可以看看“机型”来做调整等。

2. 图文分析

在微信后台的“图文分析”中可以看到与单篇图文和全部图文阅读相关的各种数据统计，单篇图文仅统计图文发出后 7 天内的累计数据，如图 3-123～图 3-126 所示。

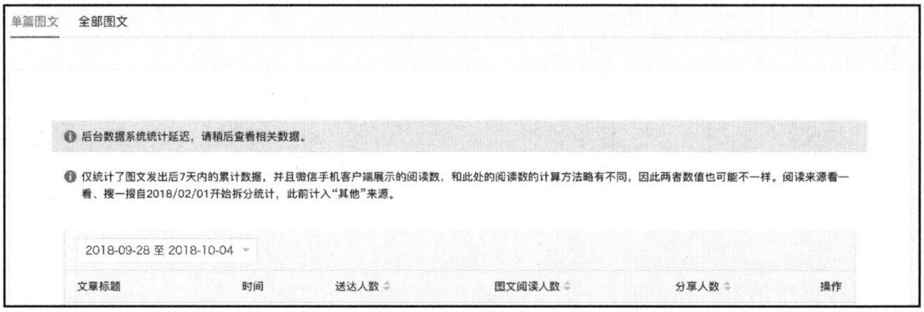

图 3-123

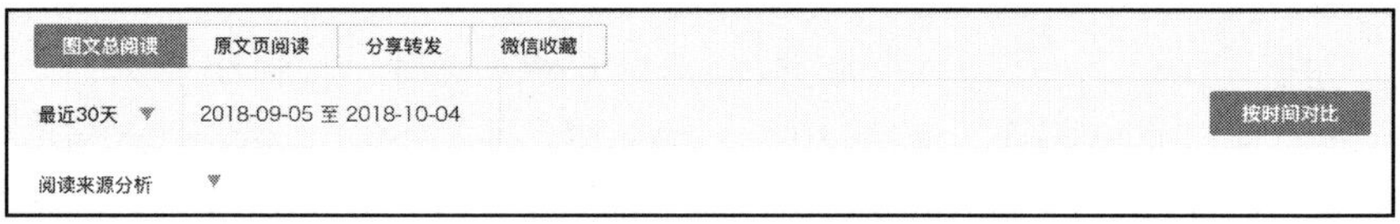

图 3-124

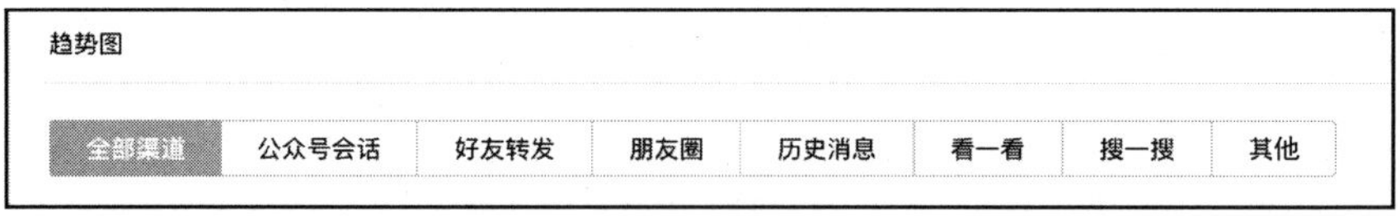

图 3-125

图 3-126

其中各个指标的概念如下。

①“送达人数”——群发图文消息时送达的人数。

②“图文页”——点击图文消息进入的页面。

③“原文页”——在图文页点击“阅读原文”进入的页面。

④“图文页阅读人数”——点击图文页的去重人数，包括非粉丝。

⑤“图文页阅读次数”——点击图文页的次数，包括非粉丝的点击。

⑥“图文转化率”——图文阅读人数与送达人数之比。

⑦“原文页阅读人数”——点击原文页的去重人数，包括非粉丝。

⑧“原文页阅读次数”——点击原文页的次数，包括非粉丝的点击。

⑨“原文转化率”——原文页阅读人数与图文页阅读人数之比。

⑩“分享转发人数”——转发给朋友或分享到朋友圈、微博的去重用户数，包括非粉丝。

⑪“分享转发次数”——转发给朋友或分享到朋友圈、微博的次数，包括非粉丝的点击。

⑫“微信收藏统计”——查看每篇图文的收藏次数，或所有图文的每日总收藏次数。

课堂讨论

从运营的角度来说，你认为以上数据哪些是要重点分析的？哪些是每天必看的？

微信后台侧重要分析的图文数据主要有以下四种。

①“图文页阅读次数”——也就是平时说的“阅读量”，做品牌、做传播的文章最需要关注的就是这个数据，标题是影响本数据的主要因素。

②“分享转发次数”——如果说文章的标题决定一篇文章的打开率，那么文章的内容质量则决定了这篇文章的转发量，所以转发次数是评判一篇文章质量的重要标准。

③“微信收藏人数”——如果想要知道一篇文章的实用程度，则要注重查看收藏人数，这也是为什么很多教程类的文章阅读量不高，但收藏率很高。

④“原文页阅读次数”——也就是用户点击文章左下角的“阅读原文”的次数。“阅读原文”一般是企业或运营者设置的产品、网站等的相关链接，用户的黏性以及文章的内容质量是影响本数据的主要因素。

另外，数据分析中还有一个数据是非常重要的，那就是原创文章的“转载”数量。所谓转载就是另外的公众号通过他们的账户将文章推送给他们的用户，这既是对文章内容的高度认可，也表明受到了行业的足够认可，如图 3-127 所示。

3. 菜单分析

对于设置了自定义菜单功能的公众号，“菜单分析”功能也是值得关注的内容。该模块有三种指标，如图 3-128 所示。

图 3-127

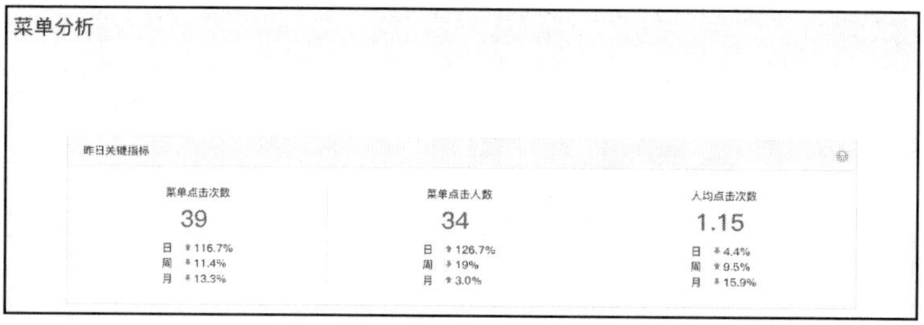

图 3-128

各个指标的概念如下。

①“菜单点击次数”——菜单被用户点击的次数。

②“菜单点击人数”——点击菜单的去重用户数。

③“人均点击次数”——菜单点击次数与菜单点击的去重用户数之比。

④“版本”——每更新一次菜单算作一个版本。

通过菜单栏和子菜单的数据分析，可以了解用户关心什么、在乎什么，并做出对应的调整规划，如图 3-129 所示。

2018-09-04 至 2018-10-03　　下载表格

版本	菜单	子菜单	菜单点击次数	菜单点击人数	人均点击次数
20180716.04版 最近版本	黑历史	–	588	389	1.51
	勾搭我	–	297	265	1.12
	看故事	书里书外	122	116	1.05
		PPT主义	197	188	1.05
		看视频	94	85	1.11
20171025.01版	看故事	PPT主义	4	4	1.00
		书里书外	4	4	1.00
	黑历史	–	16	13	1.23
	勾搭我	–	6	6	1.00

图 3-129

4. 消息分析

“消息分析”页面下有两个选项卡，一个是“消息分析”选项卡，另一个是“消息关键词”选项卡。其中，在“消息分析”选项卡可以看到消息发送人数、消息发送次数以及人均发送次数，如图 3-130 所示。

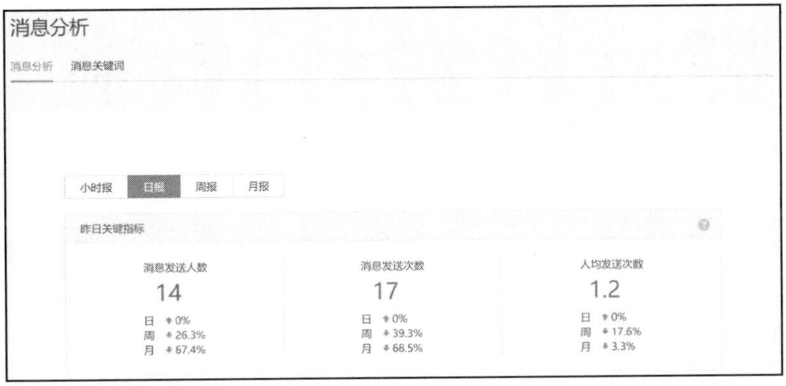

图 3−130

这三个数据指标的概念如下。

① “消息发送人数”——关注者主动发送消息的去重用户数。

② “消息发送次数”——关注者主动发送消息的次数。

③ “人均发送次数”——消息发送总次数与消息发送的去重用户数之比。

“消息关键词”选项卡中的数据指标可以反映出订阅用户对哪些功能或者内容需求量比较大，如图 3-131 所示。

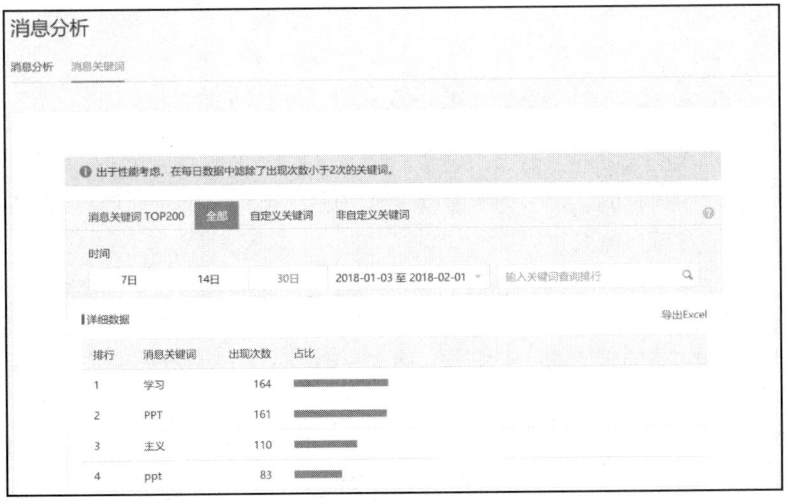

图 3−131

其中各个数据指标的概念如下。

①“全部”——用户发送的文字中所包含的全部特殊名词。

②“自定义关键词”——公众号在编辑模式中预先设置的关键词。

③“非自定义关键词”——用户发送的消息中，非公众号在编辑模式中预先设置的关键词。

5. 接口分析

接口分析只对开发者用户可见，用于分析接口的一些调用次数和时间，如图 3-132 所示。

图 3-132

其中各个数据指标的概念如下。

①“调用次数”——接口被调用的总次数。

②“失败率”——调用失败的次数与接口被调用的总次数之比。

③“平均耗时”——接口调用的总时长与接口被调用成功的总次数之比。

④“最大耗时”——接口调用耗时的最大值。

6. 网页分析

“网页分析”功能可以方便拥有后台接口来源的公众号及时查看每个接口被调用情况的数据。开发者也可以根据这些数据对细节进一步优化，比如在哪个接口的调用量较高，就可以在该接口对文章标题、图片等进行优化，提高用户体验与曝光度。

实战训练

在之前申请的公众号上做以下尝试。

（1）利用“关键词回复”功能设置一个互动小游戏，如设置回复“卖萌”两个字，弹出一段话或一张图片。

（2）请设计一个单选投票，包括 3 项问题，如收集大家对学校食堂的满意度。

（3）将你的公众号关注用户中的朋友、同学、老师、网友用标签分类管理。

（4）为你的微信号设置一组自定义菜单，和同学的互相对比一下，看谁的自定义菜单名称更吸引人。

（5）对照自己的微信公众号后台，分析一下图 3-133 所示微信公众号的图文阅读量流量主要来源是什么人。是否可以认为这篇文章的质量不错？为什么？

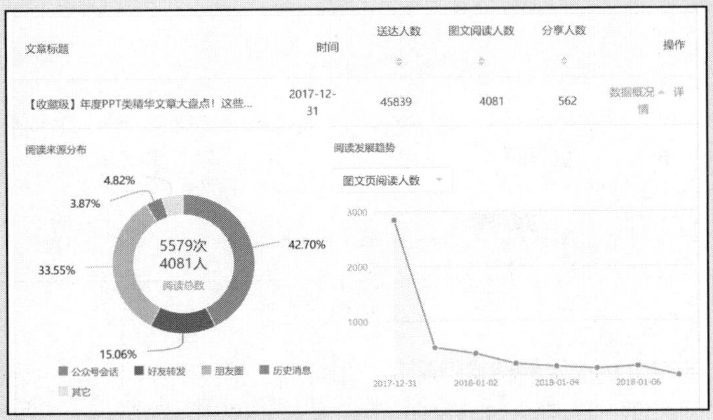

图 3-133

// 3.5　微信公众号的留言功能

留言功能可以使关注用户针对公众号文章被留言，增加公众号与关注用户之间的互动。

用户看了文章后可以点击“写留言”，对文章进行评论。而后，运营者对评论进行挑选（只有设为精选的留言才会显示在文章底部的留言区），还可根据需要“置顶”留言。同时，运营者也可以回复用户的留言。

留言功能的使用方法如下。

（1）只有被运营者设为精选的留言才可以在文章底部的留言区显示。

（2）运营者可以置顶精选留言，一次最多置顶 5 条，置顶时不会通知该留言用户。

（3）运营者可以对所有留言进行回复，写留言的读者将收到这条回复。

（4）运营者可以删除某条读者的留言，读者可以删除自己写的留言。

（5）目前可设为精选的留言最高达到 100 条。

留言功能的使用步骤如下。

（1）运营者可以根据自己的需求选择留言条件，如图 3-134 所示。

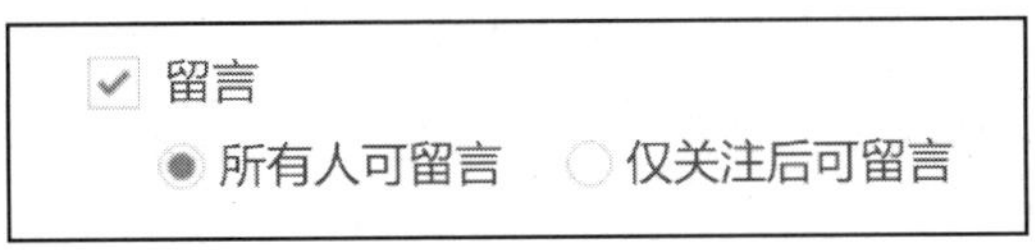

图 3-134

（2）文章推送后，在微信公众号后台的左侧菜单栏中选择“留言管理”，或者在微信公众号后台的右侧“已群发消息”处，可看到用户对该文章的留言，如图 3-135 所示。

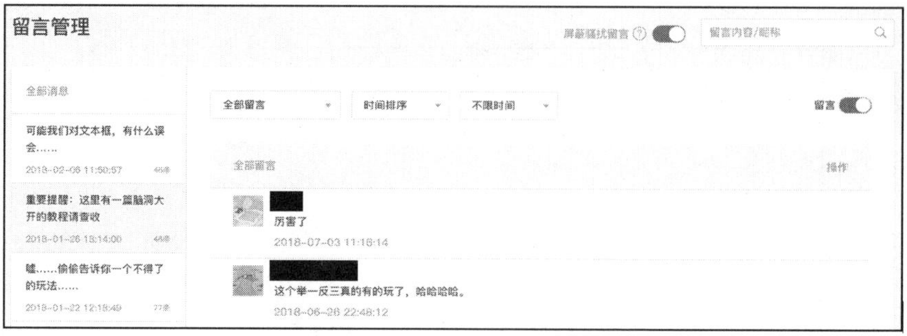

图 3–135

（3）运营者可以挑选好的留言标记为“星标”，即“精选”留言。被设为精选的评论会展示在文章底部的留言区，被更多的用户看到，发表这条评论的用户也会收到入选提醒如图 3-136 所示。

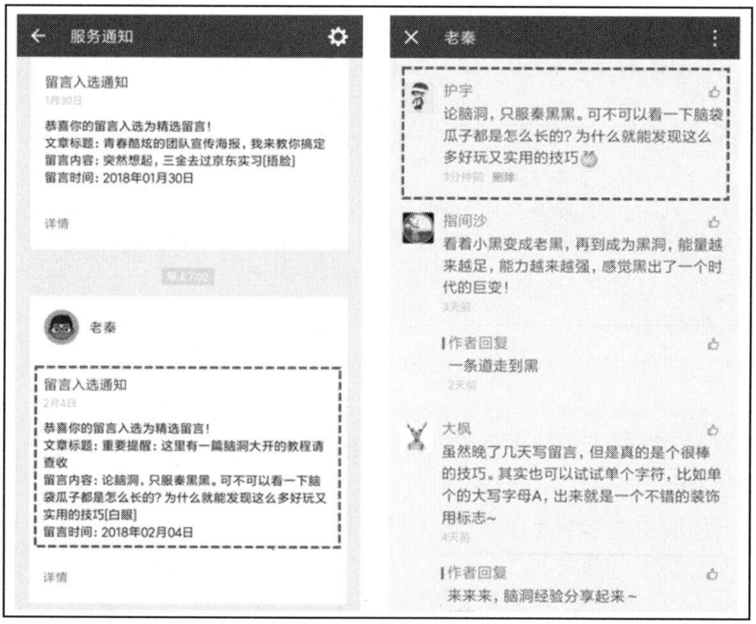

图 3–136

（4）运营者还可根据需要置顶留言，被置顶的留言目前不会通知该留言用户，如图 3-137 所示。

虽然微信现在支持修改已群发文章，但是修改范围仅限正文的 5 个字。如果要修改的内容超出了修改范围，运营者可以将更改内容直接写在留言处，利用“置顶”功能让更多用户看到。

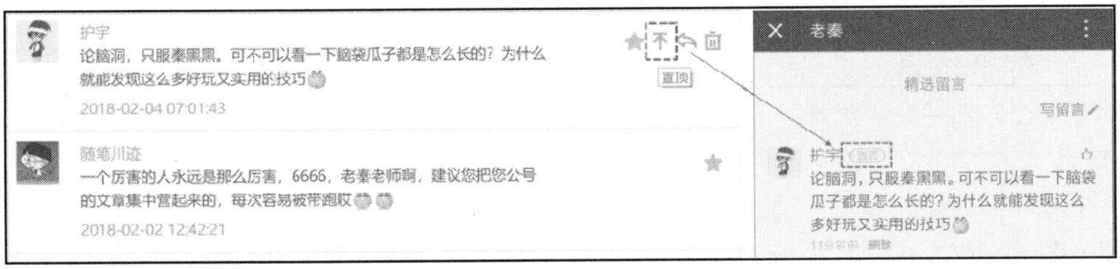

图 3-137

粉丝数量较多的公众号，精选留言排名往往也跟写留言的时间先后顺序有关。较早的留言因被更多人看到而获得大量点赞，因而排名靠前。置顶功能可以将留言时间晚但质量上乘的留言手动推到最前面。

值得注意的是，以 2018 年 3 月 12 日开始，微信平台限制留言功能的开放，目前新注册账号无留言功能。

实战训练

打开自己喜欢的一个微信公众号，点开最新的一篇文章，认真写一段评论，争取被作者设为精选。

// 3.6　微信公众号行为规范

微信一直致力于打造一个利于用户体验的社交平台，微信团队在微信公众号的使用规范上非常严格，所以在运营过程中必须明确哪些行为是违规操作，避免被处罚或封号。

腾讯官方出台的《微信公众平台运营规范》对于微信公众号的行为规范有详尽的说明，主要有以下四条红线。

（1）禁止使用外挂行为

未经腾讯书面许可使用插件、外挂或其他第三方工具、服务接入本服务和相关系统。

（2）禁止刷粉和互推行为

未经腾讯书面许可利用其他公众号、微信账号或第三方运营平台等进行推广或互相推广，包括但不限于僵尸粉刷粉，公众号互相推广，普通微信账号通过微信普通消息、附近的人打招呼、漂流瓶、摇一摇等任何形式推广公众号，以及利用第三方平台进行互推等。

（3）禁止诱导行为

严禁通过外链或公众号消息等方式，强制或诱导用户将消息分享至朋友圈的行为。

奖励的方式包括但不限于实物奖品、虚拟奖品（积分、信息）等。

严禁通过外链、公众号群发或二维码等方式，以奖励或其他手段，强制或诱导用户关注公众号的行为。奖励的方式包括但不限于实物奖品、虚拟奖品（积分、信息）等。具体包括以下类型：强制用户分享（分享后才能继续下一步操作，包括但不限于分享后方可预订，分享后方可知道答案等）、利诱用户分享（分享后对用户有奖励，包括但不限于邀请好友拆礼盒、集赞、分享可增加一次抽奖机会等）、胁迫或煽动用户分享（用夸张言语来胁迫、引诱用户分享，包括但不限于"不转不是中国人""请好心人转发一下""转发后一生平安""转疯了""必转"等）。

（4）禁止恶意篡改行为

有目的性地对公众平台的功能或文字进行篡改，违反公众平台功能的原本用途或意义，如在原本显示作者名称（即公众号名称）的位置篡改文字显示等。

值得提醒的是，尽管微信官方三令五申，但还是有很多微信公众号为了加粉采取打擦边球的方式冲击粉丝数量。一旦被微信官方认为是违规行为，该公众号就会受到严厉处罚，乃至被销号。

04 Chapter

第 4 章 微信公众号的规划策略

通过阅读本章内容，你将学到：

- 用户画像的要点，并以此辅助公众号的定位策略
- 公众号实现品牌的关键
- 公众号推送与用户之间的联系

// 4.1 定位策略

企业要想做好、做大、做强自己的微信公众号，找准定位是关键的一步。如果这一点没有找准，后面的工夫可能都会白费。

找准适合自身发展、符合自身形象的定位后，才好确定辐射受众面，形成品牌效应，实现运营目标，才能在众多微信公众号中脱颖而出。

怎样才能找准定位呢?

课堂讨论

下面对“定位”的理解，你认为哪个是正确的?

A. 同行业的人怎么定位，我就怎么定位

B. 内容有特色就是定位

C. 娱乐化才是王道

D. 官方微博的定位就是微信公众号的定位

其实，以上答案都是错的，这些也是在微信公众号定位中经常出现的错误。要做好定位，至少要有以下三个方面的认知。

1. 企业需求分析：你的企业到底想要什么

企业对微信公众号的期待可能有千千万万，但总结下来，常见的无非有这样四大类需求。

（1）关注

关注一般指微信公众号的粉丝关注数量（用户量）。企业要求微信公众号通过内容传播及运营手法增加用户量，从用户身上获得直接或间接的商业回报。

（2）传播

传播一般指微信公众号推送文章的阅读量，通过高质量的内容选题、内容分发，提升曝光量或公关形象。

（3）互动

互动一般指转发、评论、点赞、收藏等方式。新媒体和传统媒体之间最大的差异体现在及时性和互动性，通过平台进行互动，缩短了企业与用户之间的距离，提高了用户黏性。

（4）销售

销售一般指通过微信公众号带来产品转化。企业要求通过微信公众号上的内容或活动引导用户直接产生购买，给企业带来盈利。

企业需求分析是最根本的分析，因为只有明确了企业需要什么，才能确定运营目标，然后才能在庞杂的运营系统中一直牢牢抓住核心，有的放矢。

例如，微信公众号“BetterMe 大本营”的文章阅读量经常不到 1 000，按照常规的认知，这似乎达不到一般企业的要求，但它在阅读量不到 1 000 的情况下能够卖掉 300 张价格 200 元的票，就是因为这个微信公众号并不是以传播作为运营核心的，所以阅读量的多少并不是他们最关心的数据。

实战训练

如果学生会、学生社团、学校超市、校团委这几个组织分别要运营微信公众号，分析它们的运营需求分别是哪些，并填入表 4-1。

表 4-1　不同组织的不同运营需求

需求	学生会	学生社团	学校超市	校团委
关注				
传播				
互动				
销售				

2. 用户精准画像：你的微信公众号想要吸引什么样的人

课堂讨论

以下是几个微信公众号相应用户做出的评价，你认为他们的用户为什么能有如此高的评价？

（1）“星巴克”微信公众号在产品促销的同时，能传播咖啡文化。文案有出色，每张图都很具美感，把微信公众号做出了艺术范儿！

（2）“招商银行信用卡”是服务号中的典范，给招行信用卡用户带来很大的方便。用户通过微信公众号可以实现账单查询、额度查询等多种功能，并实时给出信用卡消费通知。

（3）“招银大学”是招商银行员工的微课堂，有乐学堂、招银一讯通、招银微学堂等多种学习渠道。这种微信公众号对于内部员工很有价值，在信息方面自然也会注意公开和保密的界限，私密信息需要绑定员工 ID 才能查看。

（4）“爱范儿”是新锐媒体代表，内容上求新、求快，偏向年轻化。

（5）“西安欧亚学院”微信公众号既有对外宣传也有对内服务，绑定师生的一卡通号后，用户可以进行消费和余额查询，还能进行学分查询、课表查询等，非常方便。

以上这些微信公众号，不论是为了树品牌还是做促销，不论是做媒体还是做服务，不论是对外还是对内，总结成一点无非就是：用户满意。

做好定位的思路就是针对你所要服务或推送内容的目标群体，根据他们的年龄区间、职位、社会层次、收入水平、具体需求等一系列考虑，设计微信公众号的功能特色、服务模式、推送风格等，进而打造品牌形象，实现运营目标。

要做好定位，首先必须熟悉用户群体，也就是要分析用户的属性，避免运营者在运营过程中用个人喜好去判断用户的喜好，导致运营方向走偏。

那么，具体应从哪些角度进行用户画像呢？

（1）客观显性属性

客观显性属性也就是完全客观的用户资料，包括地域、性别、收入、年龄、受教育程度、行业特征、产品使用场景等。

① 地域。地域指用户所在的地理位置。不同的地域有不同的文化、不同的方言、不同的习俗，甚至不同的眼界，这对运营风格都有影响。例如，一二线城市的居民收入较高，对于新鲜事物的接受度比较高，见识过很多活动，收到过很多小礼品，所以一方面，他们容易接受各种好玩的活动，但另一方面，价值低的小礼品也不容易让他们动心；而三四线城市的居民收入一般，在他们看来，大多数活动（哪怕是投票晒娃）都是新奇好玩的。

② 性别。性别的不同对于微信公众号运营也有很大的影响。用户中男女比例对公众号的运营有着非常大的参考价值，有些文案可以触及女性心底，但男性却对之无感。例如，很多女性会对娱乐新闻感兴趣，而男性则对军事、科技着迷。微信公众号运营定位要吸引不同性别的人，文章风格也必然要跟着用户的性别做调整。

③ 收入。如果营销对象无法承受商品或服务的价格，那么再好的文案也无济于事。例如，很难说服一个月薪只有 3 000 元的人参加一个 2 000 元的付费社群，这个收入水平的人就不是核心目标用户。

④ 年龄。每个年龄段的用户所关心的内容是不一样的，如果你不了解用户到底喜欢什么，那用户同样也不会喜欢你。

⑤ 受教育程度。受教育程度不同的群体中流行的文化、风格、形式都会有所不同。一般来说，受教育程度越高的用户，对内容也会越挑剔。

⑥ 行业特征。根据行业不同，用户的关注点与别人也不同。

⑦ 产品使用场景。产品使用场景过去多用于研究 App 用户，如什么时候打开、一

次使用多长时间、有无分享和付费行为等。这于微信公众号运营也有借鉴意义，如用户是白天还是晚上打开订阅号多一些，是每天看还是存好几天一起看，有没有分享、留言、点赞、赞赏行为，在什么情况下更愿意分享等，这些都需要运营者首先在脑海里形成明确的印象，然后才能在内容策划过程中有意识地进行策划。

要了解用户画像，还可以借助微信公众平台的“用户分析”功能进行分析。“用户分析”中的“用户属性”展示了用户的性别分布、地区分布、手机终端分布等信息，运营者通过这些数据可以对用户的基本情况进行判断，如图 4-1 所示。

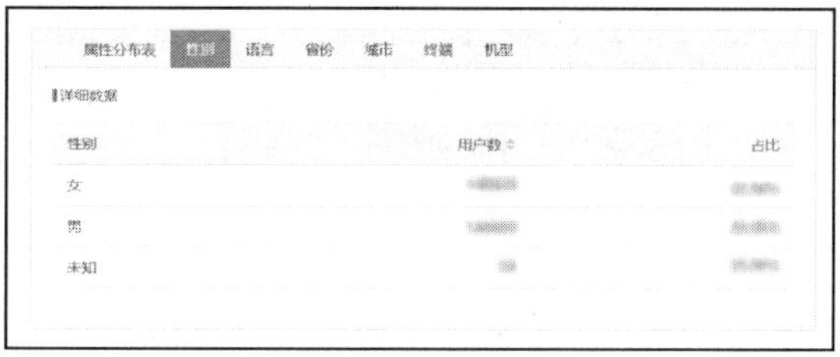

图 4-1

此外，还可以通过“自动回复”里的“被关注回复”来获取用户信息。例如，微信公众号“求职奶爸”是一个做大学生求职的微信公众号，他们的“被关注回复”就提醒用户回复“学校+入学年份”，并以此给用户打标签和分组。长期下来，运营者就可以看到用户的年级分布和学历分布，如图 4-2 和图 4-3 所示。

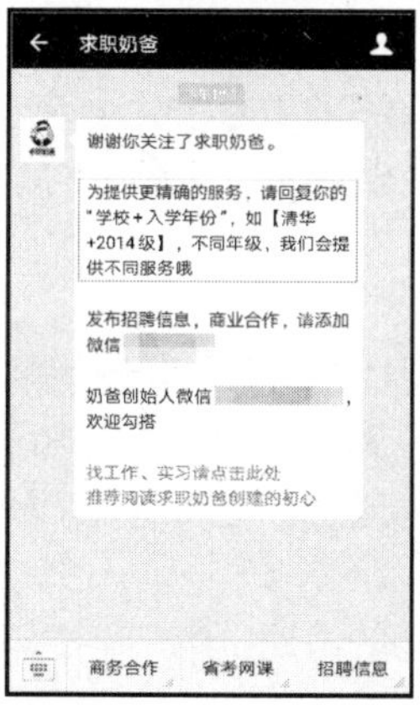

图 4-2

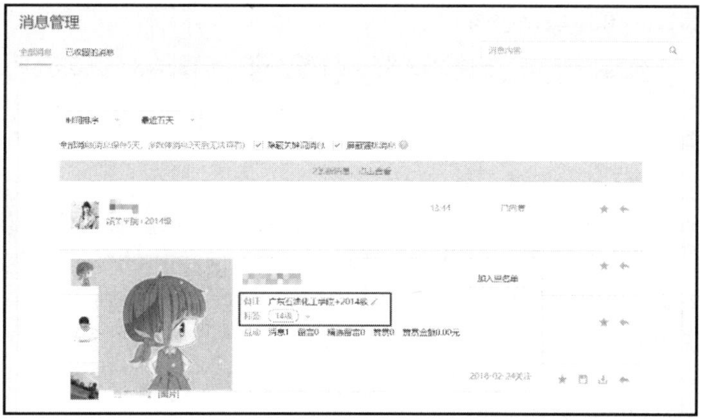

图 4-3

实战训练

如果你想做一个本地的与美食、玩乐相关的微信公众号，吸引年轻人，并通过与当地旅游机构合作、售卖关联周边产品等方式进行变现，该如何分析用户画像？请填写表 4-2。

表 4-2　本地的与美食、玩乐相关的微信公众号的用户画像

用户画像	地域	
	性别	
	收入	
	年龄	
	受教育程度	
	行业特征	
	产品使用场景	

（2）主观隐性属性

主观隐性属性也就是群体的个性化标签，是主观的群体特点，如爱好、三观、习惯、圈层、文化等，这些在线上表现得更为突出。这一部分属性需要运营者与用户深入接触才能了解到。

对于隐性属性的分析，不要总想依靠问卷调查。曾经有人做过一个测试：在一次调查问卷中，有一个问题是喜欢黄色还是红色，10 个人中有 8 个人选了黄色。这些人在走的时候，6 个人领走了红色的小礼品。所以，想要了解用户，不能总是盲目地使用问卷调查，要多去接触用户。

例如，有个新媒体团队的运营者，在微信公众号创立初期添加了前 100 个关注者的个人微信，与他们进行深入聊天，观察他们的朋友圈，总结出他们的特征，了解他们的需求，这不失为一种方法。

（3）平台价值属性

在信息爆炸的时代，用户关注一个微信公众号，往往会期望从中获取以下四大价值。

① 有用。用户希望得到生活、工作中所必需的资讯或服务，如工作需要（如职场攻略）、生活需要（如美食推荐）、社交需要（如好友排名、身份标签）、物质需要（如优惠券、积分折扣、抽奖活动）等。

② 有趣。不论是传统意义上的新闻发布，还是社会热点话题的讨论，用户都更乐于接受轻松幽默的呈现方式。

③ 共鸣。为什么“逃离北上广”的话题曾经在互联网十分火热？因为它抓住了特定人群的心理，形成了广泛共鸣。

④ 参与。在移动互联网时代，用户已经从被动接受信息变成了主动生产信息，用户不再简单地满足于内容单向推送，而是渴望去表达和对话。所以各大社交平台也都开通了评论、转发等功能，甚至出现了不少“评论区更精彩”的现象。

3. 寻找两者交集：企业需求与用户画像的交集

有的企业把做官网的思维带到了微信公众号上，输出的都是获奖、企业领导的动态之类的新闻，但这与用户有什么关系？

如果给不出一个让用户留下来的理由，用户当然就会流失，运营就会出现问题，而这个理由，经常也是定位时最重要的参考。

课堂讨论

一个微信公众号应该如何寻找让用户留下来的理由呢？

一般来说，企业方的“企业需求”和用户方的“用户画像”的交集，即为核心的定位参考，如图 4-4 所示。因为此时这个交集是在满足用户属性、提供价值的同时满足了企业的需求，只有如此，企业的运营才能步入正向循环。

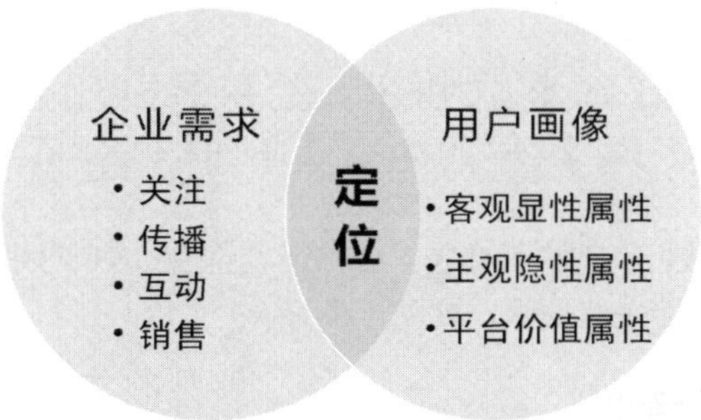

图 4-4

例如，“秋叶 PPT”通过实用的 PPT 教程获得大量的关注，“胡辛束”通过有共鸣的故事与文字，让很多用户购买文章后面附带的产品。

特别提醒一下，寻找定位有时候不是一蹴而就的事情，而是需要不断地摸索与改进的。例如，微信公众号“深夜发媸”在一开始的定位并不明确，运营者徐老师以自己独特的风格来持续输出。通过一段时间的运营，她们发现自己的内容吸引到的多是一些追求精致生活的年轻女性。于是，在保持自己风格不变的基础上，她们开始推荐一些美妆，这些内容受到了粉丝的追捧，“深夜发媸”也因此逐渐找到了自己的商业模式。

// 4.2 品牌策略

1. 适应性

有些有品牌积累的企业，仅仅把微信公众号当作一个新的推广渠道，完全不考虑微信的生态特点，或者简单地复制过去在其他平台的运营经验，最终做得中规中矩，毫无亮点。事实上，如果想通过微信公众号扩大品牌，就需要在原有的品牌积累上围绕微信公众号的特点来重新设计。

例如，“科技每日推送”致力于做一家科技生活类账号，从手机硬件、应用软件和智能设备三个点切入，表现科技与人的关系，传达科技生活时代的喜怒哀乐。该账号从 2014 年 7 月才开始重点经营，半年多时间收获百万关注用户。该账号曾用名叫“App 每日推送”，原本在 PC 端和客户端早已经有了一批用户，也积累了很多不错的内容。那么开辟微信公众号这个平台后，是不是把这些内容重新用微信推送一遍就行了呢？

该运营团队认为，原来 PC 端、客户端的内容更偏功能性，而微信公众号的阅读需要更生活化，要有专业性但又不失趣味性，所以他们微信公众号推送的东西突出生活，转型做得非常好，成为知名的科技类微信公众号。

2. 系列化

系列化是强化品牌存在感的重要手段，反映在微信公众号中，就是推出周期性的固定栏目或形式。

（1）栏目设计

在标题的最前面或最后面可以注明栏目名称，用竖线隔开。若要树立个人品牌形象，标题栏目还可以偏个人特色，图 4-5 所示的“罗胖 60 秒”即是如此。

（2）封面设计

在封面图上可以做特别的栏目标志。如“丁香医生”就长期设有“要不要”“健康日历”等栏目，在封面上非常显眼，如图 4-6 所示。

图 4-5

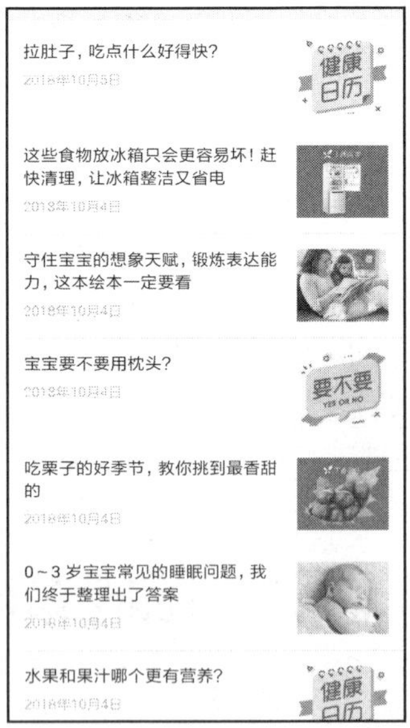

图 4-6

（3）导航设计

文章开篇可以做一个导航条。例如，微信公众号“烧脑广告”在开篇的地方通过导航条颜色深浅的变化，让用户在阅读当天推送类型的前提下，还能看到整体的栏目规划，如图 4-7 所示。

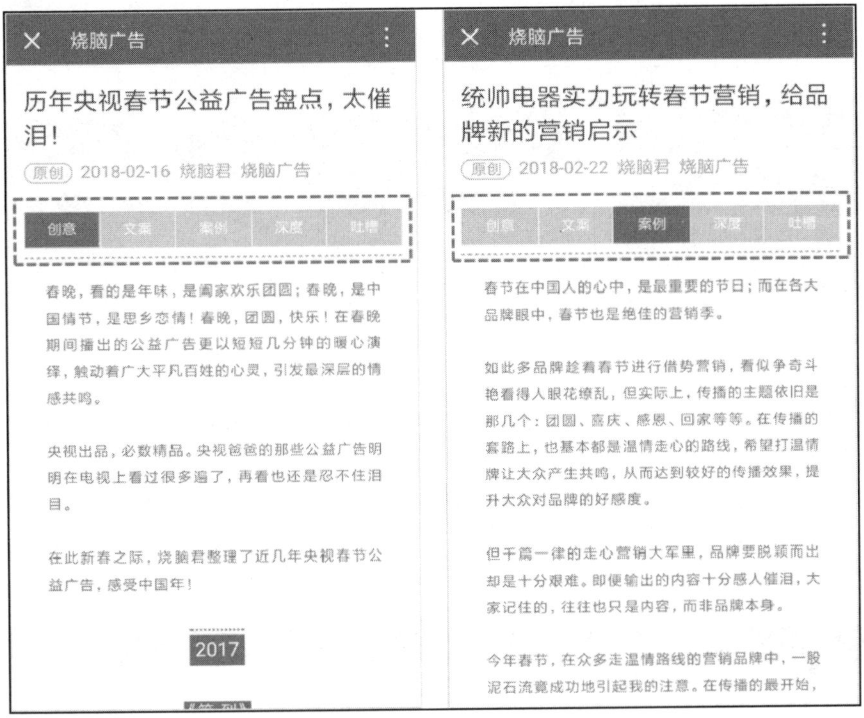

图 4-7

3. 视觉化

（1）配色选择

一般来说，推荐在图文中使用与企业或品牌相关的颜色。微信公众号也是企业品牌的一部分，是用户了解企业形象的重要入口，因此其颜色的使用不应该随意，而应该尽量与品牌保持一致。

（2）封面图风格

如果封面图风格能保持一致，重复之后就是品牌标志，用户看到它们就会想起这个品牌。图 4-8 所示是微信公众号“胡辛束”的推送，头图和次图上都带有自己的公众号名称。

如果所选用的配图风格确实不一致怎么办呢？可以通过添加自己独特的标志来实现统一。例如，微信公众号“秋叶 PPT”会给图片添加自己的品牌标志，如图 4-9 所示。

图 4-8

图 4-9

（3）表情包

在微信公众号的图文中经常需要表现喜怒哀乐等情绪，此时使用表情包不但最为直接，而且也是与如今互联网文化相衔接方式。

更为重要的是，有了独特的表情包，就像贴了自己独特的标签，即使文章被盗转，这些标签也能被用户识别出来。图 4-10 所示是微信公众号“深夜发媸”为自己设计的表情系列。

图 4-10

4.3　推送策略

微信公众号文章应选择合理的时间推送，以培养用户固定的阅读习惯。

1. 推送时间

（1）黄金时间推送

常规来说，以下四个时间段是推送的黄金时间。

① 7:00—9:00。作为新一天的开始，又正好是人们在上班路上的时间，人们需要打发时间，因此对信息的需求量较大。

② 11:30—13:30。吃饭、午休的时间段，人们玩手机的概率比较大。

③ 18:00—19:00。下班路上排队等车、坐车的时间，人们也需要打发时间。

④ 22:00 以后。现在人们睡觉前的最后一件事基本上都是玩手机。

（2）错峰时间推送

正因为这四个时间段是推送的黄金时间，所以也是各类微信公众号文章推送扎堆的时间段，而错峰推送也不失为一种策略，不过还应结合之前的用户画像，找准用户的使用时间场景来推送。

（3）活跃分析推送

可以通过分析数据把握用户活跃的时间段，在合适的时间进行推送。

不论选哪一个时间段，运营者都可以利用第 3 章提到的“定时群发”功能定时推送，以培养用户的阅读习惯。

2. 推送频次

对不同的营销对象，企业可以采取不同的推送频次。

需要提醒的是，很多企业想做订阅号，因为特别看重每天一次的推送机会，但天天推送也最容易被用户取消关注，尤其在微信对订阅号进行大幅度改版后，取消关注变得更便捷。所以推送文章前一定要想一想：今天的推送内容对订阅者有价值吗?

课堂讨论

你每天用手机看微信公众号推送文章最高频的时间段是什么时候? 思考一下为什么会形成这样的阅读习惯，背后的场景是什么，结合这样的场景，运营者该如何制订推送策略?

4.4　框架策略

在对微信公众号进行规划时要有“框架思维”，因为运营的环节并不是各自独立的，而是环环相扣的。

增加粉丝就是单纯地增加粉丝吗？粉丝关注之后做什么？

提升阅读量就是单纯地提升阅读量吗？一篇文章的阅读量超过 10 万是为了什么？

……

微信运营者遇到这样的困惑，本质上是没有明白微信运营的框架。

所谓运营的框架，就是在一个用户从无到有关注一个公众号的整个过程中，针对每一个环节所做的营销措施。

实战训练

点开微信，记录自己从无到有关注一个公众号的全部流程，小组内将你们的流程汇总后画出一个完整、全面的流程图。

用户可能是从朋友圈中被一个有吸引力的标题吸引点击一篇文章，也可能是从微信群里点开一篇大家都在讨论的文章。

阅读后，可能是对同类型的文章感到好奇，也可能是需要回复关键词，于是用户关注了公众号。

关注后，收到一条关注时自动回复的消息，根据提示，用户可能会点击菜单，可能会看到历史文章，可能收到一个超级有趣的 H5……

这些东西实在太有趣了，于是忍不住分享到了朋友圈和微信群。

于是，又开启下一波新一轮操作……

现在，是不是发现微信是一个闭环生态？如图 4-11 所示。

一旦运营者脑海里有了这个框架，在设计的时候就要想到一个环节与其他环节如何联动。在这样的情况下，一个用户在关注微信公众号之后，更有可能长期留存并且带来转化或传播，运营也会更省心、有效。

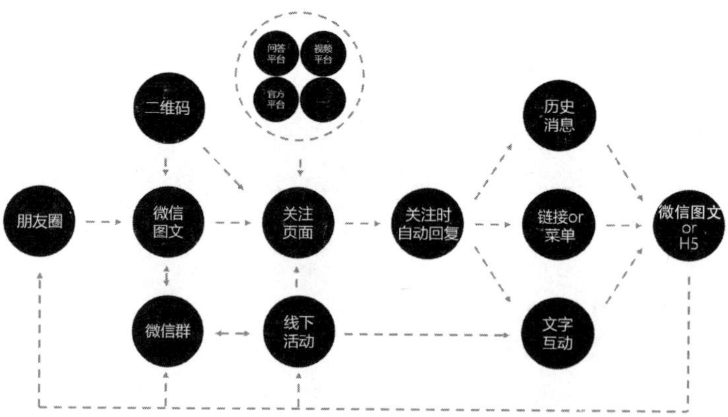

图 4-11

实战训练

如果让你规划自己学校的微信公众号，你会如何规划？请填写表 4-3。

表 4-3 规划自己学校的微信公众号

<table>
<tr><td rowspan="7">定位策略</td><td rowspan="4">企业需求分析</td><td>关注</td><td></td><td rowspan="7">两者的交集是什么?</td></tr>
<tr><td>传播</td><td></td></tr>
<tr><td>互动</td><td></td></tr>
<tr><td>销售</td><td></td></tr>
<tr><td rowspan="3">用户画像分析</td><td>客观显性属性</td><td></td></tr>
<tr><td>主观隐性属性</td><td></td></tr>
<tr><td>平台价值属性</td><td></td></tr>
<tr><td rowspan="7">品牌策略</td><td colspan="2">适应性</td><td></td><td></td></tr>
<tr><td rowspan="3">系列化</td><td>栏目设计</td><td></td><td></td></tr>
<tr><td>封面设计</td><td></td><td></td></tr>
<tr><td>导航设计</td><td></td><td></td></tr>
<tr><td rowspan="3">视觉化</td><td>配色选择</td><td></td><td></td></tr>
<tr><td>封面图风格</td><td></td><td></td></tr>
<tr><td>表情包</td><td></td><td></td></tr>
<tr><td rowspan="2">推送策略</td><td colspan="2">推送时间</td><td></td><td></td></tr>
<tr><td colspan="2">推送频次</td><td></td><td></td></tr>
<tr><td>框架策略</td><td colspan="4">（画出框架图）</td></tr>
</table>

05 Chapter

第 5 章 微信公众号的运营实战

通过阅读本章内容，你将学到：

- 公众号内容生产的模式、流程和技巧，落实公众号的内容运营
- 为公众号增加粉丝的方法，并实现粉丝的付费转化
- 举办活动的流程和注意事项

// 5.1　内容运营

微信公众号的内容运营主要是指通过图片、文字、音频、视频等形式，采用创作、采集、编辑等手段生产内容来满足用户的需求，达到吸引并留住用户、为产品或品牌带来商业转化的目的。

5.1.1　内容产出模式

微信公众号的内容产出主要有以下三种模式。

1. 原创

原创即独立完成的创作，而非改编、翻译、注释、整理他人已有创作而产生的作品。

能够持续输出原创内容的微信公众号是很不容易的，需要在不同的选题下创作出新的内容。正因为如此，微信公众平台很早就推出了原创保护机制。如今，各内容平台流量之争的思路也已经落点到对优质原创作者的争夺。

2. 转载

能够写出高质量原创的永远是少数，于是很多微信公众号运营者就会选择转载一些与自己定位相关的内容来缓解压力，这种模式也是可取的，但是要学会用正确的流程来转载。

作为一个运营者，千万不能抱着侥幸心理，要明确所运营的这个微信公众号不仅仅是一个账号，在用户眼里，它代表着一家企业，一切逃避、不负责的行为都会给企业带来负面影响，甚至需要花巨大的物力、财力去解决版权纠纷，这是得不偿失的。所以一定要不遗余力地找原作者拿到授权再转载。

如果在微信公众号中已经注明了明确的转载格式，按照要求即可转载，如图 5-1 所示。

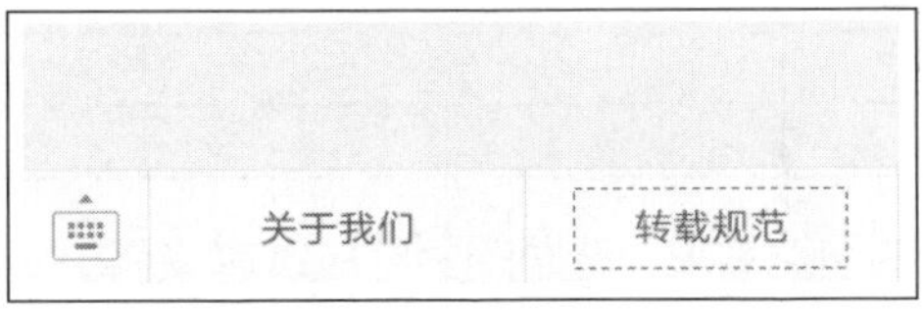

图 5-1

如果没有找到转载声明，可以在微信公众号的后台或者评论区留言转载需求，等待回复。

如果想要转载的内容没有注明作者，可以通过百度、搜狗等平台搜索关键词查找作者的微博、知乎、微信等联系方式争取授权，这是对原创者的尊重，更是一个新媒体运营者的操守，也是为避免版权纠纷而提前消除隐患的行为。

获得转载授权后，自己的微信公众号会在通知中心收到消息提醒，如图 5-2 所示。

图 5-2

3. 约稿

约稿和转载的区别在于：转载是把内容创作者已经创作完成的文章或其他形式的作品直接进行发布传播，而约稿是内容创作者根据运营团队提出的创作要求完成原创文章或其他形式的作品。

如果运营团队自身不具备某个类别的内容创作能力，可以主动邀请擅长该内容的创作者进行约稿，可以类比于杂志社找特约专栏作者进行约稿。

约稿和转载不同，约稿是和作者达成长期合作关系。为了促成合作，要说明合作可以为对方提供的价值，如对作者的曝光、稿酬的提升等。达成合作后，可以签署正式的合作协议，以此约束双方履行合作事项。

5.1.2 内容创作技巧

1. 选题发散技巧

要想获得源源不断的内容选题灵感，有以下七个常用的方法。

（1）用户需求分析法

通过客服、销售等这些经常与用户一线接触的岗位收集用户高频的困惑、诉求、咨询，如表 5-1 所示。

表 5-1 收集用户需求

有哪些相关困惑？	有哪些相关诉求？	有哪些相关咨询？

表 5-1 所示为内容的前端需求，选题的灵感应以这些需求为出发点，从表 5-2 中提示的选题形式去创作内容。

表 5-2 不同选题形式举例

选题形式	举例
行业新闻	行业内最新的热点消息
深度解读	能抓住用户眼球的干货
名家视点	邀请名家就某些事情发表观点

续表

选题形式	举例
达人专栏	就某一主题进行专栏连载
活动消息	给订阅者活动福利或优惠
在线调查	了解群众对某些话题的看法
在线访谈	在线和用户进行深度互动
产品推介	根据不同的时节向用户介绍产品
企业文化	丰富有趣的企业内部文化可以吸引更多人才加入
生活技巧	有趣实用的技巧背后是要刺激用户对产品的兴趣

（2）搜索查询法

在知乎、百度知道、百度经验等平台上搜索相关的关键词，查看关注度、热度最高的相关问题获取选题灵感，如图 5-3 所示。

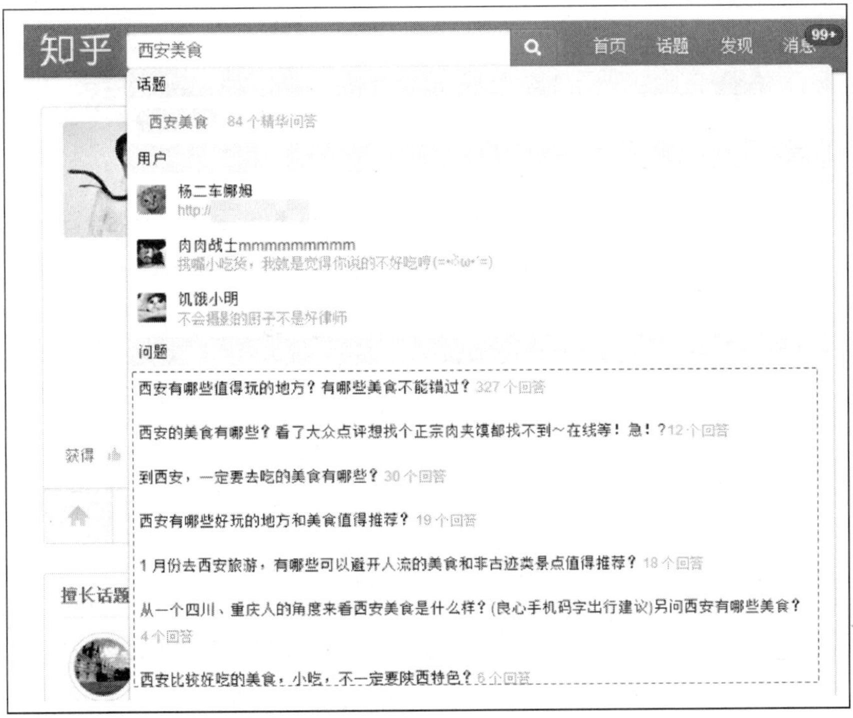

图 5-3

（3）曼陀罗思考法

曼陀罗思考法是一种图形化的思考和记录方法，其被系统化利用之后，成为绝佳的计划、思考工具，可应对学业与工作中的各项疑惑，开发创意，使灵感不断自然涌出。

就其形态来看，依托于曼陀罗思考法的曼陀罗九宫格共分九个区域，形成能诱发潜能的“魔术方块”，与以往条列式笔记相比，可得到更好的激发效果。使用者只要在九宫格的中间填上想要发挥的主题，便会自然地想要把周围的其他八个空格填满，而这种填满也正是创意发挥的过程，潜能便可在连续反应下持续被激发。

例如，要做一个“美食”的微信公众平台，在曼陀罗九宫格中把“美食”作为关键词放在中间，向外扩展八个联想到的词，如图 5-4 所示。

填写时不要受任何限制，可以发动集体的力量，甚至还可以把九宫格周围八个格子的想法继续向外扩散，这样一来，八个关键词可以生出 64 个关键词，一共生出 512 个关键词，从这些关键词可以延伸出很多有趣的选题。

不同主题还可以进行碰撞，如这个美食定位的账号要做与西安相关的选题，就以“美食”和“西安”为中心分别画一个曼陀罗九宫格，如图 5-5 所示。

舌尖上的中国	食谱	妈妈做的菜
营养	**美食**	火锅
减肥	小吃	甜点

图 5-4

舌尖上的中国	食谱	妈妈做的菜
营养	**美食**	火锅
减肥	小吃	甜点

秦始皇	历史	兵马俑
回民街	**西安**	西安交大
阿房宫	秦腔	丝绸之路

图 5-5

然后随意从“美食”的九宫格中挑选一个词，再随意从“西安”的九宫格中挑选一个词，将两个词碰撞结合出一个新的选题。

“舌尖上的中国”＋“回民街”＝《一道曾经入选“舌尖上的中国”的回民街美食》

“小吃”＋“丝绸之路”＝《沿着丝绸之路的小吃大全》

“食谱”＋“秦始皇”＝《秦始皇的用膳食谱》

实战训练

如果你是学校官方微信公众号的运营者之一，正值 9 月开学季，公众号计划推出迎新特别栏目，请以“迎新”为关键词，用曼陀罗思考法列出至少八个推文选题。

（4）横、纵、深向延伸借鉴法

如果你看到一篇阅读量很高的文章，想从中借鉴思路，获取灵感，可以从横向、深向、纵向三个维度进行延伸扩展。

① 横向：即同类型的、类似的选题。

② 深向：即同选题的继续深挖，以便创作出更多的深度和高度。

③ 纵向：即与其他选题的碰撞，以便找到另外的跨界角度。

例如，秋叶 PPT 团队曾经创作出一篇文章《PPT 七大搞笑操作，你挨了几枪？》获得很高的阅读量，于是其他成员迅速反应，很快推出《Word 七大搞笑操作，你又挨了几枪？》，也获得不俗的阅读量，这就是横向同类型选题延伸。

再如，有一篇《目录页万能设计公式，任何 PPT 都适用！》成了爆款文章，如果以这篇文章为借鉴对象，可以有如下选题延伸：

① 横向延伸——《封面页万能设计公式》《转场页万能设计公式》《结束页万能设计公式》等；

② 深向延伸——《学术风目录页如何制作》《党政风目录页万能设计公式》等；

③ 纵向延伸——《跟网站学目录页的设计公式》《从地铁海报学目录的万能公式》等。

（5）话题搭载法

广义的话题就是新闻、热点信息，具有未知性和爆发性。对于营销人员来讲，要利用突发话题借势营销，需要具备迅速反应、迅速执行的能力。

由于热点新闻具有超高的话题关注度，是天然的传播载体，所以一旦发生了引起公众关注的事件，就会引发各大小品牌的营销狂欢，也成就了不少经典案例。新闻经常是突发的，而追热点做营销拼的就是速度和时间段，这也就给运营者带来了时刻都得工作的烦恼。

所谓“蹭热点”，一般来说要从产品的功效、历史、竞争对手、代言人、合作伙伴等寻找角度与热点新闻契合，这就要求运营者熟悉查找热点的渠道。常用的有百度搜索风云榜、新浪微博热门话题榜、搜狗微信搜索（见图 5-6），还有凤凰网、网易新闻、今日头条、一点资讯等新闻类的门户网站。不过热点可以有，但营销品质不能丢，不能牵强附会，更不能低俗投机。

图 5-6

（6）时间地图选题法

作为一个合格的运营人员，需要制作属于自己的节假日话题地图。节假日包括法定节假日、国际纪念日、民俗节假日、网络搞笑节、本地文化节等，在相应的日期后写好常规的结合手法、选题规划，不但可以备不时之需，还可作为新人上岗的第一手资料。

（7）团队作战法

粉丝量级比较大的新媒体品牌的内容原创都不是一个人作战，而是团队作战，如秋叶 PPT 在微信公众号的推文就由团队共同创作完成，如图 5-7 所示。

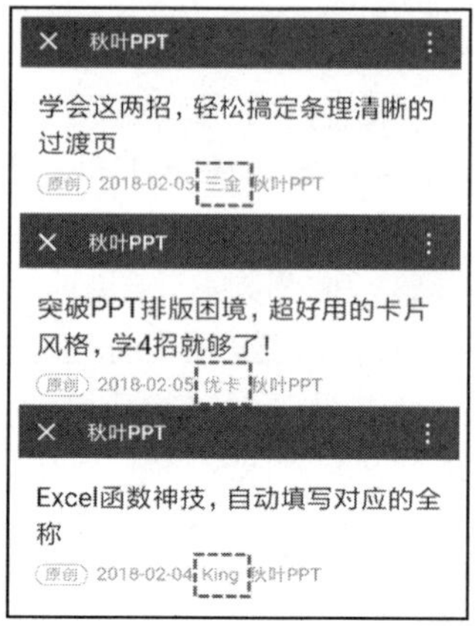

图 5-7

在一个体系下进行团队协作，大家会经常总结写作技巧，结合各自擅长的特点，将写作任务进行合理分工，从而提升成员的写作能力，达到持续创作输出的目的。

在团队创作过程中，遇到阅读量高、传播量广的文章，要及时存档，建立选题范例库。一方面，方便内容运营人员及时查阅和互相学习；另一方面，由于运营人员流动性比较大，一个刚到岗位的新人想要快速熟悉自家企业的内容运营，就需要在短时间内看到每一种选题的范例和注意事项。存档的这些文章都是一手资料。

2. 内容创作类型

确定了选题，接下来就要确定具体的推送类型。笔者将目前常见的类型分为以下七种。

（1）教程型

这一类文章的意图是教会读者某一种技能或者解决某一个问题，主打实用价值。好的教程型文章会得到读者自发的转发和收藏，并吸引他长期关注该账号。

例如，职场类公众号“秋叶 PPT”每周都会发布关于 PPT、Word、Excel 等办公软件技能操作的教程类文章；时尚美妆类公众号“女神进化论”会发布关于如何画眼线、如何扎头发、如何做小饰品等教程类文章，如图 5-8 所示。

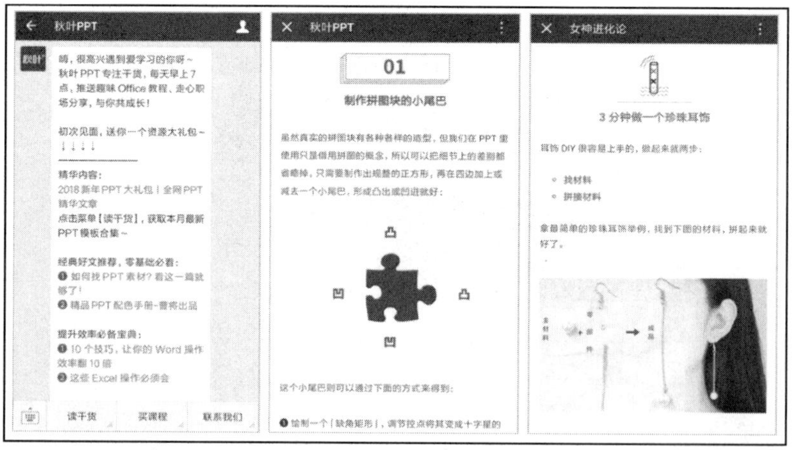

图 5-8

（2）故事型

故事型文章一般以叙述见长。小说类、传记类、报道类、历史类等题材都经常使用讲故事的方式吸引读者，一般用诙谐幽默的讲解方式更能引起读者的点赞与转发。

这类文章的常见题材为历史人物和事件，或者当下社会知名人物的成长经历、组织机构的发展壮大、文化兴起流行的起源发展过程等，如图 5-9 所示。

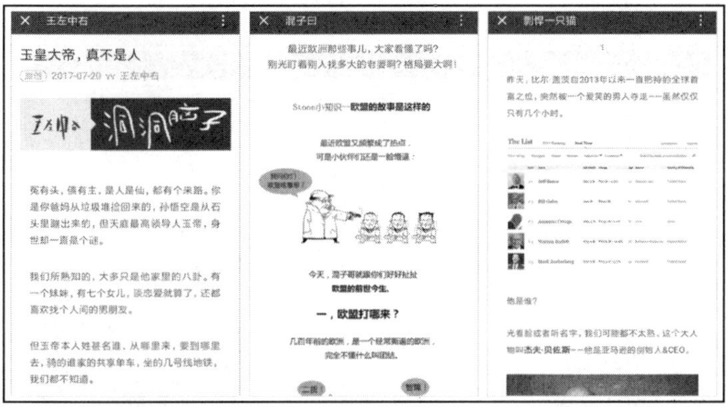

图 5-9

（3）观点型

观点型就是通过文章向读者传递自己的观点、评价、态度，一般具有鲜明的立场和个人风格，涵盖面比较广泛，从对新闻事件的解读，到对热门电影的评论，再到对商业经济的看法等，这也是大多数自媒体主要的内容创作类型。

一般这类文章结合热点引起的话题效应会被广泛传播，有一定粉丝基数的自媒体人发观点型的文章会更容易引起讨论和转发。所以，观点型也是追热点最常见的一种内容类型，如图 5-10 所示。

图 5-10

（4）整合型

与观点型文章传递个人立场和价值观不同，整合型文章没有明显的主观判断，更多的是搜集整理某一类与主题相关的内容。

这种类型的文章常用于推荐类型，比如推荐假期书单、电影清单还有家居百货、服饰鞋包、化妆护肤等物品，此外，还有一些诗歌名句、名言警句等内容的搜集整理，如图 5-11 所示。

图 5–11

（5）广告型

广告型文章的目的很明显，即广而告之，促进读者产生购买、报名、转发等行为，以此达到盈利或者传播的目的。

目前比较常见的广告型文章有两种，一种被称为硬广，另一种被称为软广。

硬广一般是纯粹介绍产品或者优惠信息的，如图 5-12 所示，该文章就直接介绍了产品，广而告之让用户报名。

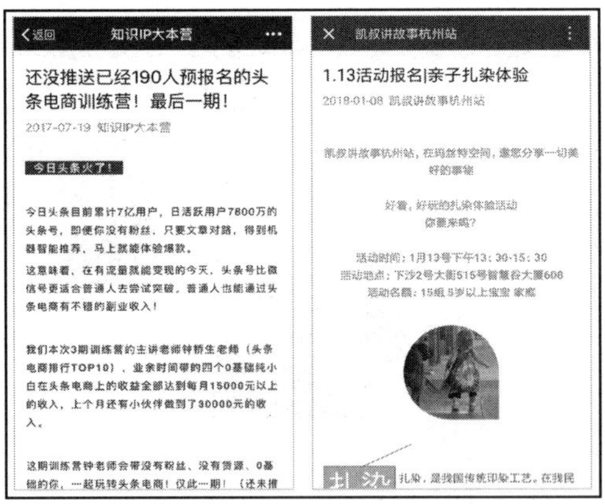

图 5–12

而软广是要结合某一种类型的载体，如教程或故事，然后巧妙地将广告植入到文章中。如图 5-13 所示，图（a）先介绍人物故事，再在结尾处引出在线课程，吸引读者购买；图（b）承接了支付宝的广告订单，为了打广告而特意和历史人物故事改编结合。

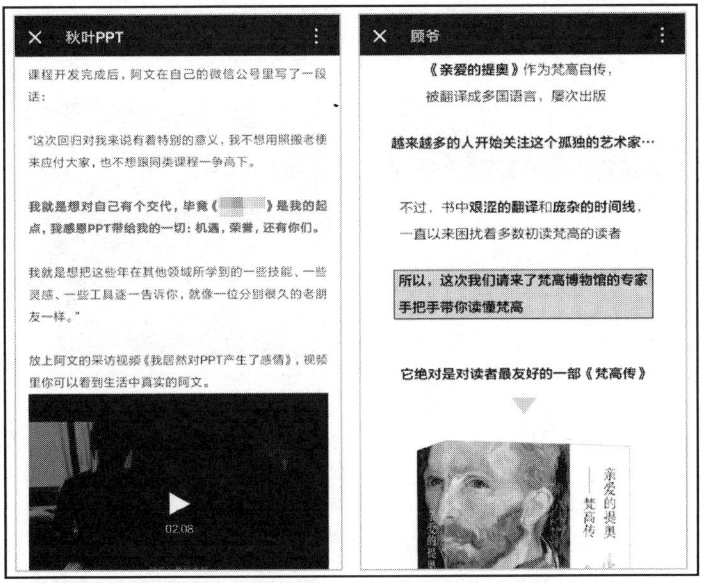

（a）　　（b）

图 5-13

（6）UGC 型

用户生产内容（User Generated Content，UGC）的内在本质是激发用户真实地表达生成的情绪并与他人进行交互。

UGC 型文章主要是引导用户输出内容，需要内容运营者制造话题，抛出有共鸣、能引发讨论的问题，引导粉丝在评论区进行留言讨论，而用户查看此类型的文章也主要是看其文章后的留言而不是内容本身。有的账号经过精心运营，甚至可以打造出“评论比内容更精彩”的特色。

（7）资讯型

资讯型文章一般是向群体或受众传达某个信息，这类文章在企业机构、学校政府类的账号比较常见。

这些账号主体发布的资讯型内容一般是关于活动介绍、事件通知及政策传达的，如图 5-14 所示。

（8）其他型

前面七种分类已经大致总结出目前存在的七种内容类型，当然也有一小部分内容无法归纳进这七种类型中，如一个吸引眼球的标题点击进去仅仅是一张图片或一两句话，纯粹是为了娱乐，如图 5-15 所示。

图 5–14

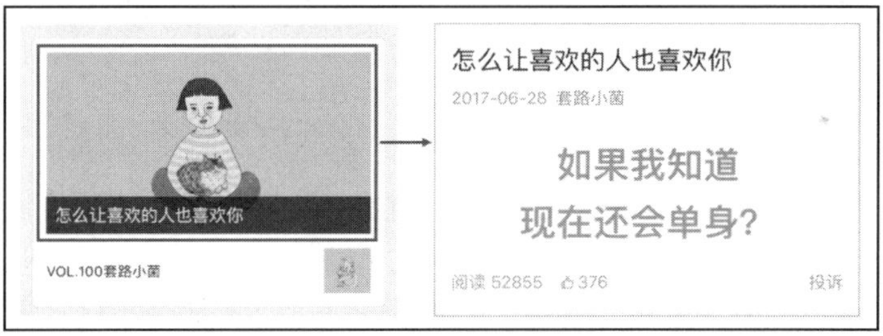

图 5–15

值得注意的是，在对一个创作内容进行类型划分时，不是只有固定的一种类型，它有可能同时涵盖两种类型，如有的教程型内容在讲解案例或介绍产品时植入了和品牌相关的信息，这既是教程型，同时也是广告型。

3. 素材制作技巧

确定内容的选题和类型后，接下来开始收集、整理素材，为后面的排版做准备。那素材的收集和整理有哪些常用技巧呢？

（1）建立自己的素材库

在编辑微信图文的时候，大家可能习惯了临时写内容、找配图、找背景音乐和视频，但是这样找素材每次都会浪费很多时间，所以最好认真建立自己的素材库，这样做主要有以下好处。

① 查找素材快。重复使用的素材归整到素材库中，使用时直接调取即可，方便快捷。

② 寻找灵感快。在无素材可用时，浏览素材库可以有方向性地获得灵感。

③ 形成风格快。有意识地积累类似风格的素材用在微信公众号中，可以快速建立微信公众号的风格，提高微信公众号的辨识度。

说到建立素材库，很多人首先想到的就是计算机的某个硬盘，这当然是一个不错的选择。但是，也可以充分利用云盘，这样更换设备时可以直接从云端取用素材，如百度网盘、360 安全网盘、微盘、印象笔记、有道云笔记等，都可以使用。

那具体如何对素材进行分类呢？通常，人们所积累的素材分为三种。

第一种是常用素材，这类素材通常是无须再进行设计或改编的材料，重复使用频率高，包括常用图片（头图、导航图、二维码、表情、动图等）及文字（开头、结尾语等）。

第二种是二次加工素材，指从其他网站或文章中积累的需要加工后才可以使用的素材。例如，图片需要经过裁剪或添加文字等处理后才能使用，或者好的表情、动图需要重新拼接，音乐、视频需要剪辑等。这些需要经过处理的素材可以按照文字、图片、音频、视频等分类整理。

第三种是灵感素材，这一类素材一般具有启发性和可模仿性。例如，好的文章标题、好的引导语设置、好的排版样式等可以供模仿改写，好的句子、故事、热点文章可以启发引用或者创作文章。

一些高频使用的素材库还可以建在微信后台，特别是常用的图片，可以在微信后台的图片素材库里建立常用图片分组，这样在使用时无须每次上传便可以直接从素材库插入，如图 5-16 所示。

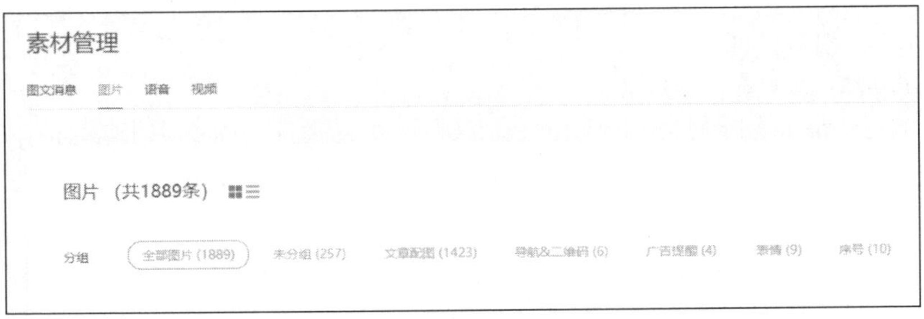

图 5-16

（2）常见的素材收集网站

这里需提前提醒的是，如果图片、文字等素材涉及版权的，要注意其使用说明。

常用的高清图片收集网站推荐如下。

① Librestock。Librestock 是一个国外的无版权的免费图片网站，需要用英文关键词进行搜索。

② 花瓣网。花瓣网是一个优质图片灵感库，这里有各式各样的图片，大家可以直接保存或收藏，还能通过花瓣中的超链接找到更多类似的主题图片，非常实用。

③ 站酷。站酷作为一个设计师互动平台，聚集了很多专业设计师、插画师、摄影师、艺术院校师生等设计创意群体，非常活跃。但是这上面的图片和作品都是属于原创作者的，大家可以浏览，如果要使用的话，还需要遵照平台规则并经过作者本人的许可。

④ 全景网。全景网是一个图片商城，虽然收费，但是提供的图片小样便可以满足设计需求。同时，图片下方还有一个“相似图片”功能，利用此功能可以把相似的图片检索出来，提高了搜图的效率。

常见 gif 动图搜集网站推荐如下。

① Giphy。Giphy 提供的 gif 材料非常全面，但是需要用英文关键词进行搜索。

② 堆糖网。可用中文关键词搜索，简单易上手。

此外还有很多 gif 网站，如狐图网、Golden Wolf、Rafael-varona 等，这里不再一一列举。

内容收集常用的网站有搜狗微信搜索、新榜等。这两个网站会提供微信热搜文章，也会有热点推荐，在根据热点写文章时可以搜索借鉴。

同时，文字类素材还可以去微博、简书、豆瓣等网站搜索；新闻热点可以去今日头条、网易新闻等网站搜索。

（3）常见的素材制作工具

微信官方对原创的保护力度越来越大。微信公众号运营者对素材的使用也应该尊重版权。要合理地使用图片素材，有些图片完全免费，有些图片使用时需要标注来源，有些图片是允许个人和非商业使用的，只需要遵循相关的协议即可。

为了规避风险，寻找素材不如创造素材，如拍摄素材是创造素材的一个好方法，自己拍摄的图片无须担心版权问题。现在的图片后期处理 App 很强大，用手机就可以完成精美的图片拍摄和处理。

下面推荐几款常用的创造素材的工具。

① PPT。PPT 这款软件可以应对常见的图片处理设计，可替代 Photoshop 软件，降低设计的难度，特别是美化大师等 PPT 插件的出现，使长图拼接、生成图片等更为便捷。

② 画图。画图是计算机系统自带的功能，可以通过选择图片后单击鼠标右键，利用“打开方式”打开。画图可以用于简单的更改图片像素、比例等操作，不需要下载更专业的软件来处理。

③ 美图秀秀。美图秀秀除了可以下载使用外，还可以在线使用，可对图片进行简单的美化。其操作简便，省时便捷，技术难度低。

④ 创客贴。这是一款简单易用的线上图形设计工具，该工具的平台上提供了丰富的图片、模板等素材，用户通过简单的拖曳操作就可以轻松设计出精美的海报、PPT、邀请函、信息图和名片等各类图片，解决了大多数人设计图片的难题，让不会使用专业

制图软件的运营人员也能快速制作出自己想要的图片。使用者可以将作品直接分享给他人，也可以将作品导出为 PNG、PDF 等格式的文件。

⑤ ScreenToGif。这是一款免费、小巧、实用的 gif 动画录制软件。如果找不到想要的 gif 动图，可以通过该软件对素材进行处理。

4. 内容策划清单

如果用一个公式来表达：推送内容=选题×类型×形式×素材×方式。

综合以上讲解，可以得到这样一张内容策划清单，运营人员可以在正式创作内容前勾选或填写表 5-3，确定大致的方向，做到心中有数，减少返工风险。

表 5-3　内容策划清单

<table>
<tr><td rowspan="20">选题</td><td rowspan="3">需求分析</td><td colspan="3">用户有哪些困惑?</td><td></td></tr>
<tr><td colspan="3">用户有哪些诉求?</td><td></td></tr>
<tr><td colspan="3">用户有哪些咨询?</td><td></td></tr>
<tr><td rowspan="5">搜索查询</td><td colspan="3">知乎</td><td></td></tr>
<tr><td colspan="3">百度知道</td><td></td></tr>
<tr><td colspan="3">百度经验</td><td></td></tr>
<tr><td colspan="3">百度指数</td><td></td></tr>
<tr><td colspan="3">……</td><td></td></tr>
<tr><td rowspan="3">曼陀罗思考法</td><td></td><td></td><td></td><td></td></tr>
<tr><td></td><td></td><td></td><td></td></tr>
<tr><td></td><td></td><td></td><td></td></tr>
<tr><td rowspan="3">爆文借鉴</td><td colspan="3">横向延伸</td><td></td></tr>
<tr><td colspan="3">纵向延伸</td><td></td></tr>
<tr><td colspan="3">深向延伸</td><td></td></tr>
<tr><td rowspan="6">话题搭载</td><td rowspan="5">常规</td><td colspan="2">节假日/纪念日</td><td></td></tr>
<tr><td colspan="2">热门电影</td><td></td></tr>
<tr><td colspan="2">重大赛事</td><td></td></tr>
<tr><td colspan="2">产品发布会</td><td></td></tr>
<tr><td colspan="2">……</td><td></td></tr>
<tr><td>突发</td><td colspan="2">突发新闻热点</td><td></td></tr>
<tr><td rowspan="4">类型</td><td colspan="4">教程型</td><td></td></tr>
<tr><td colspan="4">故事型</td><td></td></tr>
<tr><td colspan="4">观点型</td><td></td></tr>
<tr><td colspan="4">整合型</td><td></td></tr>
</table>

续表

类型	广告型		
	UGC 型		
	资讯型		
	其他型		
形式	音频		
	文字		
	图片		
	视频		
	图文		
素材	图片类	截图	
		照片	
		gif	
	多媒体类	音频	
		视频	
	文件类	文档	
		软件	
		……	
方式	原创		
	转载		
	约稿		

5. 建立检查机制

内容创作并不是写完就结束了，还要检查，尤其是对错别字进行检查。可以组建检查团，团队成员一起检查内容上有没有错误、疏漏的地方，也可以组建一个集思广益的智囊团，在定选题、选标题的时候发挥群体智慧，进行头脑风暴。

5.1.3 内容排版技巧

好的排版不但可以提升用户的阅读体验，增加文章的可读性，还可以形成个性化风格。这是从形态上和其他微信公众号区分开的关键。

1. 排版工具

微信公众号的编辑器只能进行简单的内容排版，如果运营者希望有丰富的样式效果，或者想要提高排版效率，推荐使用第三方微信公众号排版工具。

（1）秀米编辑器

秀米编辑器是相对来说容易上手的微信公众号编辑器，它的界面友好清新，推荐新手入门使用。秀米有很多贴心的设计，不仅可以满足新手的需求，而且可以进行自由编辑，满足更多设计需求。

亮点设计：

- 秀米编辑器的菜单栏非常简单，只有最常用的功能，界面清新友好，图 5-17 所示的菜单栏拥有满足自由设计的实用功能。
- 秀米编辑器提供的模板质量也不错，可以进行单模板编辑，单击模板会自动浮现编辑栏。秀米独有的“布局排版”功能，提供了结构化的编辑方式。
- 秀米编辑器可以设计文章被用户分享后的效果，还有“另存图文给其他用户”“导入 Word 或微信图文”“将本图文设置为样刊”等小功能供选择。

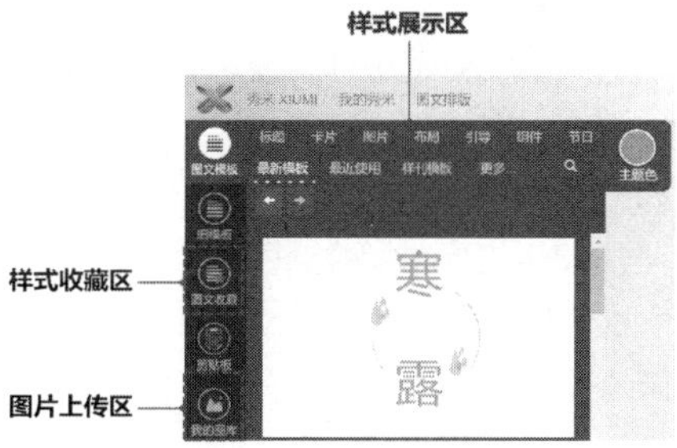

图 5-17

- 秀米编辑器的收藏功能分为单模块和整体图文两种，收藏后可以反复使用，减少重复编辑的次数。
- 秀米有专门的微信小程序“秀米手机版”，可以将手机上的图片直接上传到秀米图库。

不足之处：

- 秀米编辑器的浏览器兼容性较差，使用谷歌浏览器最稳定。如果复制文章到其他浏览器，可能会出现无法正常显示的情况。
- 因为秀米编辑器采取的是单模块编辑模式，所以进行整体修改时需要手动更改每个模板。在用秀米编辑器进行排版前，最好有一个清晰的排版规划，避免重复修改。

（2）135 编辑器

135 编辑器的界面如图 5-18 所示。

图 5-18

亮点设计：

- 模板样式非常丰富，基本的图文样式都有，而且更新速度非常快。
- 自带“一键排版”功能，适合新手操作，用户可以对空行、图片、标点进行批量更改。
- 整体编辑很方便，粘贴后可以清除格式、设置行距等。

不足之处：

- 进入网页时，经常有广告弹出。
- 虽然提供很多模板，但是质量参差不齐，需要挑选。模板套用很容易出现问题，修改也较麻烦。

（3）i 排版编辑器

i 排版的设计和运营都非常用心，是口碑很好的一款微信公众号编辑器，界面如图 5-19 所示。

图 5–19

亮点设计：

- i 排版的界面设计非常有文艺范儿，适合简约风格的文章。
- i 排版提供新手运营建议和基础排版教程。
- i 排版的符号和小图标非常简洁、有特点，适合形成微信公众号风格。
- i 排版的 HTML 源代码编辑简单易上手。

不足之处：

保存草稿后再编辑保存时无法另存为，而只能直接覆盖原稿，无法收藏已编辑好的文章。

（4）新媒体管家

新媒体管家是一款浏览器插件，可以安装在各大主流浏览器上。安装后，新媒体管家会对微信公众号后台页面进行升级优化，其中就包括编辑排版功能，如图 5-20 所示。

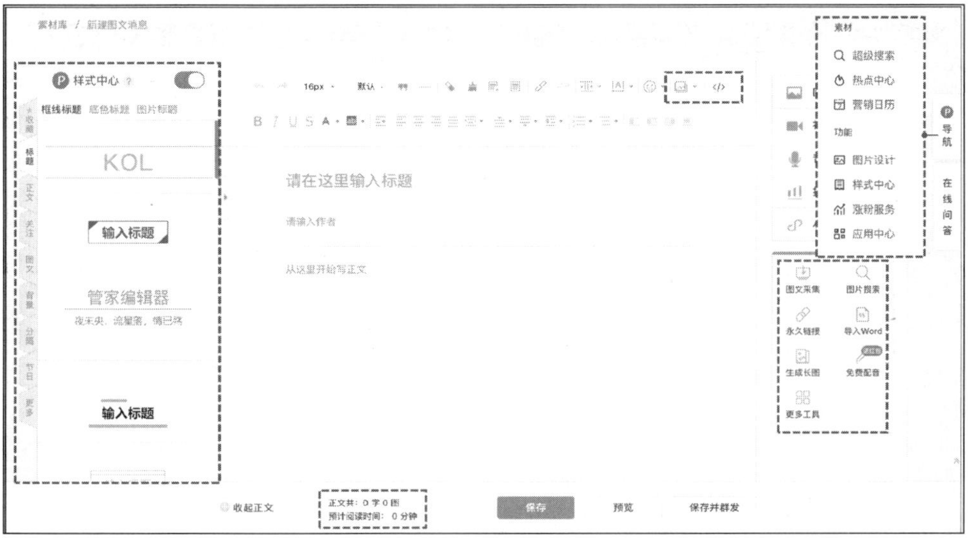

图 5-20

亮点设计：

- 无须借助第三方编辑器，可直接在微信公众号后台进行编辑排版。
- 提供搜索表情包、gif 动图和无版权图片的功能。
- 提供“手机传图”“采集图片”等实用功能，可直接将图片采集到微信公众号的素材库。
- 提供更为丰富的图片编辑功能，如“一键添加图片圆角”“一键添加图片阴影”。
- 提供“图文采集”功能，方便运营者收藏好的样式。

不足之处：

相比于秀米编辑器、135 编辑器、i 排版，目前新媒体管家提供的模板样式较少，且质量参差不齐。

2. 排版规范

微信公众号的排版工具虽然功能多元、便捷，但是工具毕竟是工具。决定微信公众号排版精美程度的不是使用了哪款工具，而是运营者的设计美感。

运营者需要遵守的排版规范如下。

（1）字号

课堂讨论

图 5-21 所示为四种不同大小的字号展示效果，你认为哪一种效果更佳？

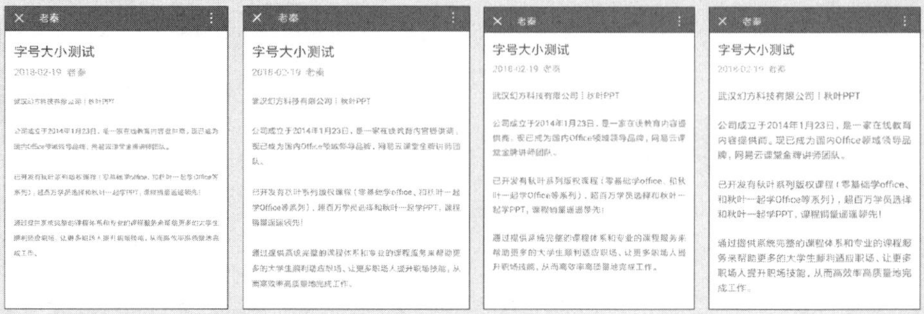

图 5-21

这四个页面的字号大小依次是 12px、14px、16px、18px。由于太小了看不清，太大了显得粗犷，所以在微信公众号文章排版中，微信后台默认的 16px 就可以，目前比较流行的是正文 14px，这个字号不会看不清，也显得精致，最小不低于 12px。

标题要比正文的字号大，一般可以选择 18px，不要超过 20px。

（2）行距

课堂讨论

图 5-22、图 5-23 提供了四种排版效果，你认为哪一种看起来更舒服？

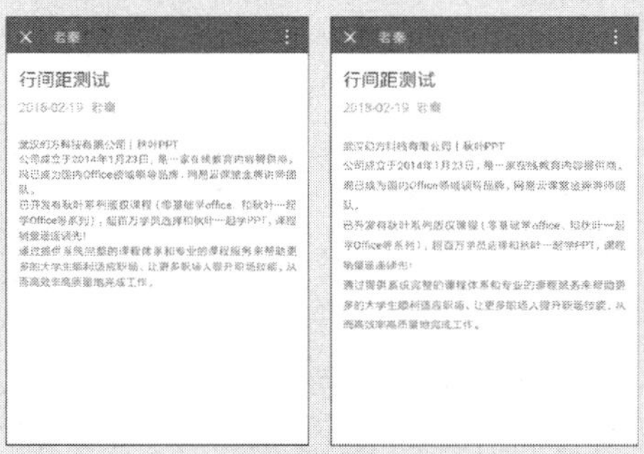

图 5-22

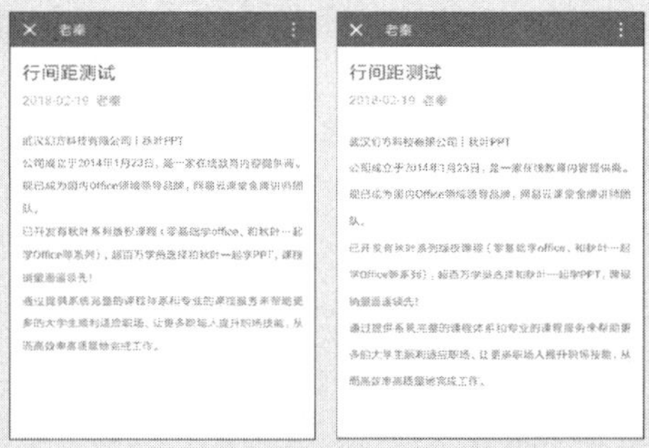

图 5-23

以上展示的分别是 1.0 倍、1.5 倍、1.75 倍、2 倍行间距的效果。

微信公众号文章默认的行间距是 1，视觉上会感觉有点拥挤，所以为了得到更加舒适的视觉效果，使用 1.75 比较好。也有一些微信公众号文章会使用 1.5 倍和 2 倍的行间距，运营者可以视情况灵活选择。

（3）段距

课堂讨论

图 5-24 提供了三种排版效果，你认为哪一种看起来更舒服？

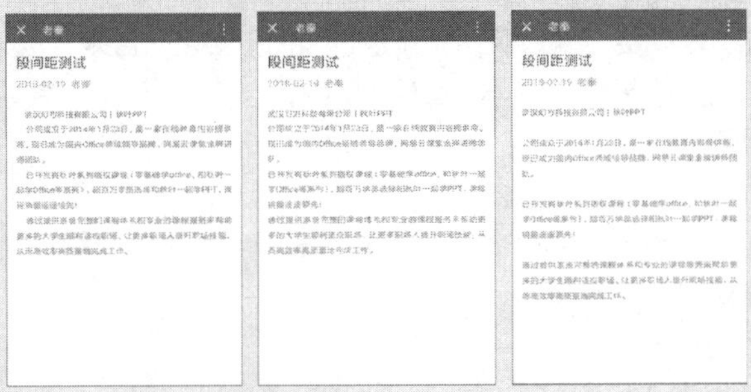

图 5-24

在微信中，由于手机屏幕尺寸较小，和 PC 端以及书本的阅读体验不一样，所以一般采取首行不缩进的方式，并且段落之间空一行，使阅读体验最佳。

文章不要大段堆砌文字，要多分段或者用小标题区分，让文章有些呼吸感，这样阅读体验才会更佳。

（4）边距

边距指的是文字和屏幕之间的距离。在两侧留白，显得比较精致，视线移动范围减小，读者读起来更轻松。这和在图书排版中设置文字和纸张的距离让页面看起来更舒服是一个道理。

课堂讨论

图 5-25 提供了三种排版效果，你认为哪一种看起来更舒服？

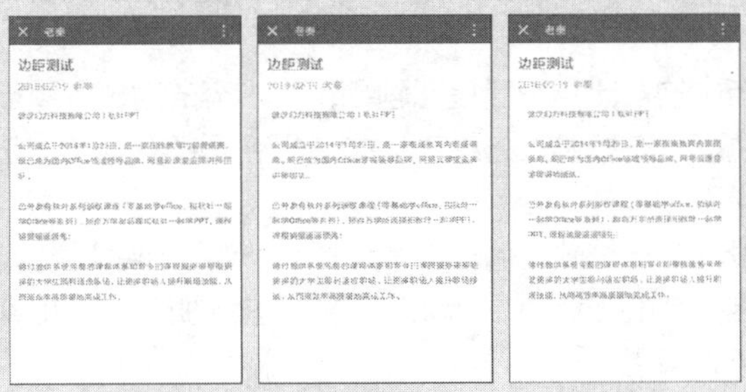

图 5-25

图 5-25 展示的是边距分别为 0、8、16 的文章显示效果。在微信公众号自带的编辑器中可以用“两端缩进”功能进行设置，一般设置为 8 或 16。

（5）颜色

微信公众号文章的文字颜色默认是黑色，但是纯黑色在手机屏幕上显示时会有点刺眼，相比之下灰色就柔和多了，所以一般推荐以下几个灰色系的色号：3f3f3f、595959、888888。其中颜色最深为 3f3f3f，最浅为 888888。

排版的第一要领是简洁，全文的颜色最好不超过三种，否则看起来很混乱。

如果是企业品牌类的微信公众号，配色可以接近公司的 Logo 颜色，其他颜色可以选取与之临近的颜色。

（6）篇幅

文章的字数建议不超过 2 000 个字，篇幅太长读者会看不下去，且中间最好搭配相关的图片来缓解纯文字阅读的疲劳。

3. 排版的四大原则

课堂讨论

很多设计专业的同学，即使没有学过微信公众号排版，也可以在第一次上手的时候就排得很精美，甚至一些 PPT 做得好的同学也可以很快排出专业的图文，这是为什么？

以上讨论结果更加验证了之前说到的一个结论：排版的好坏不是看使用了哪一款编辑器，而是看排版者的美感。有平面、PPT 设计背景的同学正是因为在大量学习中积累了对于美感的直觉，不管更换了什么样的排版场景和工具，美感的原则都是一样的。

微信公众号排版本质上也是平面设计中的一个排版场景，所以也就脱离不开设计的基本原则，只要掌握了基本原则，注意了细节，就可以排出精美的版面。

（1）对齐

文章默认是左对齐，如果文章较短，字数较少，可以使用居中对齐。当然，也可以居中、居左混合用。极少数文章，如诗歌、散文类会使用居右对齐，如图 5-26 所示。

（2）对比

微信公众号排版中的对比，一般是标题和正文内容的对比，重点内容和非重点内容的对比。标题的强调可以在各第三方编辑器中选择合适的标题样式进行排版。以 i 排版为例，如图 5-27 所示。

如果想要自己设计标题样式，可以在软件中设计好，保存为图片，再插入文章中。

重点内容及重点文字的强调，一般可以对文字进行加粗、加大字号、改变字体颜色、引用或者改变背景色等设置。

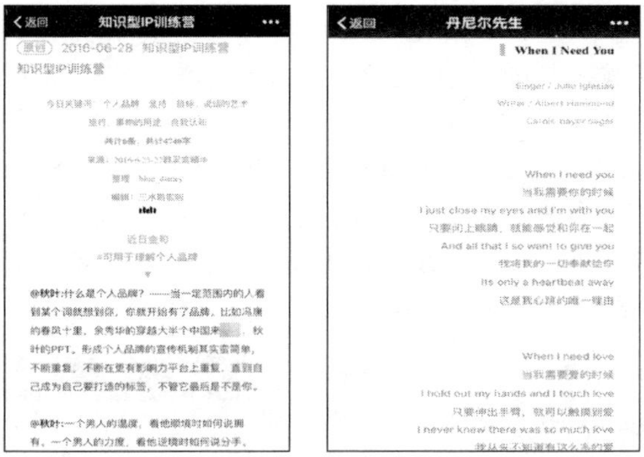

图 5-26

图 5-27

需要注意的是，如果标题已经使用了颜色，在正文中表示强调的时候可以直接加粗或者设置颜色与主题色一致，这样会让界面显得清爽。

图 5-28 所示是部分微信公众号应用举例。

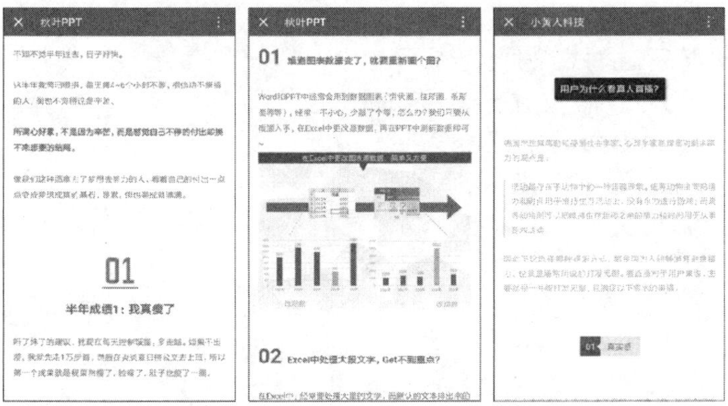

图 5-28

（3）重复

文章排版使用的样式遵循“少就是美”的原则，求精不求多，否则只会让读者更看不下去，如图 5-29 所示。

微信公众号排版最好能够有几个固定样式，便于形成微信公众号的风格。当文章被别人转载的时候，哪怕没有注明出处，文章的排版风格还是具有一定辨识度的。

图 5-30 所示的馒头商学院标题颜色与 Logo 保持一致，小标题的图标是馒头商学院的 Logo 标志。

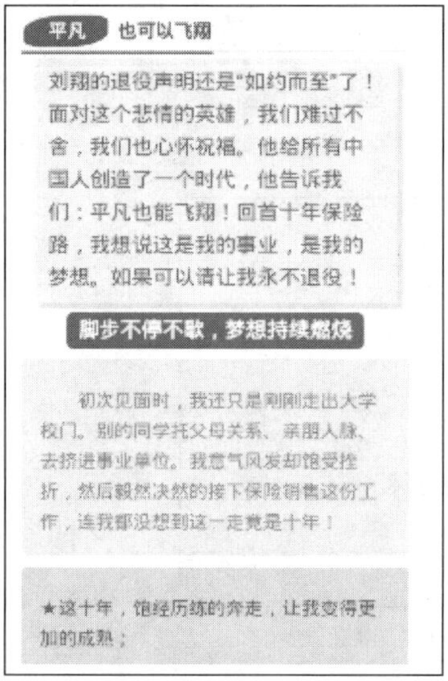

图 5-29

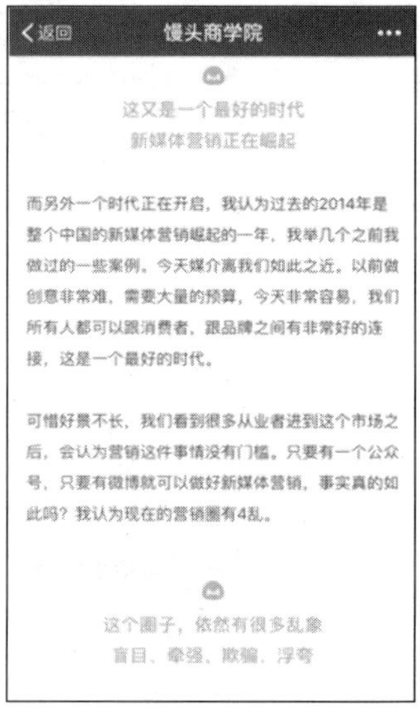

图 5-30

（4）统一

微信公众号排版的统一是由以下每个小细节的统一组成的。

- 每段文字正文字号大小、标题字号大小要统一。
- 每个小标题的样式和颜色要统一。
- 标题对齐方式、正文对齐方式要统一。
- 插入的图片尺寸大小、清晰度要统一。
- 每一张插入的图片和段落之间的距离要统一。

4. 常见排版场景

（1）封面图

在新建群发消息选择封面的时候，微信公众平台后台会给出图片在不同比例下的显示效果，如图 5-31 所示。由于只有常读的订阅号、星标订阅号的头条封面图以及视频和文本内容能以大图显示，其余公众号和内容只显示比例为 1∶1 的小图，所以在设计封面图时，要有注重中心正方形区域的设计意识，尽量将关键信息往图片中心放，而且要注意标题文字尽量不要遮挡图片中的重要信息。

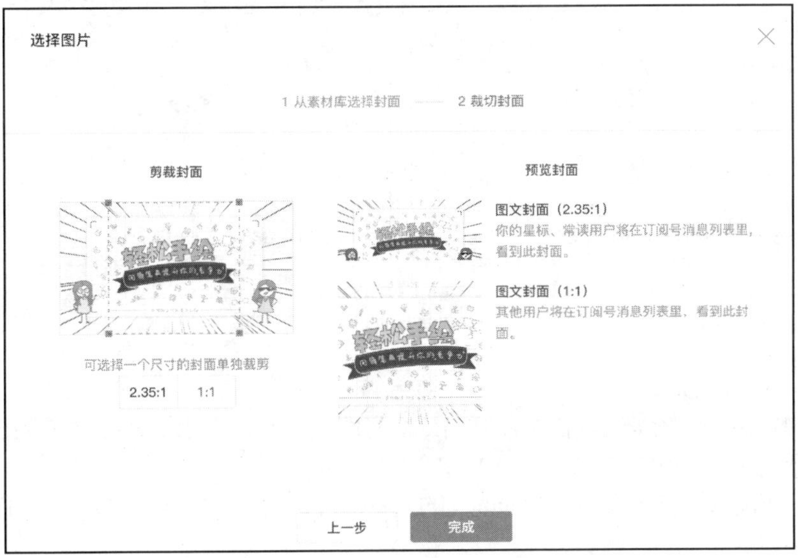

图 5-31

（2）引用

文章内容会涉及对名句或经典句、诗词等的引用，这些内容要与正文进行区分。一般可以借助微信公众号自带编辑器中的“引用”格式或第三方编辑器的引用样式实现，如图 5-32 所示。

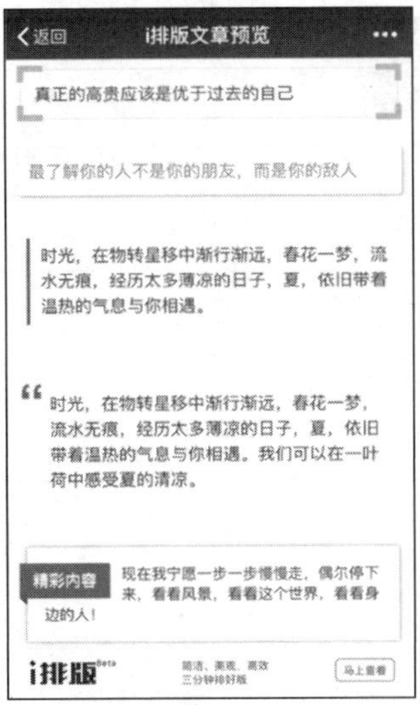

图 5-32

另外，个别文字的引用采用直角引号会更加直观、突出，如用「 」和『 』代替“ ”，这尤其适合用在标题中。对比一下图 5-33 中的这两个标题，哪一个看起来更清晰？

图 5-33

（3）人物介绍

人物介绍使用较多的场合是在微信公众号图文中对预告活动进行嘉宾介绍或者对作者进行介绍，一般由“人物图片+文字介绍”组成。

应尽可能选择背景干净、清晰度高的人物图片，文字介绍要简洁有力，如图 5-34 所示。

图 5-34

（4）指引

文章中的配图最好能够配有说明文字，这样会更有指向性，如使用类似▼、▲的指向性符号，或者用 10px、12px 的文字在图片下方做出说明、指明出处等，如图 5-35 所示。

图 5-35

用线条和符号引导视线，可以让用户的阅读体验更佳。

- ▷ ◁ ▶ ◀ △▽▲▼三角符号是使用频率比较高的。
- ↑↓←→↔↖↘↗↙等各种方向的箭头可以引导视线。
- ☛ 可以表示单击。
- Ⅰ、Ⅱ、Ⅲ、Ⅳ、Ⅴ、Ⅵ、Ⅶ、Ⅷ、Ⅸ、Ⅹ、Ⅺ、Ⅻ罗马数字比较优雅复古。

这些符号在搜狗输入法的“特殊符号”中都可以找到。

（5）二维码

微信公众号求推荐或者文章底部求关注的时候一般都会放上二维码，那什么大小规格的二维码比较合适呢？

在一般的文章中，二维码过大看着不美观，太小则有可能导致扫不出来，所以需要运营者自己重新处理，按照 43 像素的整数倍缩放。

以二维码边长 8cm 为例，下载像素为 258px×258px，通过计算机自带的画图工具打开可直接更改像素大小，步骤如图 5-36～图 5-39 所示。

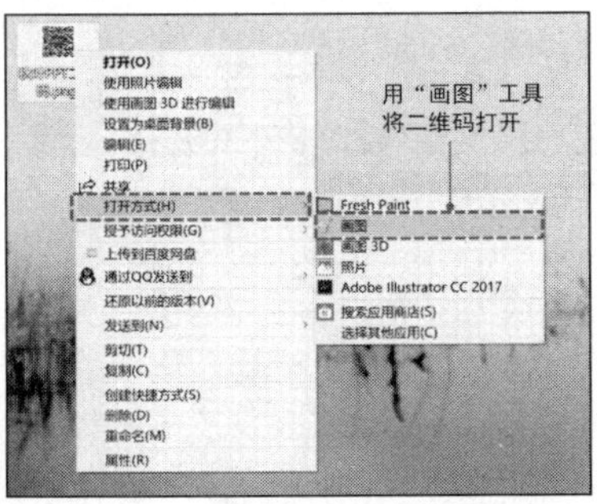

图 5-36

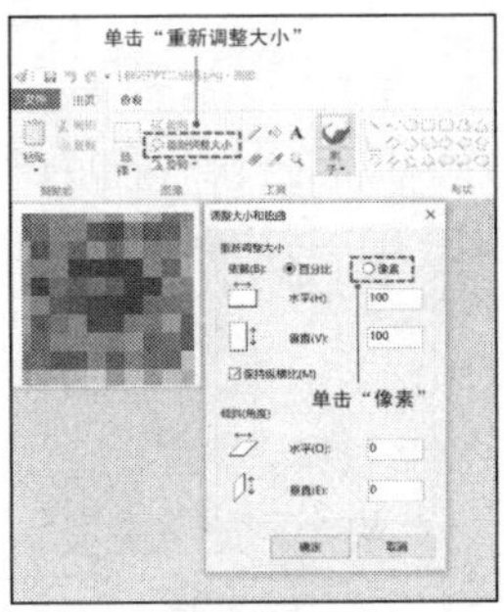

图 5-37

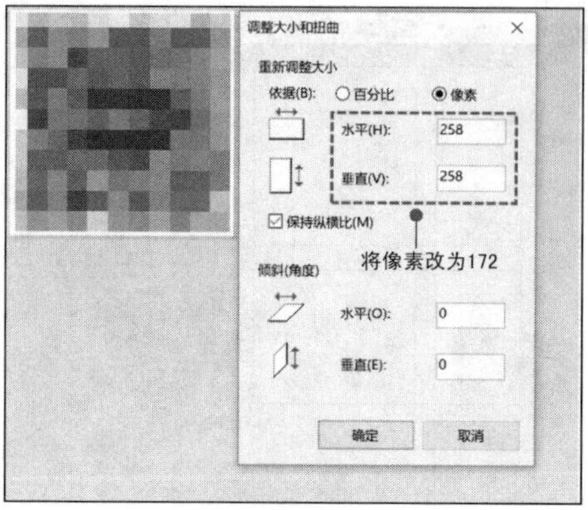

图 5-38

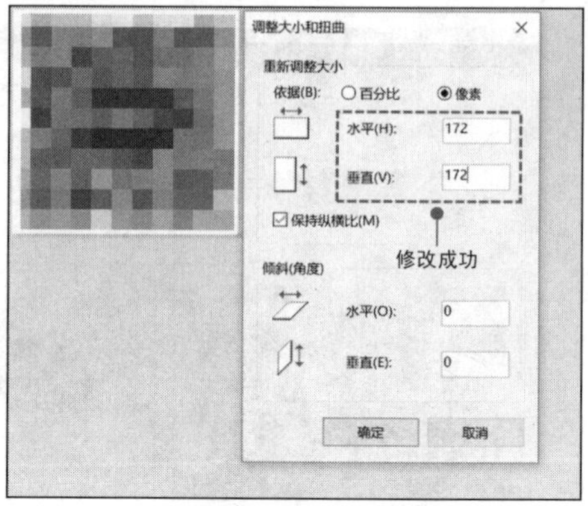

图 5-39

配合二维码的必要文字信息摆放时可遵循上下或左右的原则，所占面积不要太大，如图 5-40 所示，文字的内容也不要比二维码大，否则结尾显得不够简洁。

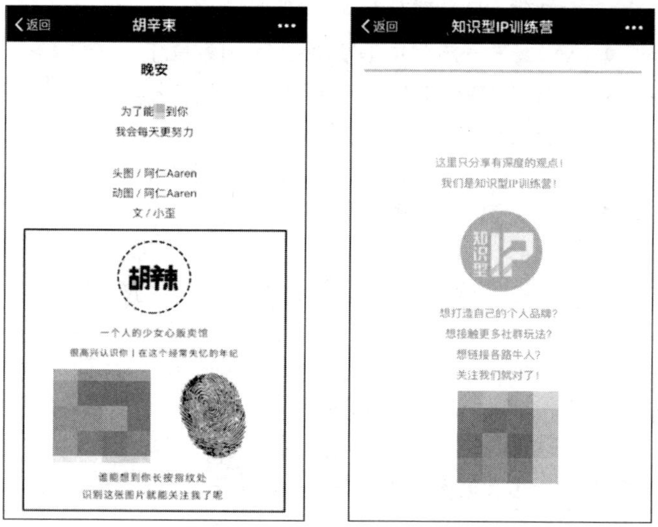

图 5-40

不论是分享微信公众号名片还是需要在一篇文章中跳转外网链接，都可以将二维码作为中间桥梁，用户只需长按二维码即可实现跳转。

实战训练

选一篇自己写的文章，将其进行精美的微信公众号排版，请老师和同学做点评。

5.1.4 内容传播技巧

据第三方统计，微信活跃用户已超 10 亿人，而微信公众号则超过 3 000 万个，换句话说，差不多每 40 个人就有一个微信公众号，整体已经明显处于供过于求的阶段。从事新媒体运营的人这两年有一个强烈的感受——微信公众号总体上是越来越难做了。

其实只要掌握以下传播技巧，微信公众号的运营也没有那么难。

1. 通过优化标题提高打开率

课堂讨论

下面几组标题，你会点开哪一个？

第一组：

A. 7 页 PPT 教你秒懂互联网文案

B. 月薪 3 千元与月薪 3 万元的文案，差别究竟在哪里？

第二组：

A. 学了秋叶 PPT 课程，我从小白变成了高手

B. 因为它，我从小白到给小米发布会做 PPT

第三组：

A. 告诉你这些好用的 Word 技巧

B. 11 个冷门但好用的 Word 技巧，你知道几个？

上面这几组标题对应的内容是一模一样的，只是标题不同，最终阅读量的差别却很大，所以，在大家都习惯了用碎片化时间快速浏览的时代，文章标题写得好不好直接决定了文章的打开率高低。

有的文章内容很好，但标题平淡无味，导致打开率不高，被其他人优化标题后，转载却达到了 10 万的阅读量，可见吸引人的标题有多重要。那么，到底怎样才能写出吸引人的标题呢？

从大的方向来说，以下这几个角度是有助于提高点击率的。

（1）抛出问题

抛出问题不是简单地将陈述句变成疑问句，而是发现读者隐藏的真正需求，在问句中暗示文章内容可以带来什么好处或者解决什么问题。所以在高点击率的标题中，“什么”“如何”“为什么”等都是高频词，如《职场新人必读：为什么老员工不会来教我?》。

（2）结合热点

结合热点，利用名人效应、热点新闻引起读者兴趣，如《看“汪涵救场”，学如何应对突发危机！》。

（3）对号入座

能够从与标题相关的词语中将自己或相关的人对号入座，如《PPT 高手必备的 10 个神器，你知道几个？》——哦？我平时就认为自己是个 PPT 高手，有我不知道的吗？点开看看；哟？我虽然是个菜鸟，但是不是只要掌握了这 10 个神器，我就能被称为高手啦？点开看看……

对号入座意味着击中内心，毕竟每个人都会有弱点，如情感烦恼、身材烦恼、升职加薪等，用恰当的词语可以勾起读者的阅读欲望。

例如，《成熟的表现，从学会对「人」不对事开始》——每天总被女朋友说不成熟；昨天上司刚批评过我不成熟；好吧，我看看到底什么是成熟……

再如，《一天收益上万元，创业牛人的生意经》——我一个月都挣不了一万，这家伙怎么做到的啊……

（4）善用数字

除了从读者心理出发外，在标题的修饰上，还可以用数字来增加标题的吸引力，如《90%营销人写文案前犯的第一个错误》就比《大多数营销人写文案前都会犯的错误》更加直接明确、吸引人。

常见的“必备的十大网站”“必读的 100 本书”“必会的 20 个技巧”这一类标题，总能吸大量读者。

（5）利用符号

符号并不是通常所说的标点符号，而是具有鲜明指向性的人名、事物名等，如《互联网大佬都盯上了人工智能》换成《苹果、谷歌、阿里巴巴……都盯上了人工智能》之后，就会表达得更清晰明确；再如《张小龙谈产品设计的十大要素》《王石：下辈子也不会行贿》这种以名人符号为背书的文章，在微信上的传播量都不错，一方面因为读者都有从众心理，另一方面因为多数人对成功人士有兴趣。

（6）巧设悬念

如果要点在标题里已经全部讲清楚了，用户点击查看文章的欲望也会大大降低，所以可以留点悬念，如看到标题《世界杯冠军德国：认真是一种可怕的力量》，人们基本能够对内容猜个大概，但如果改成《可怕的德国人！只因简单的两个字，便可怕到天下无敌》，就可以引起读者强烈的好奇。所以一篇文章的标题要设置“好奇心的缺口”营造悬念，引起读者强烈的好奇。

无论采用哪种方式来优化标题，都要谨记不要变成标题党，不要让标题与内容严重脱轨。

2. 通过换位思考提升转发率

课堂讨论

微信公众号“一条”在运营初期，每天生产的一条视频都可以获得大量的传播，这也使得该微信公众号在 15 天突破粉丝 100 万，成为微信公众号中的一段传奇。

杂志化的视频是其明显区别于其他电视节目与视频节目的特点。它镜头缓慢，趋于静态，强调布景与摆设，文字、配音、画面都能让人在喧嚣的尘世中安静下来。其定位高端，调性上把握文化品位，选题多以中产阶级的人物为主角，表现其特定的某一类生活方式。

搜索并观看“一条”相关视频，思考“一条”可以获得大量用户关注的原因是什么，创作什么样的内容可以获得用户大量的扩散。

其实，微信公众号内容并不是有趣、实用、温情这些简单的标签可以概括的，关键是内容能不能体现转发者的境界和品位。也就是说，能不能提高转发者本人的格调、段位或态度，这才是转发者的主要动力。因为人们在社交媒体上总是把自己构建为自己希望成为的人，每一个转发都是让人们接近自己所期望的那个形象。

所以，转发与评论、点赞、收藏是有本质不同的，其核心是可以帮助人们进行“形象补充”，用所转发的东西向外界展示自己的兴趣爱好、价值观、世界观，或者借助所转发的内容表达自己的观点、立场和态度。

很多在朋友圈中形成刷屏的文章，往往就是说出了转发者一直以来想要说的东西。所以运营者在写文章的时候，要尝试站在用户的角度想一想：如果我是用户，我为什么要转发？这篇内容可以帮助用户表达什么？

3. 通过无缝嵌入链接提高阅读量

“嵌入链接”指的是在文章内合适的地方利用“超链接”功能插入往期优质文章链接，吸引读者通过点击超链接提升其他文章的阅读量，这样可以让文章与文章之间建立链接，产生联动效应，提升阅读量。

为什么说要“无缝”呢？

超链接的文章要与当前文章内容有关联，刺激读者跳转到往期文章了解更多内容；或者是超链接的文章能满足读者查询、浏览等需求，否则，纯粹推广的超链接文章是很难挑起读者点击阅读欲望的。

那要如何做到巧妙地植入超链接呢？一般来说，使用超链接是为了满足以下某一类作用。

（1）补充说明作用

对当前文章提出的某一个概念或者观点，往期文章有详细解释，用超链接可以引导读者更好地阅读理解本期内容。这样的超链接一般放在文中，如图 5-41 所示。

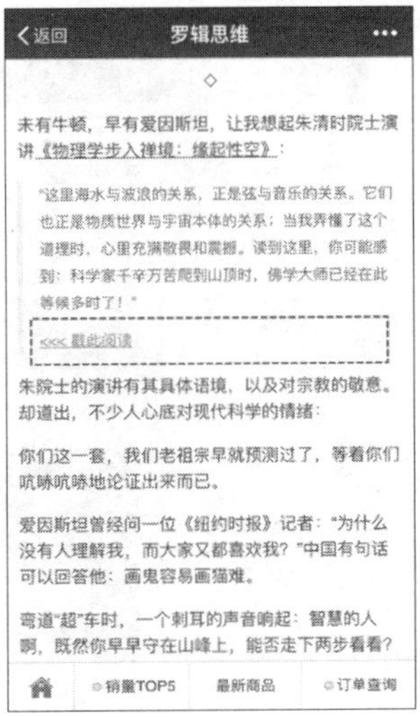

图 5-41

（2）系列化阅读

有的微信公众号会区分不同的栏目文章或者推送系列性质的文章，那就可以在文中插入往期同一系列文章，以吸引读者进行点击阅读。这样的超链接可以放在开头、文中或者文末，如图 5-42 所示。

（3）满足性阅读

满足性阅读是当读者对当前推送的文章十分感兴趣时，就把往期的优质文章再推荐一次。读者因为对当前文章的认同而愿意尝试点击更多好文章查看。这样的超链接可放在文末。由于图片比文字更加直观，所以大多数公众号会选择为图片添加文章超链接的方式进行展示，如图 5-43 所示。

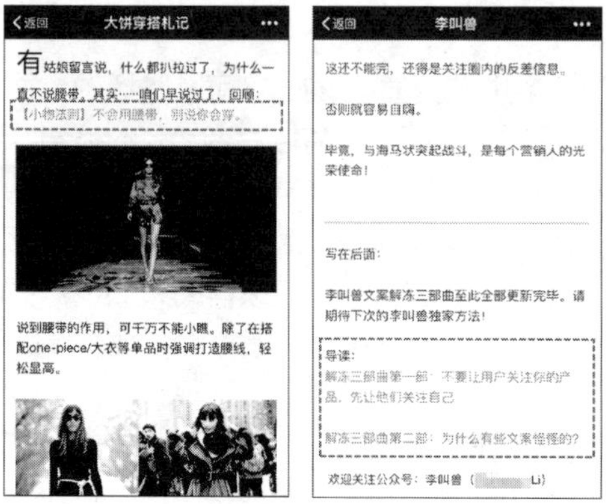

图 5-42

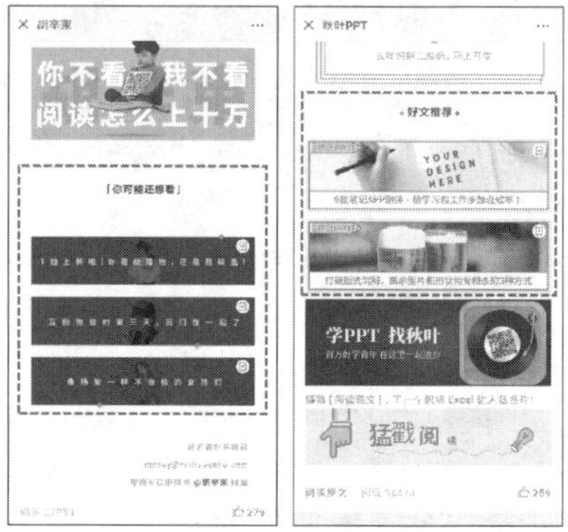

图 5-43

（4）查询功能性引导

查询类链接一般不是放在推送文章里，而是放在推荐或者目录性质的查询文中。利用超链接点击直达的功能，挑选出优质的文章植入文中，用户根据自己的需要点击阅读，如图 5-44 所示。

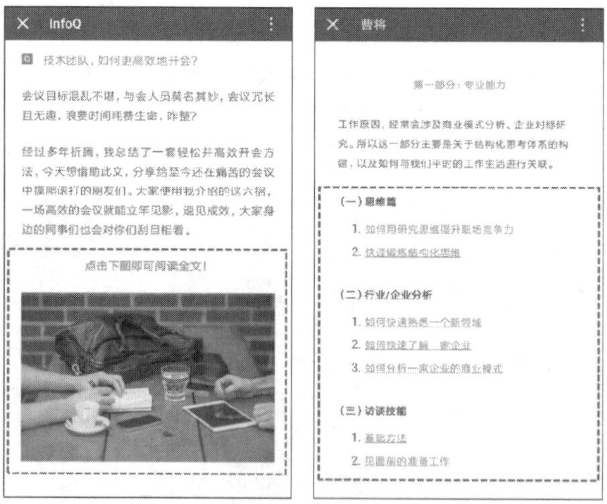

图 5-44

4. 通过朋友圈矩阵提升阅读量

课堂讨论

一般你打开微信后，阅读顺序是怎样的？请排序：

A. 订阅号　B. 微信群消息　C. 微信好友消息　D. 朋友圈状态　E. 服务号

订阅号是不是会排在最后一个？就算不是最后一个，也很难排在前面，所以想要提高阅读量，最佳的手段还是要将文章扩散到朋友之间的消息和状态中，这其中首选朋友圈。

一旦一篇文章被有大量好友的微信个人号转发了，每一个微信个人号就相当于一个有成百上千个真实粉丝的小微博。如果微信好友有交集，这篇文章还能在粉丝的朋友圈中形成刷屏现象。一旦一篇文章开始反复地出现在你的朋友圈，哪怕一开始你并不准备看它，但是看到朋友圈里面反复出现这篇文章，标题也非常吸引人，你就会忍不住点开，如果点开以后发现文章质量还不错，就会继续转发。其实很多爆款文章都是通过控制有粉丝的微信号转发到朋友圈，人为制造出来的。

将文章转发到朋友圈已经成为提升阅读量的重要手段。想要实现这个效果，就要打造朋友圈矩阵，让拥有一定粉丝数量的微信个人号将文章转发到朋友圈，覆盖到更多人。那这些拥有大量好友的微信个人号从哪里来呢？

（1）和外部资源交换

所谓的外部资源指的是其他微信公众号小编、小范围内有知名度并且微信粉丝达到几千人的微信个人号拥有者。当对方需要转载特定文章来曝光的时候，主动帮他转朋友圈，达到相互传播的目的。

对于这样的微信个人号，要有意识地去结交，甚至建立微信群组，将身边粉丝数达到一定指标，如 500 人、2 000 人等的加入进来，进群的人员再将身边粉丝数达到指标的朋友拉进来，这就形成了朋友圈矩阵。

（2）有意识地为微信个人号涨粉

依靠外部资源交换的弊端是：大家所在的圈子不同，有些人覆盖的人群很可能并非是微信公众号的目标人群，这就会造成无效传播。同时，这些微信个人号没有足够的利益驱动，让大家统一操作进行转发的难度较大。

如果在运营微信公众号的同时，有意识地给内部人员的微信个人号增粉，这样建立的内部转发朋友圈矩阵，粉丝覆盖更精准。

例如，目前有很多的微信公众号会开展线上分享，通过微信公众号发布活动信息，要求粉丝将文章转发朋友圈并截屏，加指定微信个人号为好友并发送截屏图片，由运营人员确认后邀请其进入微信分享群。

如果是一场 500 人的分享，那么通过一次活动就可以让一个运营人员的微信粉丝增加 500 人，开展十次这样的活动，好友就可以达到 5 000 了。

除此以外，还可以通过在微信公众号的关注语中、文章中留下运营人员的微信个人号实现快速增粉，如图 5-45 所示。

所以，在运营微信公众号的时候，不仅要关注服务粉丝，也要注重内部运营人员的培养。要扶持内部运营员工，帮助他们打造微信个人号，形成稳定的朋友圈矩阵。

5. 通过社群运营提升阅读量

除了可以通过朋友圈转发提升阅读量外，还可以通过将文章链接转发到微信群、QQ 群的方式，让群内的人点击阅读、进行转发来提升阅读量。

为了让群内转发更加有效，可以通过发红包的形式提高当前群的活跃度，让大家关注转发的文章，如图 5-46 所示。

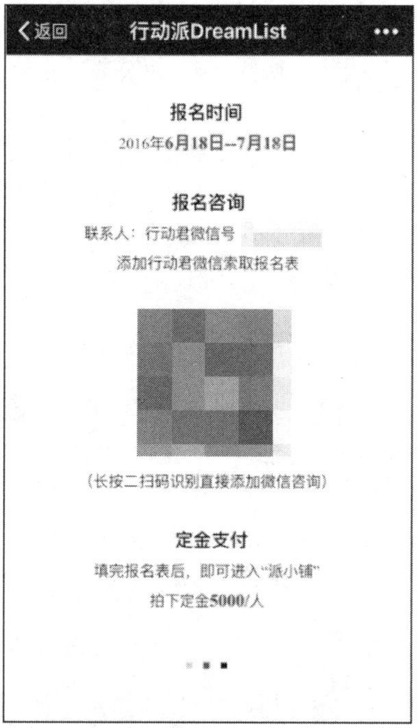

图 5-45

图 5-46

转发文章这样的方式在黏性高、熟悉度高的群内使用效果会比较好，在人数较多、群员之间相互陌生的情况下，单纯的转发文章不足以刺激群员点击阅读。

这时，需要在转发文章前加上一段引导文案，吸引他人的关注，如图 5-47 所示。

一般来说，引导文案的结构是"文章简介与热度+阅读人群强调+文章链接+互动问题"。例如：

今晚分享秋叶老师新文章《为什么今天的年轻人更要读大学？》，短短 12 个小时就

刷爆朋友圈，阅读量超 3 万，除了大学生外，职场人也在转！

秋叶老师到底说了啥？链接送上，友情提示：评论也好看！（此处附上链接）

今晚不如借秋叶老师的文章大家交流一下：

你觉得你现在最缺的是专业技能还是变现技能？

如果你准备做一个斜杠青年，你希望自己的三个标签是？

周末推荐：

热剧《欢乐颂》你看了吗，想知道这部剧所蕴含的大城市成长秘籍和职场真经，秋叶系列职场课程开发老师佳少为大家揭秘！篇篇火爆，一天5万+阅读的热文！

快快戳链接！

1. 邱莹莹如何才能在魔都有尊严地生活？

http://mp.weixin.qq.com/s?__biz=
&sn=d1a320c3da783c5e168f176bc9b8a056#rd

2. 关雎尔如何在大城市过好生活？

http://mp.weixin.qq.com/s?__biz=MjM5
63334b49a39263ba3142331ac7f13e96#rd

3. 樊胜美究竟做错了什么，竟混到如此境地？

http://mp.weixin.qq.com/s?__biz=MjM5
&sn=c7418d18d7008dab2807c4fe74652671#rd

还有两篇曲筱绡、安迪，敬请期待明日微信“幻方秋叶PPT”的连载！

图 5-47

这样写出来的引导文案会具有针对性，也更加吸引人。当然，也可以借鉴优化标题的做法，对转发文案进行更多改造。

// 5.2　用户运营

微信公众号运营的价值取决于用户量和用户价值。用户运营的工作主要分为拉新、促活、留存和转化。

拉新就是我们常说的增粉，也就是提升用户量；后三者则是为了提升用户价值。促活是让留下来的粉丝活跃起来，留存是把新增的粉丝持续留下来，转化则是让用户付费，实现营收。

本节将从这四个方面对用户运营进行详细讲解。

5.2.1　获取微信公众号的目标用户

1. 了解用户聚集区域

在上一章中，我们对用户进行了画像，明确了用户属性，但是这些用户聚集在哪些区域呢？只有明确用户聚集在哪些区域或场景，才能提高获取效率。

一般来说，一个微信公众号的目标用户主要聚集在以下几个地方。

（1）已建新媒体平台，如企业官方网站、官方微博，这些区域会聚集很多精准的老用户，有一定的品牌熟悉度和信任基础。

（2）用户属性相同的大体量公众号，也就是需要寻找目标用户重合度高且用户量大的微信公众号进行合作。

（3）其他新媒体平台。真正熟悉新媒体运营的人都知道，要想做出影响力，在明确用户画像之后，多渠道覆盖进而获取大量用户是必经之路。

目前新媒体平台的主要布局如图 5-48 所示。

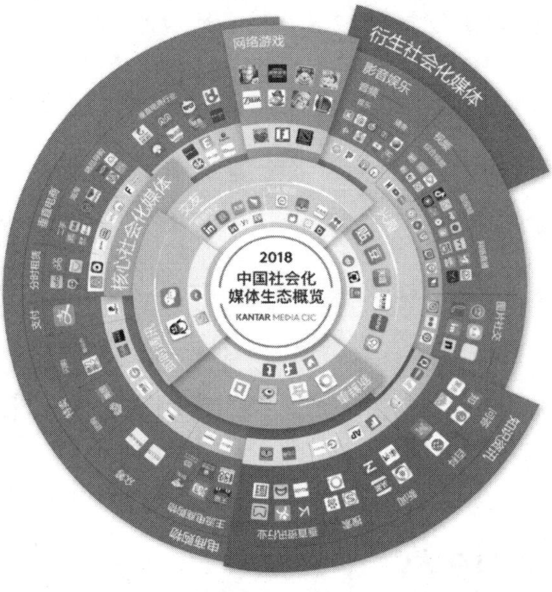

注：社会化媒体生态概览的平台分类布局是基于该平台的核心业务/功能。

图 5-48

在浩瀚的互联网平台中，目前被广泛使用的三个平台阵营分类如表 5-4 所示。只有了解了平台各自的特征，才能做到有的放矢，选择合适的平台，分配不同的投入成本。

表 5-4　三个平台阵营分类

<table>
<tr><td rowspan="4">新媒体
第一阵营</td><td rowspan="3">微信平台</td><td>微信公众平台</td></tr>
<tr><td>微信个人号</td></tr>
<tr><td>微信群</td></tr>
<tr><td>微博平台</td><td>新浪微博</td></tr>
</table>

续表

新媒体第一阵营	问答平台	知乎
		百度知道
		分答
		悟空问答
	百科平台	百度百科
		360 百科
		互动百科
新媒体第二阵营	直播平台	斗鱼
		映客
		一直播
	视频平台	美拍
		秒拍
		抖音
		快手
		优酷
	音频平台	喜马拉雅
		蜻蜓 FM
		网易云音乐
新媒体第三阵营	自媒体平台	头条号
		一点号
		百家号
		网易号
	论坛平台	豆瓣
		贴吧

通过分析用户画像，找到相应的渠道，然后通过数据对比、试错，锁定最好的 3～5 个渠道，用心经营好这些渠道，会带来长期的效益。

（4）地域聚合属性。如果用户群体具有地域聚合属性，一定不能忽略线下地推，例如，校园的学生群体都具备地域聚合属性，所以秋叶团队积极开展线下讲座，提升在大学生群体中的影响力，一年在高校做 100 多场公益讲座，如图 5-49 所示。开展讲座中，有些大学生关注了他们的公众号，有些大学生直接搜索课程，而更多的则是曾经在某些地方见过，知道秋叶这个人，这些人更容易被转化成学员和用户。

秋叶在高校分享

秦阳在高校分享

图 5-49

2. 获取新用户的三大方向

知道了目标用户的聚集区域，接下来就要采取一系列运营手段进行涨粉了。获取新用户采取的运营手段主要有以下三大方向。

（1）流量

直接通过导流获取用户，比如购买微信广点通、在平台大号上投放广告或者合作、投稿、互推。运营者最重要的工作就是知道自己需要什么样的用户，能吸引用户的载体是什么，这样才能优化导流的各环节，提高转化率。

（2）挖掘

微信生态中有大量可以聚集某一特征人群的场景，如通过线上主题微课将潜在用户挖掘出来聚集在一起，进而再导入到微信公众号。例如，公众号“运营研究社”的创始人陈维贤在获取前 1 000 名粉丝时，就曾经到大号“乔布简历”的社群做了关于自己怎样从校招面试失败到通过社会招聘进入百度的经验分享，一场分享下来，吸引了 300 个粉丝。

另外，每一个人都有圈子，运营者要善于挖掘老用户背后的用户群，在运营过程中通过策略让老用户通过一些裂变营销方式不断引进新用户。

（3）利益

直接通过利益诱导用户关注或诱导老用户带动新用户关注。例如，关注领取礼包或邀请好友关注可以获得课程免费名额、产品打折优惠等。

3. 增加用户关注的八大实操技巧

（1）已建平台引流

之所以早期的很多微信公众号大号能够很快拥有大量订阅用户，是因为它们基本上都是通过之前建立起来的新媒体平台进行推广，如官网、官方微博、知乎等。

以微博为例，可以通过微博背景图植入二维码，在微博信息置顶中宣传微信公众号，通过转发活动宣传等方式进行引流。

如果公司已经有成熟的微信公众号大号，也可以让大号带小号，就可以很快积累起第一批粉丝。例如，公众号“鲸鱼颜习会”就是通过这种方式为旗下的新号导流，建立起上百万的粉丝矩阵，如图 5-50 所示。

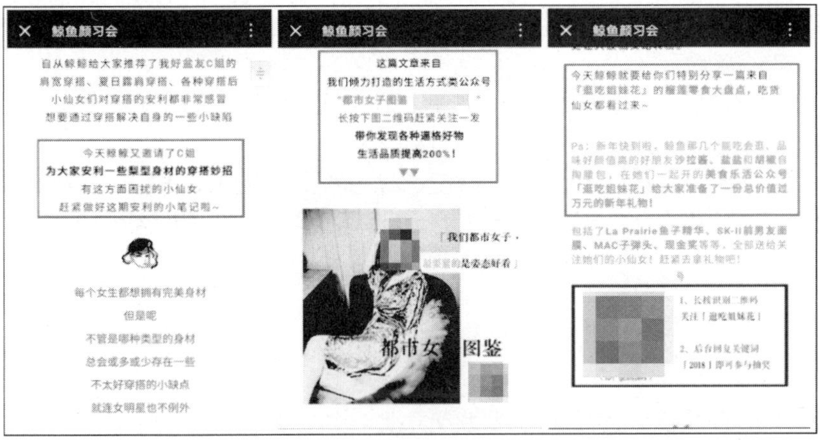

图 5-50

（2）通过内部诱导加粉

所谓“内部”，指的是在图文内部环节设置，最常见的是在图文的开头和结尾提醒用户关注，但由于这种方式已经基本成了微信公众号的标配，因此效果并不明显，这里补充以下几个可能被大多数人忽视的环节。

① 关键词回复。由于关键词回复的前提是必须关注微信公众号，因此它是很多微信公众号采取的增粉手段，可以通过在文中各个关键节点植入关键词来引导用户关注后回复，如图 5-51 所示。关键词回复常见的设置位置有文章开头、文章结尾、文中相关位置等。

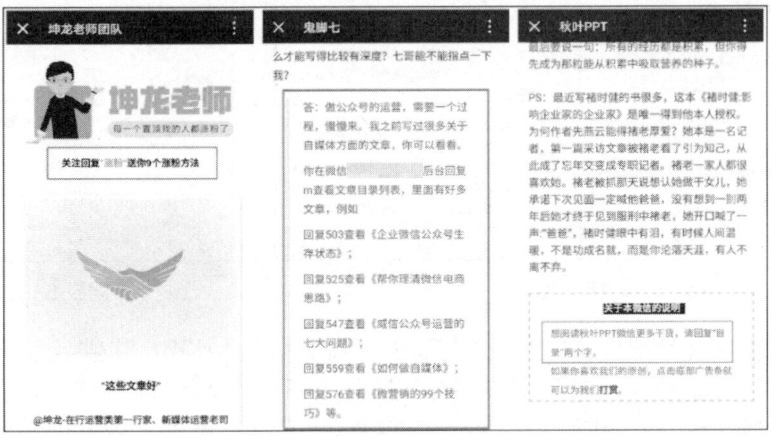

图 5-51

例如，公众号“鬼脚七”在运营初期最重要的增粉手段就是关键词植入（见图 5-51 中图）。运营者在回答问题或写文章的时候，也会自然地提到过去写的分享或答疑，而且会告诉读者如何查看，特别是一些没有必要给新读者反复写的问题，只需告诉他们如何检索历史文章就好。

② 好评用户反馈。文章本身就是内容最佳的展示窗口，除了文章本身的质量外，还可以通过特定的内容展示吸引用户关注微信公众号。

公众号“warfalcon”的最大特点是每天文章最后播报的 100 天行动读者反馈；公众号“剽悍一只猫”则会让“剽悍行动营”的营员写文章展示行动和成绩，如图 5-52 所示。

课堂讨论

为什么好评用户的反馈能够帮助微信公众号增加粉丝量？

③ 评论区鼓励转发。评论区也是微信公众号的一个重要发言区。例如，公众号“丁香医生”的运营者会在文章下方的评论区和粉丝互动时提醒粉丝将文章转发给身边的人，如图 5-53 所示。

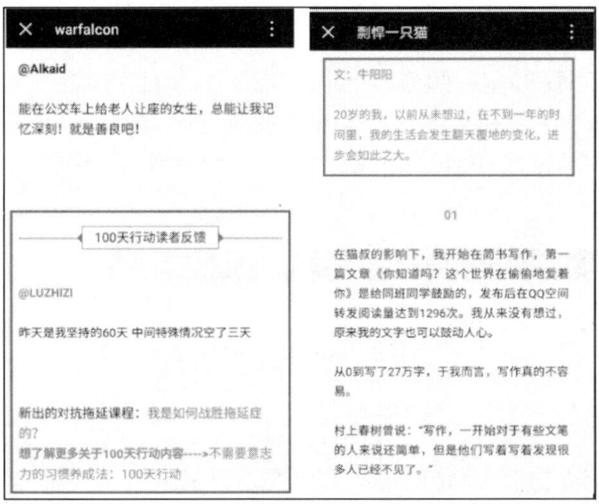

图 5-52

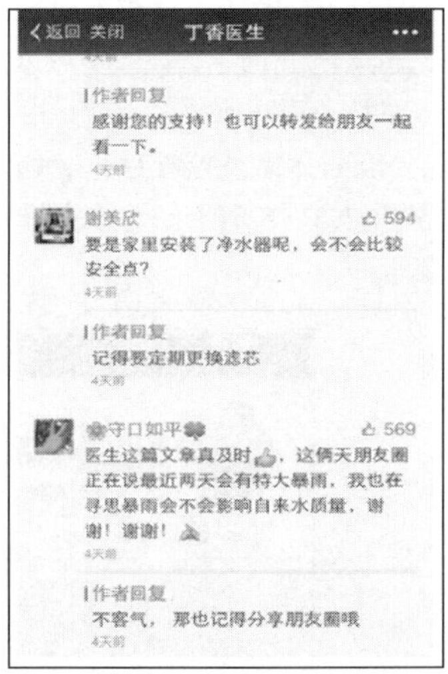

图 5-53

④ 设置关注后留言。在微信公众号文章编辑时，可以设置“仅关注后可留言”，如图 5-54 所示。这样，如果用户想要在文章下面评论，就必须先关注，如图 5-55 所示。与没有设置“仅关注后可留言”的微信公众号相比，这在一定程度上能够增加粉丝关注量。

（3）通过原创加粉

前面说过，找大号投稿是获取首批粉丝的好方法，运营者平时也可以通过原创授权转载长期导入粉丝。

图 5-54

微信公众号在声明原创后，如果文章授权给其他微信公众号推送，可以在底部显示文章来源，单击可直达原创者的微信公众号，很多喜欢该文章风格的粉丝会沿着这个路径去关注原创者。如果一篇文章的传播量很大，会给原创者带来非常大的曝光量，如图 5-56 所示。

图 5-55　　　　图 5-56

做新媒体运营，可以尝试成为一个“联络员”，如果自己是原创号，可以把自己的好文章找定位相符的账号合作转载，还可以多认识一些优质账号的运营者，或者加入一些微信公众号的合作互助群，平时可以经常相互转载，长期共同获益。

（4）通过场景加粉

做一场大活动，通过送奖品在短期内获得大量关注并不难，但是很多用户会在领完奖品后取消关注，从而导致活动资金浪费。

大多数账号运营者关心“如何增粉”，却忽视了“如何增加有效粉丝”。微信公众号运营不仅需要增粉，还需要增加忠诚度高、符合公众号定位的“真爱”粉丝。

对于侧重服务的微信公众号，要结合业务场景为用户提供应用服务，用服务需求场景增加粉丝，如公众号“海底捞火锅”的点餐排号功能、公众号“车来了”的线路查询功能等。

对于侧重内容的微信公众号，要结合内容定位，培养用户习惯，用阅读习惯场景增加粉丝，如“十点读书”“睡前读首诗”就是利用用户晚上睡觉前的阅读场景；“罗辑思维”则是利用用户早起的阅读场景。

课堂讨论

你还能举出哪些通过场景加粉的例子吗?

（5）通过用户加粉

① 拼团。拼团是近两年在微信生态中十分流行的方式。很多微信公众号在举办课程或卖产品的时候，都会出一个“拼团价”，如三人拼团可以享受折扣，目的就是让老用户在购买时可以带上新用户，增加新粉丝。

② 裂变。裂变的一种方式是群裂变。首先用户通过扫码进入“预备群”，进入“预备群”后，事先设置好的机器人会发一段文字，告知用户如果想要获取资源，需要先将一段文字和带二维码的海报分享到朋友圈或几百人的微信群，并且规定至少保留多少时间。朋友圈或微信群的人看到海报，进而扫码关注微信公众号，重复上述流程，形成裂变传播，如图 5-57 所示。

例如，公众号“有书”2017 年发起的“每周共读一本书”活动，通过群裂变，8 个月涨粉 700 万。

还有一种裂变方式，是由用户转发带有课程二维码的海报到朋友圈或微信群，只要邀请规定数量（一般是 3～5 人）的好友扫码参加课程，即可免费收听课程，如图 5-58 所示。

（6）通过活动加粉

类似于“关注后抽奖送 iPhone”这样的有奖活动，由于获取的用户不够精准，目前已被多数企业摒弃。

最好的方式是在找到聚焦区域并明确满足用户需求方式的情况下进行利益诱导，如用简历模板吸引求职大学生的关注，用母婴用品吸引宝妈的关注。

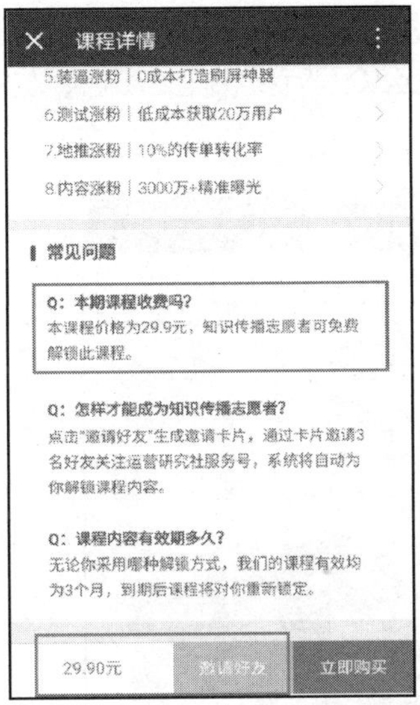

图 5-57

图 5-58

（7）通过合作加粉

“互推加粉”是微信团队禁止的行为，但禁止的是以利益交换为前提、有恶意营销性质的微信公众号的互推行为。如果在文章相关内容中诚意推荐或者在微信公众号矩阵之间趣味联动，则并不违规。

例如，“秋叶大叔”这个账号在运营初期，就与另外几个好友的微信公众号之间相互隔空喊话，与粉丝之间形成有趣的互动，也顺便实现了相互增加关注量的目的，如图 5-59 所示。

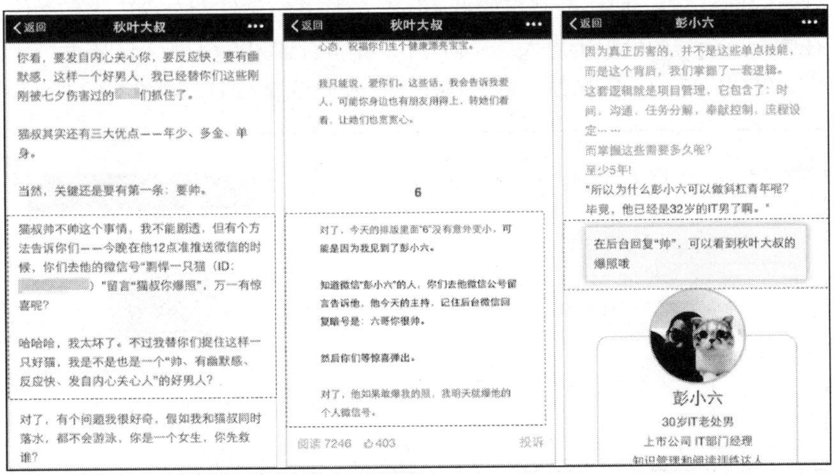

图 5-59

另外，还有一种方式是朋友圈互推，就是通过朋友圈的互相推荐，让各自的微信好友关注对方的账号，达到各自涨粉的目的。与微信公众号互推相比，微信好友中对你有信任关系的人更多，信任背书更强，如图 5-60 所示。

图 5-60

（8）通过外部导流

通过内部增加粉丝比较缓慢，大多数微信公众号增加粉丝的渠道是通过外部导流。常见的外部导流渠道如下。

① 腾讯社交广告。腾讯社交广告拥有的广告样式有微信朋友圈广告和微信公众号广告。在微信公众号后台单击进入"广告主"，即可看到图 5-61 所示的界面。申请开通广告主后，便可以将自己的微信公众号推广至朋友圈或文章中，如图 5-62 所示。

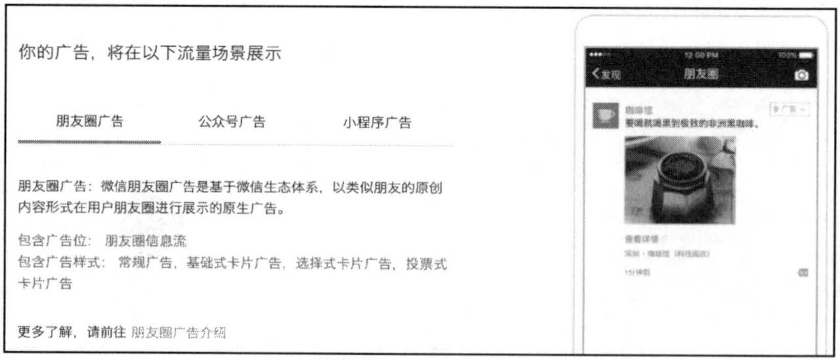

图 5-61

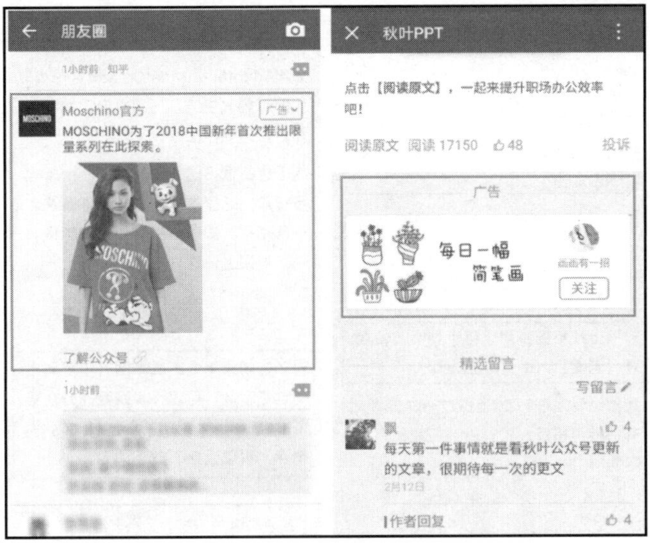

图5-62

② 门户类平台。在新闻源站点发文章引流，可以在网易、新浪等平台发软文，在文章中放入微信公众号或二维码，也可以利用门户网站的博客进行宣传，如新浪博客。若懂一点搜索引擎优化（Search Engine Optimization，SEO）知识就更好了，利用博客网站权重整理相关长尾文章，实现在百度的排名，让客户找信息时第一时间找到你。

③ 论坛类平台。论坛按不同的主题分为许多版块，用户可以阅读别人关于某个主题的看法，也可以将自己的想法毫无保留地发布到论坛中。

贴吧也是一个开放式的论坛，如百度贴吧，自由度很高，而且很容易申请成为吧主，建立自己的论坛。

每个行业都有一些垂直论坛，对应论坛中的网友都可能是潜在用户，在论坛签名中写上一句有诱惑力的广告语，并放上你的微信号，平时多发一些高质量的帖子，或经常去抢“沙发”，也会有不错的曝光机会。其实，如今在互联网上有一定名气的博主，早期都在论坛、贴吧上玩得风生水起。

④ 问答类平台。常用的问答类平台有知乎、百度知道、悟空问答等。问答营销即“哪里有疑问，我就冲向哪里！”，在回答中可以很自然地植入广告，借助平台的流量实现转化，如图 5-63 所示。

⑤ 文库、网盘类平台。在整理一些 PDF、PPT 等电子书时，在上传文件中点分享，创建公开链接，这样百度就会收录这个文件，可用于搜索。

秋叶团队在微博、网盘上注册了分享账号“读书笔记 ppt”，如图 5-64 所示，里面所有的 PPT 作品均是优秀学员作品的源文件，文件中植入了相关的二维码，网友可以通过百度云网盘、新浪微盘、腾讯微云等下载作品源文件。由于 PPT 是网盘上下载的热点题材，所以网盘成了新的转化渠道。

图5-63

图5-64

⑥ 视频类平台。随着视频内容受到越来越多人的喜爱，如今视频类平台也有巨大的流量，可以将产品介绍录成视频，或者将趣味栏目做成视频，植入二维码，并栏目化运作。如果有一部分内容能够迅速被关注，那么整个节目及栏目的关注度也会提高。

“罗辑思维”早期最大的增粉渠道之一就是《罗辑思维》这一档互联网知识脱口秀，每一段视频中都反复提醒观看者添加其公众号，如图5-65所示。

⑦ 电子书平台。随着用户的数字阅读习惯的逐渐普及，电子书这种形式也越来越普及，所以多看阅读、百度阅读、网易云阅读等电子书平台也可以成为新的渠道。例如，秋叶团队把微信公众号“PPT100”上的150篇干货文章“三分钟教程”经过排版，

以免费电子书的形式出版，于 2014 年 3 月正式上市。电子书的广泛传播，带来了良好的分享传播流，也把喜欢 PPT 的人吸引到公众号，目前已经出版六辑，成为多看阅读、网易云阅读、百度阅读等平台上的热门图书，每一辑的下载量都突破 20 万，如图 5-66 所示。

图 5-65

图 5-66

⑧ 线上微课、直播。举办线上微课或直播时，可以在结尾附上微信公众号的二

维码，让大家扫码获取课程相关课件、礼包等，将粉丝引流至微信公众号，如图 5-67 所示。

⑨ 线下活动、广告。如果组织线下活动，那么在展厅、客户休息区等都要摆放公司的微信公众号二维码。但要注意的是，想让客户主动关注你，必须要有一个理由，如可以查看展厅所有产品的最新报价或可以通过微信免费评估产品的价格等。

除此以外，也可以在活动举办过程中提醒大家关注公众号获得活动资源。比如“得到”App 在举办线下活动时，会有专门的拍摄员将拍到的嘉宾照片实时同步到一个网络云上，主持人会提醒大家扫描二维码关注公众号，回复关键词就能在一个 H5 上看到会场上所有的高清照片，如图 5-68 所示。这个举动对于用户来说非常省事，而且专业人员拍摄的照片质量也更高，转发到朋友圈也更具格调。这种方法基本能把参加活动的人都引流到公众号。

图 5-67

图 5-68

如果是线下店，可以采取送小礼物或关注有折扣等方式吸引到店客户关注微信公众号，如零售品牌“名创优品”就通过“关注账号送购物袋”吸引了上千万的粉丝关注。

另外，二维码的设置要显眼，操作要舒适。很多公司的户外二维码根本没有考虑二维码的使用场景，如图 5-69 所示，放置得那么高的二维码，让人怎么扫？

图 5-69

实战训练

运用上面的方法，使自己的微信公众号粉丝数突破 200 个。

5.2.2　提高用户活跃度

新榜 2017 年推送的自媒体十大趋势报告显示，微信公众号运营步入“5+2”时代，即行业平均阅读率滑落至 5%左右，打开率约 2%，这意味着运营人员想方设法涨粉，好不容易吸引来粉丝，粉丝却懒得看内容，也就是常说的“死粉”。

因此，给微信公众号增加粉丝之后，必须采取运营手段提用户的活跃度，提升用户黏性，也就是“促活”。常见的促活手段有以下几种。

1. 签到、打卡

签到和打卡这是许多互联网企业都会采用的运营手段。每日签到、打卡，可以有效促进用户活跃度，提高微信公众号的打开率。例如，现在市面上有很多早起打卡、21 天训练营打卡等，都是在提醒用户每天打开微信公众号，如图 5-70 所示。

2. UGC

UGC 的方式既可以减轻微信公众号编辑团队的原创压力，也可以提高用户的参与度，让用户享受“上墙”的快感，满足用户的表达欲望。用户有表达自我的机会，自然就会多多参与、表达，活跃度自然就上去了，如图 5-71 所示。

图 5-70

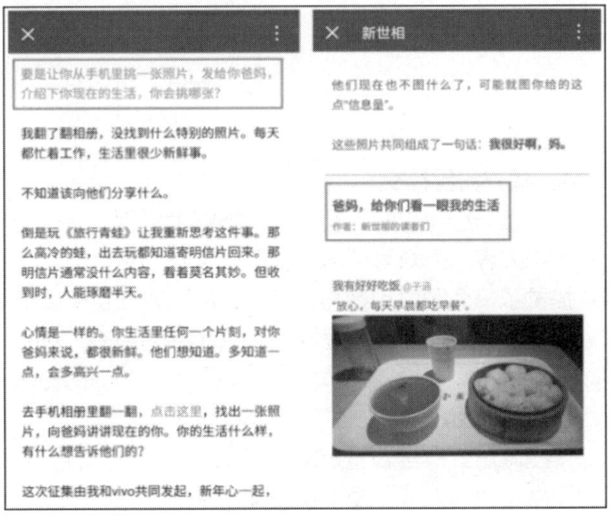

图 5-71

课堂讨论

你还见过哪些用户生产内容的例子？这些案例中，用户以什么形式生产内容呢？

3. 回复评论

回复评论是运营者与用户进行沟通和交流的重要手段。好的回复可以增加运营者与用户的联系，提高用户的参与热情。当用户看到有趣的回复时，会觉得这个微信公众号很有意思，从而增加好感。有些微信公众号会在留言区为用户答疑解惑，让用户感到被尊重和重视，从而增加用户黏性，如图 5-72 所示。

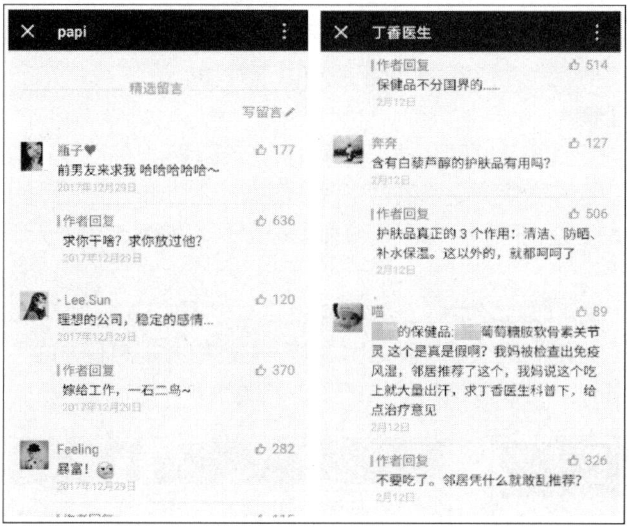

图 5-72

4. 建立粉丝社交

让粉丝与粉丝之间互动起来，能够满足用户的社交需求，本质上是一种社群社交和用户生产内容。公众号“新世相”的“48 小时交换”栏目，如图 5-73 所示，一方面给用户提供了一个发声和参与的机会；另一方面也可以促进粉丝社交，满足粉丝的社交需求。另外，这些因为共同爱好而联系起来的用户，对公众号的忠诚度会比普通用户高很多。公众号“概率论”和“槽边往事”也有类似的做法。

5. 奖励促活

一些微信公众号为了鼓励用户留言、生产内容，会给用户一定的奖励。例如，公众号“原来是西门大嫂”经常在图文尾部附上福利，鼓励用户留言，在其中挑选出最用心的用户送出礼物，如图 5-74 所示。

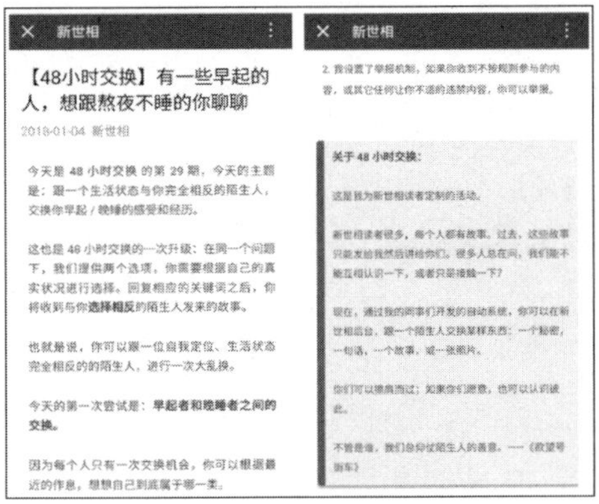

图 5–73

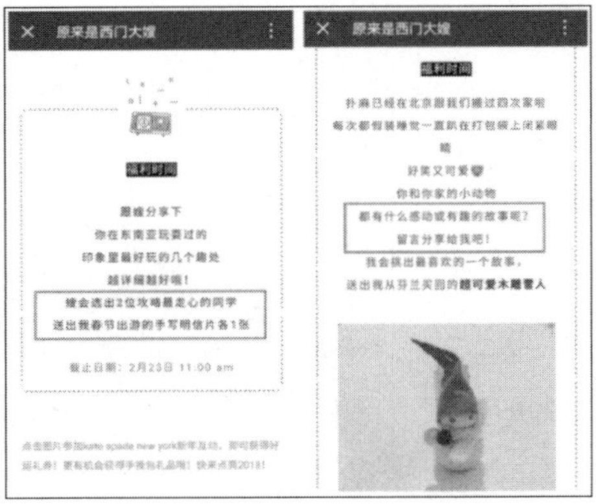

图 5–74

6. 个人号促活

让用户添加运营者的私人微信，可以拉近用户与运营者之间的距离。只要运营者用心运营朋友圈，在朋友圈分享一些让用户觉得有用、有趣的内容，与用户互动，就能够增强用户对运营者的好感和信任感，提升对微信公众号的黏性。这样，当运营者在朋友圈发布微信公众号的相关内容时，一方面，与微信公众号相比，朋友圈能够更快地送达用户；另一方面，朋友圈能够减轻用户的抗拒心理，如图 5-75 所示。

7. 星标促活

一个用户关注的公众号可能有几十个、上百个，星标公众号与普通公众号相比，它因为处于订阅号会话列表的顶端，被用户打开的概率会更高，如图 5-76 所示。

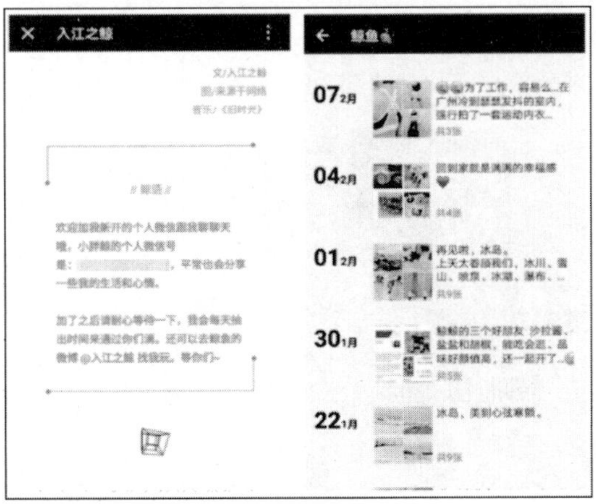

图 5–75

图 5–76

此外，公众号被标星标后，在订阅号消息列表中进行展示时，头条文章会以大图显示，与非星标公众号的小图相比更具视觉冲击力，也能提高用户打开文章的概率，如图 5-77 所示。

图 5–77

运营者可以在文章中引导用户将公众号星标，以此来增加公众号的打开率，提升用户的活跃度，如图 5-78 所示。

图 5–78

必要的时候，也可以给用户一些福利，鼓励用户星标公众号。

实战训练

如果你是学校官方微信公众号的运营者，你会采用哪些策略来提高用户活跃度呢?

5.2.3 持续留住用户

课堂讨论

自测一下，有哪些微信公众号是你已经关注一年以上没有取消关注的？是哪些原因让你一直保留关注呢？

大部分用户很难对一个微信公众号保持长期关注。要让一个用户保持长久的注意力，除了创作好的内容外，还要考虑服务、活动、社群等因素。

1. 服务：用户需要哪些功能

课堂讨论

有没有这样的微信公众号，它平时几乎没有推送过，但你却从来不取消关注？既然从没有内容的推送，你为什么还要关注它呢？你在什么时候会想起它？

有些用户关注一个微信公众号，并不是因为对它的内容有多大的兴趣，而是看中它可以通过服务满足自己的需求。做好用户画像，就可以了解用户具体有哪些需求，从而通过提供服务来满足他们的需求，也吸引更多类似的用户来关注。

例如，某校园公众号在开学季推出，借助学校的宣传在短时间内获得了第一批粉丝。但是通过几个月的运营，发现单靠内容运营，粉丝增长缓慢。经过调查运营者找到了原因：大部分学生对推送的本校活动、大礼堂电影排期或校园风云人物专访之类并不感兴趣。于是运营者与教务处合作，提供了查成绩、查课表等功能。由于学校教务处的移动端体验不好，并且经常宕机，合作之后，学生可以非常顺畅地通过手机查成绩。这一功能一下子抓住了学生的刚性需求，公众号的覆盖面从“对学校新闻、事件、活动感兴趣的学生”扩大为“对在教务处网站查成绩体验不满的学生”，公众号开始迅速涨粉，最终覆盖了学校 80%的学生。

一个餐饮公司的公众号，首先要提供预约订座，帮用户连接 Wi-Fi 的服务；一个 CBD 的公众号，得能告诉用户停车场在哪里，今天哪些商店有打折优惠，具体打几折。有些公众号存在的意义就在于服务好粉丝，那就要通过服务给粉丝一个关注公众号的理由，推送和内容反倒在其次。

所以用户对微信公众号的黏性不完全依赖于它的内容品质、知名度、品牌联想及传播，它与订阅者本身的特性密切相关。微信公众号粉丝忠诚度低的根本原因是公众号无法为用户提供刚需服务，不能满足用户的真实需求。

要从本质上解决这个困扰，关键就在于通过微信公众号为用户提供服务，而非推广，也就是结合业务场景，为用户提供应用服务。

（1）服务设置的关键：应用场景

课堂讨论

你在什么情况下会使用“招商银行信用卡”公众号的相关功能？

毫无疑问，当你需要办理或者推荐别人办理信用卡时，当你需要激活新信用卡时，当你需要查询信用卡账单时，当你需要为信用卡快速还款时，当你需要通过信用卡提取现金时，当你需要查询信用卡额度时，当你需要调整信用卡额度时，你都会使用此公众号。

以上“招商银行信用卡”相关功能的应用场景，都和招商银行信用卡用户的基本需求密切相关。原本需要通过银行柜台或 ATM 才能办理的业务，现在可以通过公众号的相关功能得以实现。所以，“招商银行信用卡”公众号结合业务场景，将部分业务流程从传统渠道转移到微信公众号上实现，更便捷地为用户提供了服务，这就是“招商银行信用卡”公众号的业务场景应用。

微信公众号的业务场景应用就是指其运营者通过对自身业务场景的分析，将原本需要通过线下或线上的其他渠道才能实现的业务，部分转移到微信公众号，通过对微信公众号功能的二次开发和特殊设置，更加便捷地满足用户的需求，从而保证微信公众号的用户黏度和忠诚度。

课堂讨论

进一步思考：公众号“招商银行信用卡”和“招商银行”的应用场景一样吗？

“招商银行信用卡”的应用场景是根据招商银行信用卡用户在使用信用卡过程中的业务需求设计的；“招商银行”的应用场景是根据招商银行一卡通用户在使用招商银行储蓄卡过程中的业务需求设计的，它们的应用场景是不一样的。

所以微信公众号的应用场景是根据原本用户或线下客户的需求来设计的。不同的微信公众号，其面对的用户不同，用户需求不同，应用场景肯定也不同。

课堂讨论

进一步思考：“招商银行信用卡”公众号设置开通天气查询的功能对其提升用户忠诚度有帮助吗？

查询天气属于生活类大众化需求，而非信用卡用户的刚性需求，“招商银行信用卡”开通天气查询功能对其提升用户忠诚度意义不大。微信公众号的应用场景设计应当以满足自身用户或线下客户的业务需求为目的。

（2）以应用场景来设计服务的步骤

利用应用场景的分析为企业设计微信公众号服务功能的流程如下。

- 画出原有业务场景流程图，即企业业务的完整过程。
- 熟悉微信公众号自身和第三方公众号开发平台的规则和功能。
- 根据原有业务流程设计企业微信公众号的功能和内容填充。
- 完善微信公众号功能，确保和原有业务实现无缝对接。
- 为用户提供扫码关注场景，并对应用规则给出适当指引。
- 用户在应用场景能便捷地完成操作，满足或更好地满足用户需求。
- 用户第二次出现相同需求时，会主动通过微信公众号的相关操作来满足。
- 在满足用户需求的互动中不断改进和升级服务质量，提高用户忠诚度。

例如，要做一个以培训业务为主的微信公众号，首先要列出企业培训或会议业务的完整流程。

- 一般培训主管部门会在培训前做培训需求调研。
- 培训计划确定后发公告，相关内容包括培训主题、讲师、时间、地点、报名等。
- 培训一周前告知参培人员准备内容和预习资料。
- 正式培训前需要进行不同场次、时间、地点的签到。
- 正式培训过程中介绍讲师及其联系方式。
- 对培训过程中涉及的关于某个问题的不同观点或决策进行投票。
- 在培训过程中设置抽奖环节。
- 培训结束后需要参培人员对讲师进行评价和打分。
- 培训结束后需要形成公开的培训纪要及发布新闻稿，并提供课件下载等。

然后，结合每一步，列出【业务需求】和【传统方案】，进而思考如何用【微信方案】代替【传统方案】，以更高效地满足【业务需求】。按业务场景整理如下。

- 业务场景 1——培训活动开展前的调研

【业务需求】相关部门在组织和实施培训活动前，需要就培训内容、讲师、环境、时间等针对培训对象进行调研。

【传统方案】发放纸质调查问卷或电子调查问卷，回收并统计调查结果。

【微信方案】借助金数据、问卷星等平台设计调查问卷，链接到微信公众号后台，并推送给目标调查者，进行培训前的调研。

- 业务场景 2——培训开展前的通知

【业务需求】培训计划确定后需要通知参培人员以下信息：培训主题、流程、讲师、时间、地点、必备物品及预习资料等。

【传统方案】用电话、短信、邮件、即时通信工具等方式通知参培人员。

【微信方案】可通过微信公众号发起培训报名，并在后台对准备参加培训的报名者进行分组，将拟订好的培训计划群发给该组成员。

- 业务场景 3——培训开展前的签到

【业务需求】为保证培训秩序，培训前会根据不同场地、场次进行签到。

【传统方案】参培人员需要在培训开始前一段时间内排队到专职人员处进行签到。

【微信方案】利用第三方签到插件，参培人员只需要回复指定关键词，即可获得签到链接，单击链接后输入个人信息进行在线签到，也可以利用相关的签到小程序完成在线签到。

- 业务场景 4——培训开展前的嘉宾或讲师介绍

【业务需求】为保证培训质量，正式培训开始前，学员需要对讲师有所了解。

【传统方案】培训组织者可以向参培人员发放纸质介绍资料，或讲师在培训中展示和介绍自己。

【微信方案】可以在微信公众号后台上传嘉宾或讲师的详细资料，也可以做一个美观大方的 H5 页面，只需要在业务现场对参培人员做出指引，参培人员即可在公众号回复关键词获得相关信息。

- 业务场景 5——培训开展过程中的方案表决

【业务需求】在通常的培训过程中，经常会出现两种或两种以上的观点或方案，需要进行表决。

【传统方案】可以通过举手、无记名投票等方式表决，有条件的可以使用现场表决器。

【微信方案】微信公众号后台有简易的投票功能。除此之外也可通过微信第三方开发平台实现更高级的投票和表决。

- 业务场景 6——培训开展过程中的抽奖互动环节

【业务需求】在通常的培训过程中，特别是在公司年会时，经常会进行各种抽奖活动。

【传统方案】可以通过入场券编号、工号等随机抽取。

【微信方案】通过微信第三方开发平台可以实现更高级的抽奖方法，如幸运大转盘、刮刮卡、一战到底等，也可以通过小程序解决，如“抽奖助手”就适用于年会抽奖、活动抽奖、群里抽奖及公众号抽奖等场景。

- 业务场景 7——培训结束后需要对讲师做出评价

【业务需求】在通常的企业内训中，特别是付费内训时，一般需要参培人员按照规则对讲师做出评价。

【传统方案】可以通过纸质评价表或网页评价的方式评价。

【微信方案】通过金数据等第三方数据平台，参培人员可以轻松、便捷地实现对讲师的评价、打分及满意度调查等。

- 业务场景 8——培训结束后需发布培训纪要及提供课件下载等

【业务需求】在通常的培训活动结束后，需要发布培训纪要，有条件的还可以提供课件下载。

【传统方案】可以在公司官网、官方微博中对活动进行报道，通过 U 盘复制、邮件群发、群共享、网盘共享等方式提供课件下载。

【微信方案】培训纪要可通过关键词回复、自定义菜单或消息推送等形式添加到微信公众号后台；将网盘的分享链接添加到微信公众号后台，可指引参培人员到公众号后台按照规则下载。

实战训练

如果你正在做一家美食餐厅的公众号，请根据图 5-79 所示的流程提示应用场景，尝试为其设计场景服务功能。

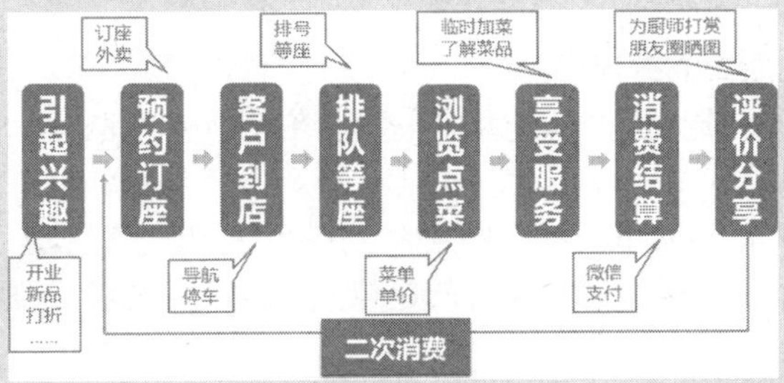

图 5-79

2. 活动：给用户设计什么活动

为了增粉或者促进粉丝活跃度，微信公众号需要举办一些活动。有些微信公众号举办活动之后，虽然涨粉快，但是粉丝流失也很快。为此，在举办活动的时候，要考虑用户的留存问题，并通过一些运营手段减少用户流失。

涨粉阶段，用户只考虑活动是否满足自己的需求，一旦满足，他就会选择关注。而到了留存阶段，用户会做一个判断：产品能否持续满足自己的需求，如果可以，用户会继续关注；如果不能，用户就会流失。

因此，在做活动的时候，要对微信公众号定位和用户属性有清晰的认识，要保证活动刺激的需求与产品满足的需求保持一致。例如，一个读书类型的微信公众号要做涨粉活动，“送书”“送 Kindle”肯定是留存率最高的。如果这个微信公众号采用“送简历模板”“送 iPhone”的活动，虽然也有吸引力，但是吸引到的用户不精准，后续不可避免地就会造成相对更多的用户流失。

此外，持续的活动输出也能给用户带来固定的期待值，吸引用户持续关注。例如，公众号“秋叶 PPT”举办的送书活动，自从 2016 年 2 月发起送书活动后，一直到 5 月，举办了多次送书活动，吸引了大量粉丝持续关注，如图 5-80 和图 5-81 所示。

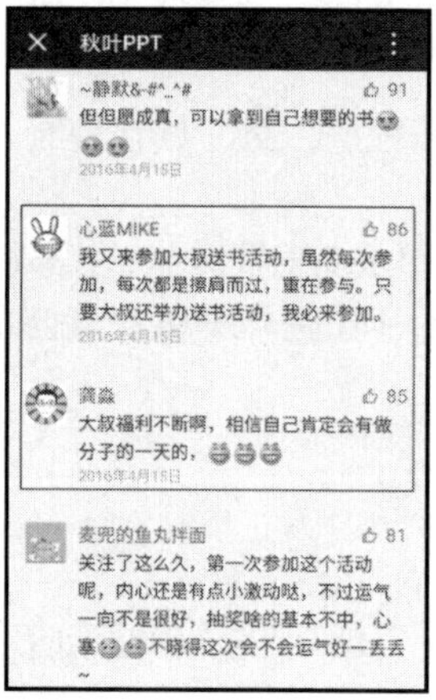

图 5-80

图 5-81

3. 社群：承载用户的终极容器

网络营销的本质是要做容器，能直接产生经济行为的叫强容器，能间接产生经济行为的叫弱容器。

什么叫强容器？有的 App 直接就是用来卖东西的，就是强容器，如很多微信公众号开设了微信商城，就是希望对接弱容器流量到强容器中进行销售。像现在流行的社群运营，也是一种强容器。

什么叫弱容器？如微博、微信，可以把潜在客户都装起来，不过不管加多少潜在客户，这些本质上只是一个导购路径，很难沉淀，因为内容说得再好，在用户眼里依旧是广告，是营销。

但是在强容器中，比如社群成员提出的问题、互相得到的解答、对于产品的咨询等，这些都是天然的、毫无痕迹的、最真实的口碑。口碑就是广告，加上群体效应，会造成客户的冲动消费。

趁着粉丝还有新鲜感的时候，最好用社群把他们装起来。得益于社群运营模式的微信公众号有很多，如“十点读书”“剽悍一只猫”“BetterMe 大本营等”。通过社群的方式可以将目标用户聚集在一起，他们是质量极高的种子用户，不仅可以帮运营者更了解用户的需求、反馈产品和运营的不足之处，还是传播的重要阵地。

“BetterMe 大本营”在北京、上海、广州、深圳、杭州、武汉等 19 个城市建立了“BM 城市营”，每个城市营都建立起一个社群。社群成员气质相投，平时在群里互相帮助，也会给“BM 城市营”的运营提出自己的想法和建议。社群黏度强，大家对 BetterMe 的品牌信任度也很高。2017 年，BetterMe 两周年庆还未向外界推广，就已经在社群中售出了 2/3 的门票。

5.2.4 实现用户消费转化

留存下来的粉丝只是流量，要创造价值，就必须把流量转化为收益。要实现消费转化，就要考虑以下几个方面。

1. 了解用户的关注周期

任何事物都是有生命周期的，即便是出于商业目的而运营的微信公众号，在运营非常好的情况下也是有生命周期的。一个用户持续关注一个微信公众号的周期一般也就三个月。

很多微信公众号声称有 50 万乃至 100 万粉丝，但其实最真实的粉丝数量应该是最近三个月新增的粉丝数量，即：微信公众号真实粉丝数量=铁杆粉丝数量+最近三个月新增粉丝数量。

大部分微信公众号的铁杆粉丝都不会太多，所以一个微信公众号的商业价值基本取决于他最近三个月新增粉丝的数量，而不是原始累积的粉丝数量，因为经过一定周期后，原来的很多粉丝由于审美疲劳或内容趋同的原因，渐渐地就不看这个微信公众号了。

如果已经想好了要做一个微信公众号，应通过统计与观察用户的周期，设计一个在每个周期结束前就能完成商业变现的方式，这样有助于微信公众号的长期运营。

例如，一个关于大学生求职的微信公众号的生命周期一般是两年，学生从大三开始关注，经历“找实习—做求职规划—做简历—面试—签 offer”的成长路径。在这两年里，运营者要不断抓住学生每个阶段的需求，在他的成长路上，帮他去除障碍，给他提供相应的价值，只有这样，他才愿意给你回报。

2. 实现用户转化的五个技巧

课堂讨论

回忆一下，什么情况之下，你会发自内心地想购买一件产品呢?

要实现用户的付费转化，本质上需要提高用户的信任度和冲动度，具体方法有以下五个。

（1）内容转化

这里的内容指的是常规推送，就像公众号“秋叶 PPT”，每天的推送末尾都会链接到与文章主题有联系的课程进行导购。

这不是最快、最直接的方式，但是长期下来，也可以保证较为稳定的用户转化。而且，这种方式能够让用户感受到，你的内容和课程是有干货的，可以增加用户的信任度，如图 5-82 所示。

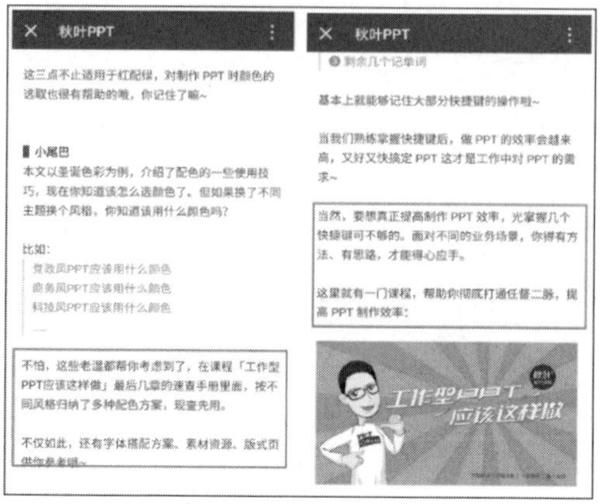

图 5-82

（2）口碑转化

在用户眼里，就算运营者把产品夸得天花乱坠，他们也会心存疑虑，认为是运营者“王婆卖瓜”。但如果有使用者的评价，则效果就完全不同了，使用者与运营者没有利益关系，所以用户的信任程度会增加。这就好像我们在购物网站买东西时都会倾向于看用户评价进行判断。

口碑转化常见的有两种方式：一是直接在文案中加入使用者的评价，如图 5-83 所示；二是直接让使用者写文章展示因为使用产品而获得的好处，如图 5-84 所示。

图 5-83

图 5-84

（3）限时优惠转化

“双 11”“黑色星期五”等电商活动为什么能创造那么高的销售额？主要原因就是优惠期间购买产品价格便宜，而且给用户考虑的时间很少，让用户觉得再不买就没有这样的优惠了，因此可以带动用户的冲动消费，在微信公众号的运营上也是同样的道理。常见的限时优惠有“早鸟价”“限时打折”“阶梯涨价”等，如图 5-85 所示。

（4）福利转化

在出售产品的时候赠送用户一些额外的福利，会让用户觉得物超所值，增加用户的付费意愿，如图 5-86 所示。

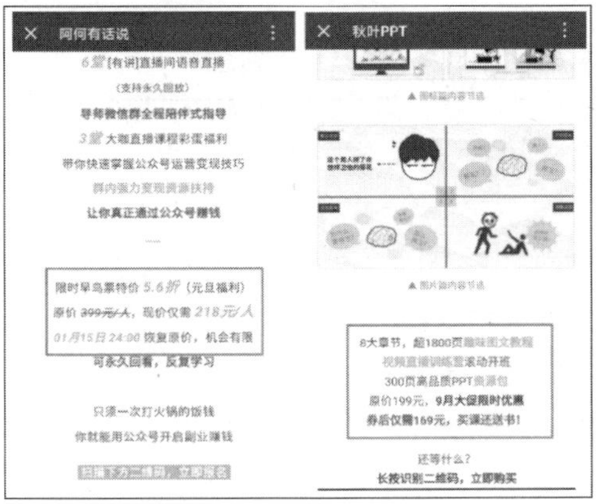

图 5-85

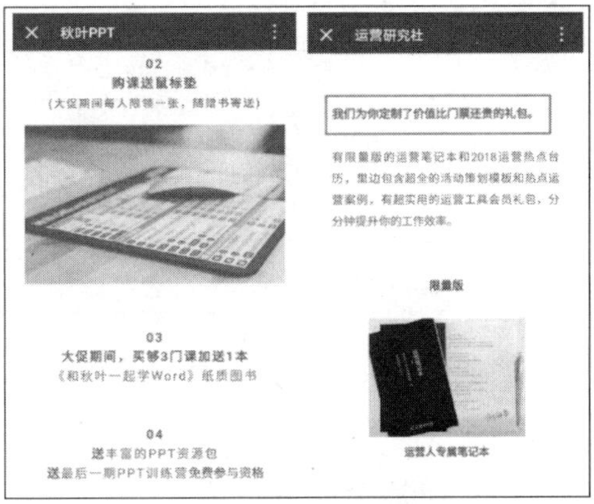

图 5-86

（5）社群转化

将用户引导到社群，并在群里进行互动，无形之中增强了用户对运营者和产品的信任程度。此外，将用户引流到一个相对封闭的圈子里，能够更有针对性、更精细化地进行销售，甚至可以对用户一对一进行转化。

例如，“秋叶 PPT”将课程学员集中放在 QQ 群和微信群中，如图 5-87 所示。当微信公众号“秋叶 PPT”要推广新品时，这些容器就是转化的第一阵地。

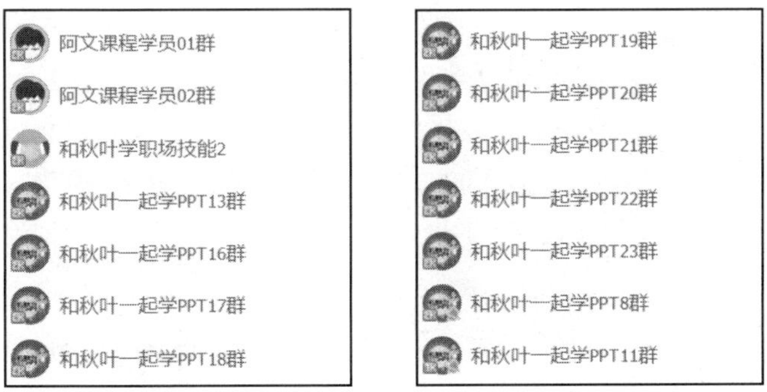

图 5-87

随着移动互联网的发展及社群经济的崛起，目前用于“圈”用户的平台也逐渐增多，如知识星球、饭团等。

课堂讨论

如果你是一个美食推荐微信公众号的运营者，在春节期间出售年货，你会如何设计转化方案？填写表 5-5。

表 5-5　转化方案设计

方法	策略
内容转化	
口碑转化	
限时优惠转化	
福利转化	
社群转化	

3. 如何提高转化率

提高转化率的关键是简化流程，减少每一步跳转所带来的用户流失。

广告营销行业有一个很成熟的分析模型——漏斗模型，通过该模型，我们能够很直观地感觉到转化过程中每一步的损失。

根据漏斗模型，运营者可以模拟一下用户点击打开一篇微信公众号文章并完成购买的过程。假设把每一步的转化率设想为 50%（真实情况下每一步的转化率远远低于 50%），可以得出最终的转化率为 50%×50%×50%=12.5%，如图 5-88 所示。也就是说，哪怕每一步有惊人的 50%的转化率，每 1 000 个人阅读内容，也就只有 125 个人完成转化。

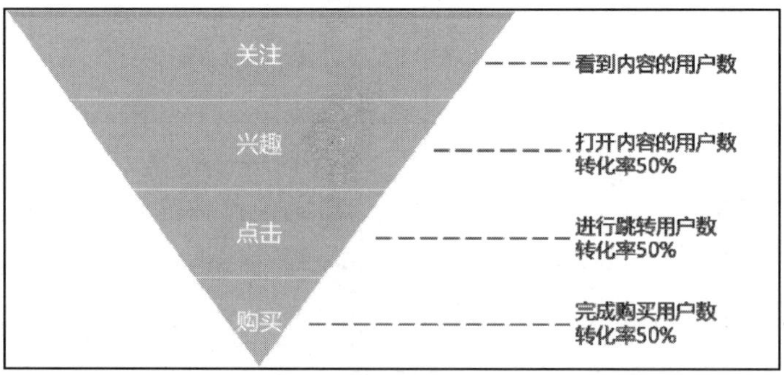

图 5-88

为了让用户流失得更少，运营者需要精简流程，如在购买环节，如果用户出现点击跳转链接加载过慢、购买步骤烦琐等情况，就可能会放弃购买。

// 5.3 活动运营

活动运营指需要在一定时间内提升相关运营指标的、有目的的运营行为，涉及活动设计、资源确认、宣传推广、过程跟踪、效果评估、活动复盘等一系列流程。

活动策划是一个合格的运营者必须要掌握和熟练运用的运营策略。一次成功的活动不仅能快速吸引用户注意，扩大品牌影响力，还能无形中强化用户对产品或品牌的认知，进而促使目标用户做出贡献。

活动分为线上和线下两种。相比而言，线上活动更注重创意和数据，线下活动更注重执行和细节。随着互联网的全面渗透，由于线上活动有门槛低、互动多、传播快等特点，线下活动更多会与线上活动结合。

对于很多运营新手来说，当接到一个活动任务时，往往不知道从何入手。本节将着重介绍线上微信活动运营的基本框架。

5.3.1 活动准备阶段

1. 活动目的

活动目的是活动策划的起点，是微信公众号运营者想要通过活动达成的最终结果。只有明确活动目的，才能保证后续实施过程不偏离初衷，才有助于确认现有的资源能完成此次运营指标。

做活动无非是想提升一个或多个运营指标，常见的活动目的有以下四种。

① 吸引潜在用户关注：一般指微信公众号粉丝关注数量。

② 扩大品牌影响力：一般指文章的阅读量。

③ 增强关注用户的黏性：可以是转发、留言、点赞、收藏、打卡等方式。

④ 促进产品销售：引导用户产生购买行为，给品牌带来销售盈利。

具体的活动目的需要根据实际情况来确定，如果微信公众号刚起步，可以通过做活动增加曝光量，吸引用户关注；如果微信公众号已经具备一定的用户基数，可以通过做活动增强用户的黏性，保持用户活跃度，等到时机成熟，再通过一定的商业模式促使用户转化，促进产品销售等。

在确定活动目的时，需要注意以下事项。

第一，需求明确。在策划活动前，一定要明确企业想要通过这次活动达到什么样的目的。此外，活动一定要和企业的定位相符，不能为了做活动而做活动。

第二，目标清晰。确定活动目的后，紧接着就是确定活动目标。活动目的往往比较抽象，如通过活动吸引更多的潜在用户关注微信公众号，但究竟要吸引多少数量的粉丝，在什么时间段完成，这都需要通过确立活动目标给出明确的时间线和可以量化的数据。

如果无法给出非常具体的数字，大概的数量级也要有，因为这会影响之后的活动策划形式，如粉丝量从 6 万增加到 7 万和从 6 万增加到 10 万所采取的活动方式、需要的技术支持和资源投入等是完全不一样的。

总而言之，在做活动前要想清楚三个问题：为什么要做活动？做什么样的活动？预计要达到什么样的效果？

2. 活动主题

活动主题就是常说的活动策划的点子。一个好的主题是活动的灵魂。

活动主题是为了达成活动目的而制订的。主题定好以后，宣传就有了着力点，接下来一系列的微信公众号活动都应以这个活动主题为线索，围绕活动主题展开活动与交流。在微信公众号活动中，活动主题往往直接体现在推文标题中。

3. 目标人群

确定活动目的和活动主题之后，需要着手分析活动的目标人群，即哪些人更有可能参与到此次或系列活动中来。不同的人群，能引起他们参与的“兴奋点”是不一样的，如妈妈们一般特别喜欢分享关于孩子的事情，所以类似“最萌宝宝投票”之类的活动虽然老套，但对她们总是有吸引力的。

只有了解活动针对的人群，才能够进一步确定具体的活动形式、活动内容。具体的分析可参考第 4 章的用户画像部分。

4. 活动切入点

确定了活动的目标人群后，还要思考活动该从哪些角度切入。活动的切入角度主要有以下四种。

（1）结合时间节点：很多时间节点不光有利于活动借势宣传，而且经常能成为做活动的理由。常见的有传统节假日、季节变化、纪念日及“历史上的今天”，也可以是“双 11”“618”等大型电商节日。不同的节日有不同的标签，运营者可以从中挑选出和活动主题相关的节日作为活动日期，如春节的关键词就是红包、相亲、春运，中秋节的关键词就是团圆，世界读书日的关键词是书籍、阅读等。

（2）结合时事热点：根据一些热点去策划相应的活动。热点引起的话题效应和传播效应会让活动更广泛地传播。

（3）基于产品本身的策划：如新品上市需要宣传推广。

（4）基于用户的需求和兴趣点：用户之所以会参加活动，无非是觉得活动对自己有价值，要么有用、有趣，要么能产生共鸣、有参与感，当然也有可能是对自己身边的人有价值，如有些活动具有地域性，订阅用户无法直接参与，但可以将活动转发给相关好友。

课堂讨论

假设你手上有一些之前学长学姐留给你的期末复习资料，你打算以此策划一次小活动为自己的公众号增粉，你会从哪些角度切入？理由是什么？

5. 活动形式

微信公众号活动形式是指活动具体的创意表现形式。下面列举一些比较常见的微信公众号活动形式。

（1）投票

投票一般是比赛制，通过设计物质或精神方面的奖励，吸引用户报名参加，然后利用微信公众平台自带的投票功能进行拉票，根据最终票数决定获奖者。在微信公众号中，最常见的投票活动是萌娃比赛、员工评比等，高校类常见的是十佳歌手人气评选活动、最喜爱的老师等。

举办这类活动时要注意防止刷单作弊。如果投票活动的目的是吸粉，要设置关注后才能投票。

（2）好友邀请

用户参与活动时，在活动页面输入个人信息，或直接通过“点击查看”的方式进入具体活动页面，用户想赢取奖品，就需要转发至朋友圈或微信群邀请好友助力。为了提高助力者的积极性，也可以让参加助力的好友抽奖，通过报名者和其众多好友的关注和转发，达到为微信公众号吸粉或为其他平台引流的目的。例如，微信公众号“美团”在春节期间举办了一次送电影票的活动，通过邀请好友助力的方式，在微信小程序中获得电影优惠券，如图 5-89 所示。

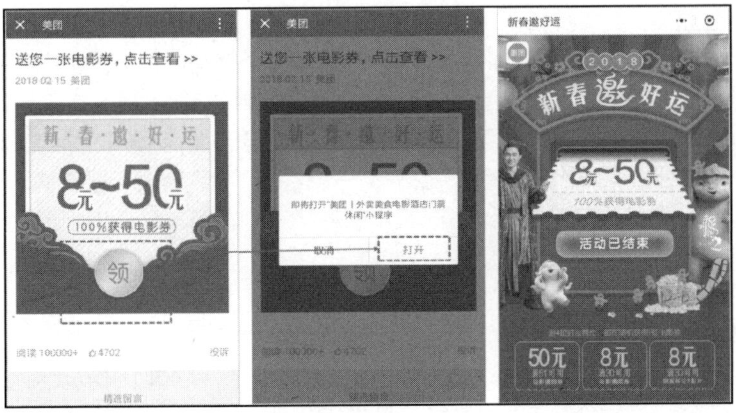

图 5-89

（3）发红包

红包是聚集人气的有效手段，也是订阅用户的一种福利，有助于增强用户黏性。红包类的活动一般会提前预告，并在活动周期的某个整点发红包，用户可以通过去支付宝口令红包中输入口令内容，或者直接通过微信公众号中的功能，如微信小程序获取现金。为了控制成本，一般红包数量有限，抢完即止。例如，“知晓程序”是一个专注于微信小程序的微信公众号，在春节期间结合自身平台的特点，连续在大年初一、初二、初三的 10:30，利用微信小程序给订阅用户发红包，如图 5-90 所示。

图 5-90

（4）留言抽奖

根据当下热点、近期活动、时间节点等，准备一个互动话题，让用户在活动时间到微信公众号推文的留言区写留言互动，通过随机抽选或按点赞数排名等规则选取中奖用户。这种方式简单易行，可控性强，只要话题互动性足够强，用户的参与热情就会比较高。例如，微信公众号“汽车之家”就举办了一次主题为“我买不起豪车，但世界上只有一个我”的活动，用户需要对比自己五年前的样子，在留言区说出自己的平凡故事，最后根据点赞数的高低产生获奖用户。为了降低活动参与的门槛，在说明活动规则后，“汽车之家”还给出了留言示范，如图 5-91 所示。

（5）答题猜谜

这类活动形式主要包括两种：第一种是通过文字、图片或视频构筑谜题，用户将答案发送到微信公众号后台参与互动；第二种是告知用户回复某些关键词，可能得到运营

者之前在微信公众号后台设置好的彩蛋。设置这类活动时要注意，谜题不能太难，否则参与门槛太高，用户容易产生挫败感。例如，微信公众号“得到”为了给课程导流，吸引更多的用户购买，策划了一期主题为“心理测试 | 最强大脑节目总顾问为你出题”的活动，用户可以在留言区分享自己对于题目的见解和心得，如果想查看测试题的答案解析，需要点击相关心理课程的免费试读部分，如图 5-92 所示。

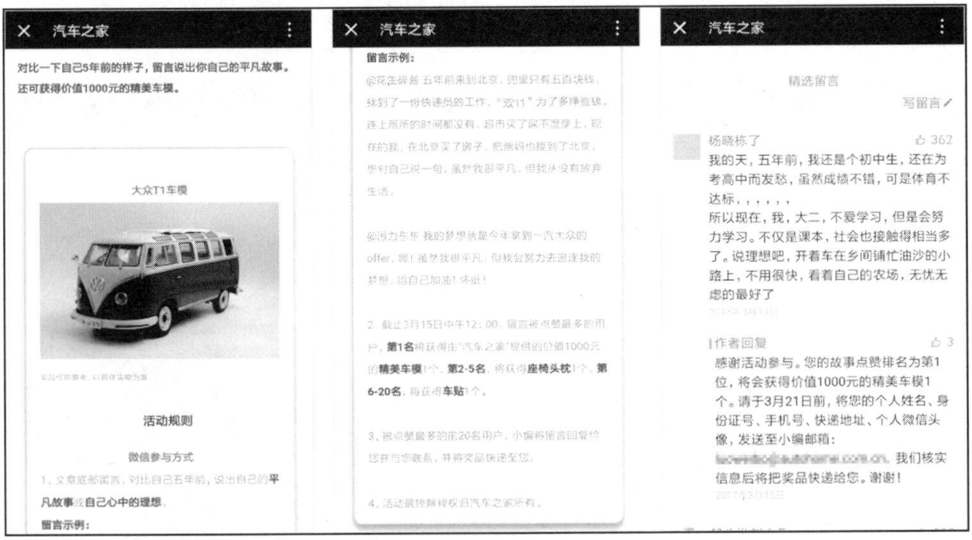

图 5-91

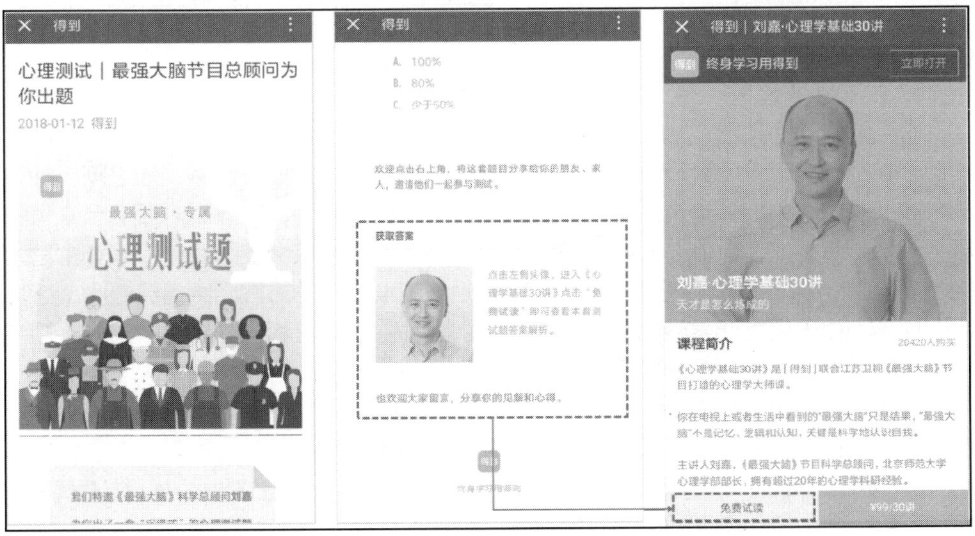

图 5-92

（6）征文征稿

征文征稿的活动形式一般是微信公众号给定主题，让用户进行创作。用户创作的内容可以在微信公众号进行发布和推广，同时公众号会给予优秀作者一定的奖励。这类活动的用户参与门槛较高，适合用户质量和黏性较高的微信公众号。例如，“堆糖”是一个专注于研究日常生活的微信公众号，其举办了一次主题为“我有独特的住家技巧”的征文活动，参与用户需从衣、食、住、行、趣五个方面入手，撰写原创文章参与评选，如图 5-93 所示。

图 5-93

（7）有奖调研

有奖调研的活动形式往往是根据微信公众号的定位，有时需要结合合作方的需求，利用问卷星等第三方工具设置好调查问卷，号召用户参与并填写信息，通过随机抽取的方式产生中奖用户。这类活动形式可以刺激用户的参与度，增强其对微信公众号的思考和认同。例如，微信公众号“三联生活周刊”联合北京金茂府发起了一场主题为“我的理想城市”的有奖调查活动，邀请用户通过完成问卷的方式描绘自己心中理想城市的样子。由于话题非常容易引起共鸣，本次活动除了收获不错的传播效果外，用户的留言质量也很高，如图 5-94 所示。

微信公众号的活动形式还有很多，不局限于上述提到的方式，大家平时可多留意、多积累，看到好的活动形式时积极思考如何才能为我所用。

活动形式的描述一定要反复打磨，尽量做到言简意赅，而且在推文中一定要显眼。例如，秋叶 PPT 的一次送书活动的规则展示如图 5-95 所示。

图 5-94

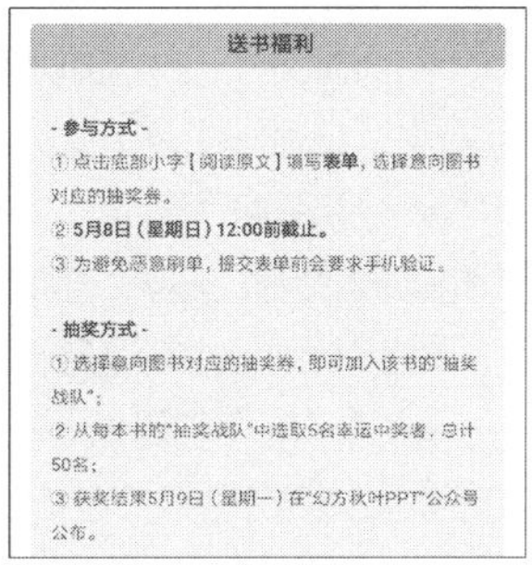

图 5-95

课堂讨论

在关注的公众号中，你是否参与过他们举办的一些活动？具体的活动形式是什么？为什么你会被吸引从而参与活动？

6. 活动设计

设计活动流程时，既需要考虑用户参与活动的便利性，也需要考虑与幕后团队的协调沟通。

（1）针对参与用户

如果活动的有效时间不清晰、参与规则不清晰、发奖的各种规则不清晰，用户就无法参与活动。常见的活动设计需要包括以下内容。

- 参与方式：如点击"阅读原文"直达活动页面、微信公众号后台回复某关键词、直接在留言区留言等。微信运营者要在活动策划的过程中充分了解微信公众平台现有的功能，并充分利用其接口自定义开放其他功能，提高用户参与活动的便利性，减轻运营者统计时的工作量。
- 活动时间：写清楚活动的时间区间，最好具体到分钟。可以用加粗、改颜色等形式突出内容。
- 奖项设置：明确设几个奖项、奖项的名称、奖品的获取方式等。选择的活动奖品要切中用户需求，也要考虑活动预算，最好还能与活动主题产生关联。此外，获奖概率的设置要合理，概率过小，用户缺少参与激情，概率过大，用户获取成本太高。
- 评奖规则：根据用户的思考路径，一步步引导用户完成设置好的活动。
- 奖项公布：说明获奖名单公布的时间及领取奖品的时间。活动结束之后，还可以在微信公众号公布获奖名单，并且还可以通过录制抽奖实况的视频，证明这是一个公正、透明的活动。

- 领取方式：虚拟奖品可直接发放到微信钱包或卡券包，实体奖品需到线下实体店兑奖，邮寄奖品应说明是否包邮等。
- 特别声明：防作弊说明、必要的活动提示，如不要在留言区回复关键词，以及其他必要说明，视活动而定。

在设计活动流程的过程中，还需要注意以下事项。

- 参与门槛要低：一般来说，根据自己的目标人群，门槛越低越好。门槛越低，就能吸引越多的用户参与进来，有助于营造良好的活动氛围，形成良性循环。
- 用户利益凸显：用户参加活动，会有相应的物质或精神奖励，如物质类的 iPhone、红包、图书、优惠券等，精神类的特权、等级、头衔等。要把用户的奖励放在活动页面的明显位置，因为活动页面的受众是用户，要符合用户利己的心理。
- 规则容易理解：永远不要让用户去猜，要让用户看到活动后一眼就能看出要做什么，能得到什么。除非是有意而为之，如创意需要等，否则不要使用太过晦涩的表达，以防造成用户理解困难或理解错误，打击用户参与的积极性，甚至引起用户的反感。除了规则设置要简单外，规则的表述方式也要简洁，尽量用精练的文字、简短的句子实现活动信息的有效传达，防止用户因繁长的语句而反感。阐述活动规则时，可以把核心规则放在活动页面的显著位置，具体规则和其他说明放在页面底部。
- 流程操作简单：从用户看到活动到操作结束，每多一个环节都会有很大的折损。所以，参与活动流程、中奖及兑奖流程越简单越好，尽可能做到“傻瓜式”，使用户能快速参与活动，获得良好的用户体验。
- 避免踩到雷区：微信公众平台一直高压打击诱导关注、诱导分享、欺诈等行为，所以为了更好地遵守微信公众平台的行为规范，运营者平时应多留意微信公众平台官方发布的相关说明。常见的注意事项主要为：首先，文案要干净，海报要规范，不能出现诱导分享朋友圈、诱导关注等字眼；其次，客服要及时回复用户的咨询，无人问津容易遭到用户举报；最后，活动要真实，及时兑换活动设计的奖品，以免用户产生上当受骗的心理。

（2）针对幕后团队

活动运营往往不是一个人就能完成的事，策划一次活动可能会涉及设计、文案、开发、客服、财务等相关人员。

- 设计：策划一场活动，往往需要专业的设计师设计活动页面。好的设计一方面有助于表达活动主题，吸引目标用户参与，另一方面也有助于提升用户体验，并塑造品牌形象。
- 文案：活动的标题要怎样才能吸引人，活动的方式怎样才会让用户一目了然……这些都是需要文案人员认真思考的内容。
- 开发：微信公众平台官方只提供基础的信息编辑和信息推送功能，但大部分微信公众号活动需要涉及特定的功能开发，需要专业的程序员或第三方接口参与制作，以实现微信公众号的个性化功能，支持活动的开展。跟开发人员沟通时，运营者要做到对活动页面的要求清晰、风险点清晰、监测指标清晰。

- 客服：运营者可以在活动开始前给客服准备一份详细、标准的常见问题解答（Frequently Asked Questions，FAQ）文档，帮助客服熟悉活动规则，快速解决用户在参与活动中产生的困惑。
- 财务：微信公众号活动的顺利进行离不开资金和物质的支持，如奖品的设置、宣传推广等，这就需要和公司的财务人员打交道。跟财务人员沟通时要做到活动的成本预估清晰、活动的收益效果简单明了。

运营者在进行人员安排时，一定要想清楚每件事情的负责人是谁，具体什么时候开始，什么时候结束。执行时可利用图表的形式让项目事项、预计时间和进展变得清晰可观。

需要注意的是，要尽可能地给相关负责人留出充足的准备时间，避免临时产生的大量工作让大家手忙脚乱甚至心生不满，不利于活动的开展。

7. 活动预估

（1）活动成本预估

活动成本预估即活动预算，是指活动运作过程中的各项费用，如宣传成本、单个用户获取成本、活动奖励成本等，必须根据实际情况进行具体、周密的计算，并用清晰明了的形式列出。

一般活动成本预估包含以下三个部分。

- 微信公众号日常维护：如内容发布、客服消息处理等方面的人工费用。这部分是固定的预算费用，在微信公众号运营中也同样存在。
- 微信公众号推广费用：指在执行活动策划推广过程中，从设计到线上推广等要花费的费用。
- 活动实施费：包括奖品相关的费用、接入第三方服务产生的费用等。

进行成本预估时，不一定会估算得非常准确，但是必须要有估算意识。活动有不花钱的，但如果要花钱，要明白这些花费对运营指标的帮助在哪里，为了达成指标，需要公司拿出多少钱来支持。

（2）活动效果预估

不管是什么类型的活动，都要做一个保守的效果预估，无论是写在活动方案中反馈给领导，还是控制预算，这都是非常有价值的参考指标。大体的预估流程是：先核算大概有多少曝光量，然后按照以往经验估算保守的转化比例，进而推出估计的效果数据，数据往往会取一个最小值和一个最大值。

（3）活动风险预估

活动上线前一般还要给出一份风险控制方案，指的是活动的后备方案。运营者需要把每一次的活动风险降到最低，这就需要未雨绸缪，列出活动可能会出现的风险点，根据每个风险点给出对应的备选方案。

风险点大概有以下几类。

- 技术方面：活动上线时间延期或上线后出现问题，如链接无法正常跳转等。
- 推广方面：资源未按时到位；宣传不到位导致活动效果平平；用户对活动主打卖点不买账等。
- 法律方面：不小心存在违法行为，如侵犯用户合法权益。
- 微信规则：没有弄清微信公众平台的规则，存在诱导分享、诱导关注等问题，导致链接被屏蔽、禁止域名调用微信开发接口，甚至被直接被封号等。
- 作弊漏洞：被用户找到规则漏洞，进行刷单、灌水等作弊行为。

8. 推广渠道

活动效果好不好，推广渠道也非常重要，这些要在活动上线前就准备好。活动的推广渠道一般分为站内渠道和站外渠道。站内渠道主要指产品的介绍和推送等，站外渠道主要指资源互换、媒体或商家合作、名人推广等。运营者可以将现有渠道列成表格，确定活动的目标人群后，结合手上已有资源及预算，评估各个渠道的推广策略，然后选择适合的渠道推广。

此外，推广时间和推广渠道是密不可分的。渠道确定后，要根据渠道用户的活跃时间进行推送。

5.3.2 活动执行阶段

1. 活动测试

活动上线前一定要进行测试，测试人群可以是公司内部员工。不要想当然地认为用户都会按照之前设计的流程参与，不要等到活动开展起来后才发现功能开发不足、引导不足、链接错误等诸多问题。这样导致的后果要么是接到用户大量的咨询和投诉，要么是用户直接甩手走人，或者用户卡在某个环节，从而导致整个活动泡汤。

2. 活动预热

活动上线前的预热造势也是非常有必要的，因为这涉及活动信息能否准确、及时地传递给目标人群。告知是一切活动执行的先行条件，而预热就是常用的告知手段。比如线上活动可以通过海报、文章推送的形式提前告知用户，哪一天将上线什么活动。

除此以外，预热还可以提高用户的预期值。活动设计得再好，如果活动的宣传没做好，那么效果还是会很差；延长活动期，提高活动参与人数，让更多的人知道此次活动的时间、流程，通过参加活动能获得什么好处；及时发现问题，调整活动方案，尽量减少活动失误。

3. 活动监控

活动上线后，运营者的主要职责变成了监控活动效果，看活动是否在预期轨道上。监控内容主要是相关活动数据和用户反馈。

（1）数据

一般微信公众号的线上活动（在不涉及线下活动的情况下），需要在活动过程中随时调出活动的曝光量、转发量及用户回复情况。

运营者要对数据波动情况有心理预期，数据波动多少算是正常范围。如果超出波动范围，出现异常情况，需要及时追查具体原因，给出应对方案。

（2）反馈

反馈主要指微信公众号后台留言。在活动进行过程中，参与用户经常会提出某些疑问，此时就需要客服人员对疑问进行回复。回复的类型分为三种。

① 自动回复：用户会针对活动中不清楚的地方在微信公众号后台进行提问，内容多为活动时间、参与规则、奖项公布时间、奖品领取方式等。

② 关键词回复：指在活动中，通过回复具体的关键词，引导用户进入下一环节。

③ 人工回复：针对用户的一些特殊问题，客服人员需要进行一对一的回复。在回复工程中，为了提高回复效率，可以利用之前准备的 FAQ 文档快速响应。

注意收集活动过程中的用户反馈和讨论、重要截图等资料，这些不仅可以为最后的活动复盘做准备，而且可以用于二次传播，放大整个活动的价值。

运营者要盯紧活动的发展，关注用户参与的状态，矫正活动过程的细节，保证活动的正常进行，并且要擅于发现活动中的亮点，找到活动中的人、事作为爆点并进行推广宣传。如果活动中出现一些优质的参与者，可以额外借势作为单点推广。

4. 公布结果

公布活动结果时可以参考以下思路。

① 简单说明活动的参与情况，满足用户的好奇心。

② 说明领取奖品时的注意事项。

③ 可以通过录屏的方式记录产生获奖用户的过程，减少用户对活动公平性的猜疑。

④ 感谢所有用户的参与，鼓励未中奖的用户继续关注微信公众号。

公布活动结果还需要注意以下问题。

① 公布活动结果的受众用户要和活动上线时的受众用户一致，确保参与此次活动的获奖者和未中奖者都能看到活动结果。

② 提供用户申诉和询问的渠道，以开放的态度面对后续可能出现的问题，类似于售后服务。

③ 尽量做到透明和公正，严格按照活动规则去执行和公布。公布结果时，可以列出每一位获奖用户的微信头像、微信 ID、获得的奖项。不要有任何歧义和隐瞒，这关系到企业在用户心中的信用。

④ 写一篇对整个活动的答谢文章，对活动进行再次传播。这也是活动运营中非常重要的一环，且非常具有品牌价值。例如，微信公众号“新世相”在推出“4 小时后逃离北上广”活动后的第二天，活动发起人就写了一篇对整个活动过程的描述文章，在原文火爆的基础上再次扩大了活动的影响力。

5.3.3 活动结束之后

1. 用户追踪

（1）获奖用户

发出奖品后，可以鼓励获奖用户收到奖品后主动晒单。晒单不仅可以让获奖用户得到进一步的满足感，还能让更多用户看到奖品，扩大活动的影响力。如果是系列活动，也许下次就会吸引更多的用户参与其中。

（2）未获奖用户

联系留言中未获奖的用户，感谢他们对此次或系列活动的支持，给用户受到重视的感觉，也可以给用户推荐下一次活动。

（3）优质用户

总结积累了哪些优质用户资源，并收集起来进行专门的维护；发掘优质用户进行重点培养，可以尝试联系他们，和他们保持联系，为未来的活动蓄势，给微信公众号之后推出的产品带来好的转化率。

2. 数据统计

数据统计要和一开始的活动目标、活动预估结合起来，才能对微信公众号活动进行最有利的统计和评估。如果活动的目的主要是吸引用户关注微信公众号，那么就重点分析活动期间增加的粉丝数据及用户是通过什么途径关注的。

数据统计除了利用微信公众平台自带的功能外，还可以通过第三方工具（金数据、问卷星等）进行统计。

衡量活动效果的数据指标主要有以下几种。

（1）图文阅读次数

图文阅读次数也就是平时所说的“阅读量”，指用户打开微信公众号图文浏览的次数，这是衡量活动内容创意的关键因素，影响本数据的主要因素是标题质量。

（2）分享转发次数

用户对活动信息或活动页面进行分享转发的次数。

（3）原文页阅读次数

原文页阅读次数也就是用户点击文章左下角“阅读原文”的次数。“阅读原文”一般是运营者设置的活动相关链接。用户的黏性和活动的吸引力是影响本数据的主要因素。

（4）留言互动人数

留言互动人数指在活动期间用户在微信公众号后台进行互动反馈的情况。该指标是对用户活跃度的一种反映。

（5）活动参与人数

活动参与人数指在活动期间参与活动的人数规模，是反映活动影响效果的关键指标。

（6）用户关注人数

用户关注人数主要包括新关注人数、取消关注人数、净关注人数、累积关注人数四个指标，这些数据对于吸粉引流活动尤其重要。

（7）销售业绩

销售业绩是指通过本次或本系列活动所带来的产品销售额。如果本次活动是以销售产品为目的的，则需要重点关注该数据。

（8）投资回报率

投资回报率是指在活动过程中资源投入情况与所获得资源情况的比值，如获取单个用户所需要的成本、产品销售业绩的投入产出比等。该指标是衡量活动成功与否的关键，也是衡量活动是否值得做的关键指标。

课堂讨论

假设学校的官方微信公众号刚举办了一次“校园十佳歌手人气评选”活动，你觉得作为一名运营者，应该重点关注哪些数据指标？

3. 活动复盘

完成一次活动后，一定要对活动的背景、目标、取得的效果、不足之处进行全面细致的活动复盘。只有对整个活动过程进行细致的梳理、分析、总结，才能凝聚成宝贵的经验，形成标准化的操作流程，之后的活动只需在此基础之上进行不断的完善即可。

进行活动复盘时，最好根据不同的对象进行针对性的分析总结。

（1）针对自己

一方面，对这段时间的工作有一个总结，做事要有始有终；另一方面，思考在活动执行过程中自己出现的问题，包括做事方法、人际沟通、细节处理等，从而提升自己的工作能力。

（2）针对上级领导和部门同事

通过活动复盘的形式汇报此次活动的最终收益情况。对于上级领导而言，需要看最终结果来评判运营工作是否到位，项目每一步的进展是否达到预期；对于部门同事而言，也可以帮助他们改善自己的工作，如果部门有新人加入，每一次的活动复盘还可作为新人入职的宝贵学习材料，帮助其快速入手工作。

一份完整的活动复盘通常包含以下内容。

- 结果陈述：活动效果是否达到预期。
- 过程分析：详细分析活动的各个环节和数据。
- 经验总结：值得借鉴和需要改进的地方。
- 后续计划：此次活动可以对后续工作形成哪些指导。

进行活动复盘时需要特别注意以下两点。

① 复盘要及时：活动结束后，要在最短的时间内开复盘会议，此时很多活动执行细节和用户反馈都历历在目，做复盘的可靠性比较高。

② 反馈要重视：这里的反馈主要指参与用户在微信公众号后台的留言反馈，这是极为宝贵的财富，有助于之后更好地举办活动，因此必须得到运营者的重视。

实战训练

如果你是学校官方微信公众号的运营者，现在要以新学期“迎新”为主题做一场活动，你会怎么设计？填写表5-6。

表5-6 “迎新”活动流程

准备阶段	活动目的	
	活动主题	
	目标人群	
	活动切入点	
	活动形式	
	活动设计	
	活动预估	
	推广渠道	
执行阶段	活动测试	
	活动预热	
	活动监控	
	公布结果	
结束之后	用户追踪	
	数据统计	
	活动复盘	

06 Chapter

第 6 章 微信公众号典型案例分析

通过阅读本章内容，你将学到：

- 不同行业微信公众号运营的典型案例及其运营优点
- 对一个微信公众号完整的分析框架

即使学习再多的方法、技巧，积累再多的实战经验，新媒体的运营也是说不完的。微信的规则、功能是在不断进化的，相应的运营策略也是需要与时俱进的。所以想成为一个合格的微信运营者，不能仅仅从书本上获取知识，而是要通过书本的学习打好基础，掌握运营知识的思维体系，进而通过分析优秀的案例不断获得经验和灵感。

那应该如何去分析学习一个微信公众号呢？本章通过案例学习来加深学生对微信框架的理解与运用。

6.1 政务型公众号：中国政府网

1. 公众号介绍

中国政府网于 2006 年 1 月 1 日正式开通，官方微信公众号于 2013 年 10 月 11 日正式启用，由国务院办公厅主办，主要发布国务院领导政务活动信息、国务院重要会议信息、国务院和国务院办公厅公开发布的政策文件及解读稿件等政务信息。它是中华人民共和国国务院和国务院各部门，以及各省、自治区、直辖市人民政府在新媒体上发布政府信息和提供在线服务的综合平台。

2. 功能介绍

公众号的功能介绍如图 6-1 所示，其功能简介的特点如下。

（1）点明“由国务院办公厅主办”，体现了该微信公众号的权威性，增加可信度。

（2）简明扼要地点出该账号发布的主要内容，引导关注。

3. 欢迎语设计

公众号的欢迎语设计如图 6-2 所示。

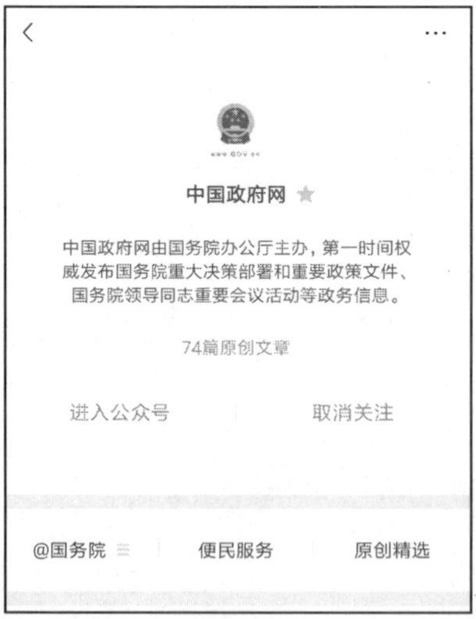

图6-1

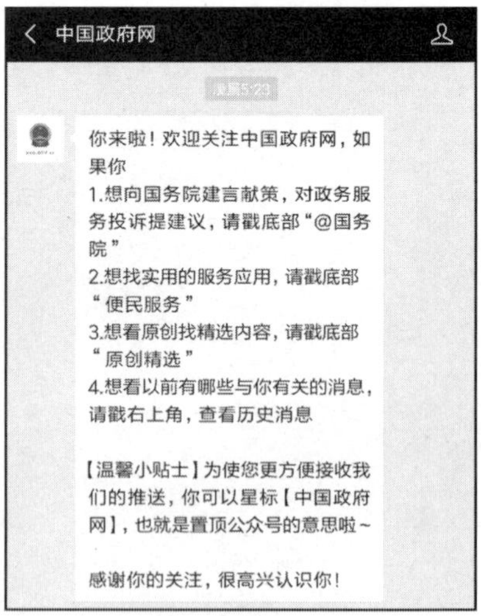

图6-2

欢迎语的组成如下。

（1）功能介绍+操作引导：除了对该账号的功能进行介绍之外，还说明了每个功能具体的操作方法——通过点击下方的菜单栏即可实现。

（2）引导查阅历史文章：提醒用户可以通过点击右上角查阅历史文章。

4．内容特色

公众号的内容特色主要如图 6-3 所示。

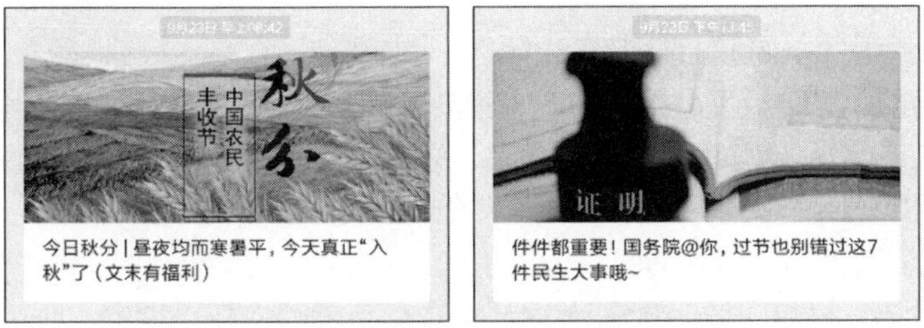

图 6-3

该账号的内容主要可以分为以下几大类。

① 国务院常务会议内容介绍，发布每期的常务会议内容。

② 国务院《政策》《意见》等信息发布。

③ 国家领导人的最新动态发布。

④ 民生热点解析，在民众关注的话题上下功夫，在医疗、住房、交通等方面为用户提供便于理解的信息。

⑤ 生活常识介绍，如节气的介绍、季节饮食需要注意的方面等，增添了该账号的实用性。

⑥ 如果你这周恰好很忙，没时间关注该账号的动态，别担心，它还有“一周民生大事总结”，通过它可以快速了解老百姓最为关心的消息。如果你对国家政策有什么不满或者不理解的地方，可以直接通过菜单栏的“我向总理说句话”或“政务服务投诉建议”小程序留言。

课堂讨论

为什么中国政府网的内容能洗刷众多政务类微信公众号严肃刻板的印象呢？

（1）充满吸引力的标题

例如，《奥林匹克日，国务院发文为你定制 5 年健身计划》《今天的国务院常务会，定了这件大事》《有用！关于公积金你不得不知的几个常识》等，一个好的标题是提高文章阅读量的基础。

（2）长图、视频等丰富多样的表现形式

在“中国政府网”的推文中可以发现，一方面，有充满趣味性的头图，而且有许多文章用一张长图使政策内容可视化，如《一图 |“税延养老保险”是什么？能帮你省多少钱？适合你吗？》，解决了大多数政务类文章枯燥难懂的难题；另一方面，由于娱乐精神才是吸粉的王道，因此“中国政府网”在一些文章中插播了小视频，更增添了该账号的趣味性。

（3）从民生出发，知道民众都关注什么

即使国务院常务会议没有提到高考、房价、食品安全这些内容，该账号也会推送与民生主题相关的文章。例如，《买进口食品，你得注意这些事儿！》这篇文章中就教你在购买进口食品时有哪些鉴别平台，给出产品的黑名单及产品的识别办法等。

（4）贴心的定期总结和反馈

由于公众号活跃度下降，能每天点开账号看文章的人越来越少，而且发布的信息并不全是老百姓需要知道的，特别是对于政策新闻类的信息，很多人只需要了解就行了。鉴于这个特点，“中国政府网”每周都会总结一次本周所有跟民生有关的利好消息，如果你没有时间每天都点开阅读，每周的末尾看看“本周 × 件民生大事”就足够了。

另外，关注了“中国政府网”之后，很多人会好奇：为什么同样作为订阅号，“中国政府网”却可以一天发多条推送消息？特别说明一下，只有以下两类公众号具备一天发多条消息的资格。

① 具备媒体属性的公众号可能获得微信官方开放的每天多发的权限。

② 微信推出公众平台的初期，对一些有资格、有条件的微信公众号提供了这项特权，这些公众号也就是我们俗称的“老号”，后来公众号越来越多，腾讯就对发文设置了限制，但并没有剥夺这些老号的特权。

5. 增加粉丝的技巧

“中国政府网”增加粉丝的技巧如图 6-4 所示。

“中国政府网”在每篇文章后面都会附带微信公众号二维码和关注提醒、国务院客户端下载二维码，同时也鼓励阅读者分享，通过在内容中植入二维码的方法，不仅吸引用户关注微信公众号，也为其他发布渠道起到了引流的效果。

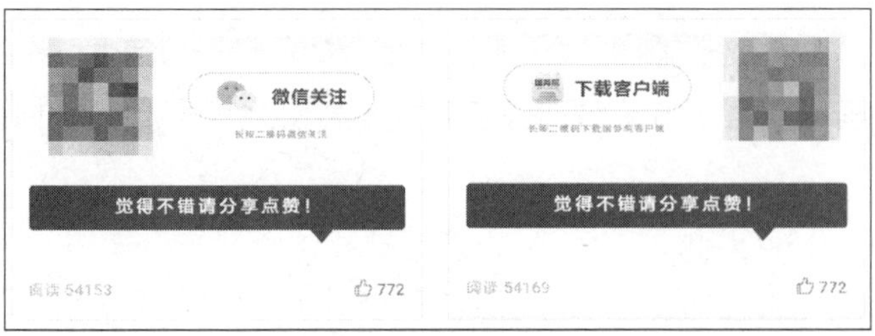

图6-4

同时，由于政务类微信公众号的特点，粉丝会在看到政策信息的第一时间将该内容转发给身边的亲朋好友，提高了文章的转发量，从而有机会吸引更多的人关注。

6. 与粉丝互动的方法

“中国政府网”与粉丝互动的方法如图 6-5 所示。

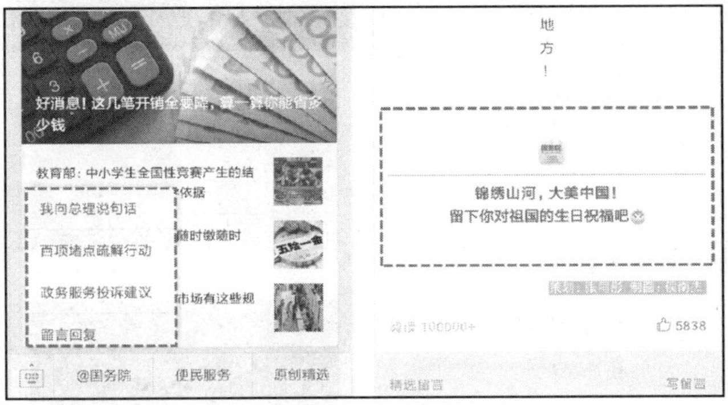

图6-5

“中国政府网”和粉丝互动的最主要方式就是自定义菜单中的“@国务院”一栏。如果用户对国家政策有什么建议或意见，可以在该微信公众号留言，该账号每周会对留言进行整理，转给相关部门，并通过“留言回复”这一版块反馈给大众。这样一来一往的双向互动方式很好地增加了粉丝的黏度。

“中国政府网”的确起到了连接政务和群众的纽带作用，是具有代表性的政务类微信公众号。

7. 菜单设计

“中国政府网”的菜单设计如图 6-6 和图 6-7 所示。

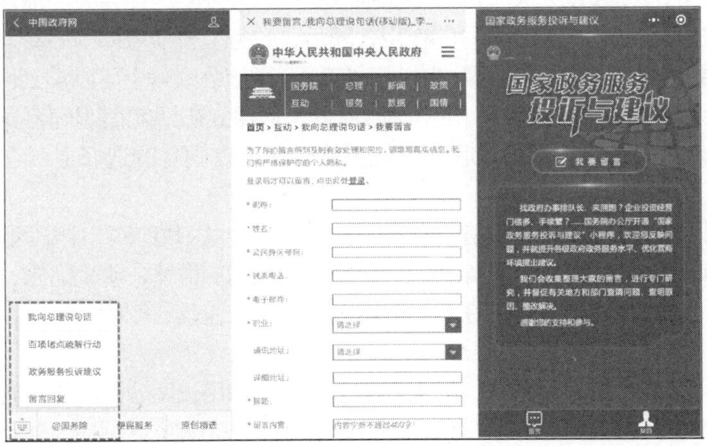

图6-6

图 6-7

“@国务院”一栏不仅连接了“中国政府网”的移动端网站（不是 PC 端的网页链接），还连接了“国家政务服务投诉与建议”小程序；“便民服务”一栏连接了“中国政府网”掌上政务服务；“原创精选”一栏汇总了该公众号的精华内容。如此贴心的设置便于粉丝在手机上进一步了解国家动态、查询跟自己最贴近的相关政务服务，建立了一个完善的政务互联网体系。

8. 运营启发

国务院办公厅下发的《关于进一步加强政府信息公开回应社会关切提升政府公信力的意见》中强调了政务微信公众号的作用，随后，政务型公众号如雨后春笋般涌现，但做得出彩的寥寥无几。那么我们从“中国政府网”微信公众号上可以学到什么呢？

作为一个政务类微信公众号，“中国政府网”从建立初期就很明确自身的定位——只有发布大众关心的信息时才能吸引粉丝关注，所以在内容的选择上，它紧靠时事又不缺趣味性。

由此可见，在运营政务类微信公众号时，可以从“中国政府网”中学习到以下几点。

（1）与其想着如何增粉，不如从内容出发，瞄准用户群体，明确需求，发布切实可用的文章，提高与用户的互动。在做好内容的过程中，粉丝、阅读、转发，自然而然就来了。

（2）运用多元化的表现形式，给文章增添趣味，如用长图分析政策内容，用视频展现民生，用 H5 表达国家变化等，不断增加文章内容的可读性。

（3）对有特色的文章进行分类。“中国政府网”每天推送多篇文章，如果不对文章进行分类，会显得杂乱无章。我们可以发现，在标题里，“中国政府网”将文章分为“国务院小课堂”“好消息！”“国务院@你”等类别，使用户可以对文章分类一目了然，从而选择自己感兴趣的文章进行阅读。

（4）主次分明。虽然文章包含众多主题，也有许多表现形式，但是对于国家发布的政策、计划、意见等文章，“中国政府网”都统一地采用国徽作为头图，以区分政策性文章和一般文章。

（5）头图的选择和制作也是一门技术，虽然“中国政府网”的头图五花八门，但是在“一周民生大事”栏目上加了“国务院”的标签，在便于文章分类的同时，也强调了自身的特色。

// 6.2　医疗业公众号：丁香医生

1. 公众号介绍

“丁香医生”是专注提供面向大众医学健康内容与医疗健康服务的微信公众号，它邀请实名认证的医生入驻，与用户交流答疑，帮助用户的同时，也有助于医生打造个人品牌。

2. 功能介绍

“丁香医生”的功能介绍如图 6-8 所示。

“丁香医生”采用简洁有力的介绍，向用户阐述公众号的特点：专业又不失趣味，打破了传统医疗业给人的严肃紧张感。

3. 欢迎语设计

“丁香医生”的欢迎语设计如图 6-9 所示。

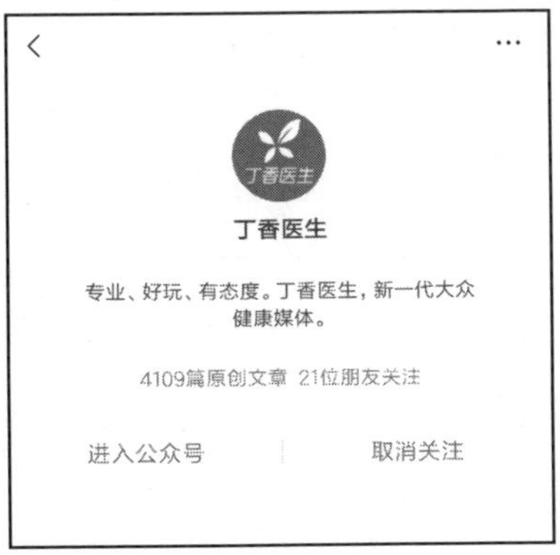

图 6-8

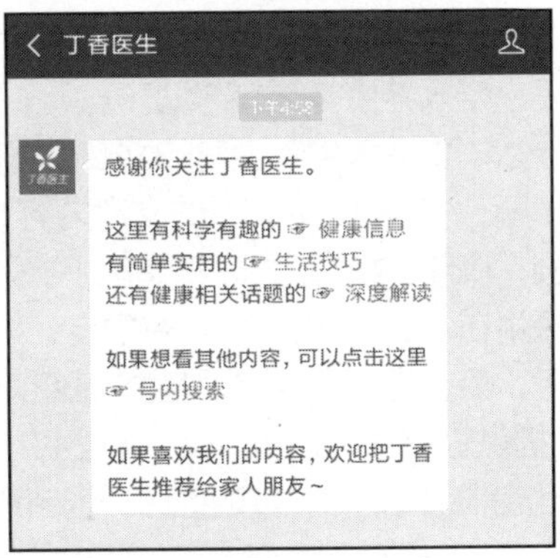

图 6-9

该账号的欢迎语主要由以下几个部分构成。

（1）基本功能介绍

医疗业信息往往都和生命健康相关，所以“科学性”是医疗类服务的基本要求，“简单”“实用”“健康”等关键词很容易引起用户好感。

（2）内容组成介绍

告知用户关注“丁香医生”后能获取哪些服务，并直接给出超链接。

（3）引导关注

通过引导用户分享，吸引更多的人关注“丁香医生”。

4. 内容特色

“丁香医生”的内容特色如图6-10和图6-11所示。

图6-10

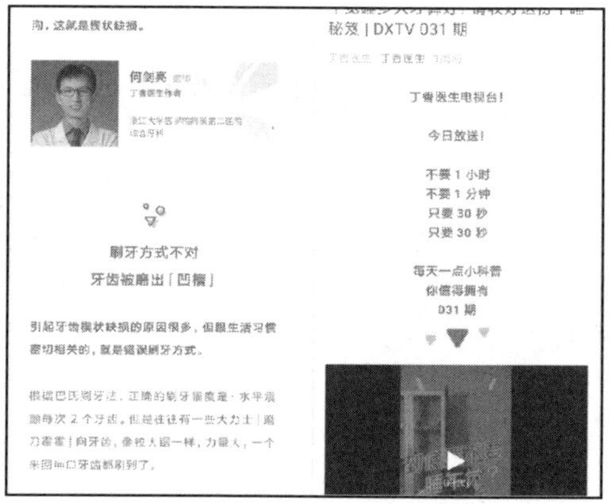

图6-11

（1）内容上

① 专业的科普文章和医疗常识。由专业医生和专业团队撰写的科普文章和医疗常识是其核心内容。这些文章将有助于提升用户整体的医学常识水平，对用户预防疾病、疾病康复、个人养生等都有帮助。

为什么“丁香医生”上发的文章质量高？

据了解，“丁香医生”上的文章内容是“丁香医生”先向专业医生约稿，给行业最高的稿酬，稿件要经过内部一个单独的医学团队进行内容评审，文章发布后，还有不少专业的医生在看。“丁香医生”有规定，如果医生找出文章的问题，可以单独得到奖励。由此可见，只有优质的内容才是提高阅读量的王道。

② 提供固定化的栏目。“丁香医生”开辟了“要不要”“健康日历”“丁香医生电视台”等固定推送的栏目，每期推送一张图片或一段30秒以内的短视频。“要不要”每期会给大家分享一个在日常生活中可能碰到的健康困惑，文章的内容很短，适合互联网环境下人们碎片化阅读的习惯；“健康日历”则会给大家解读日常生活中常见的困惑或误区，如“手机辐射究竟有多伤身”“喝粥真的能养胃吗？”，内容短小精悍；“丁香医生电视台”则

采用短视频的形式，为用户科普有用的健康小知识。

另外，这些栏目都植入了“丁香医生”的二维码或微信号。当用户把相关的生活小常识转发到朋友圈或转发给好友时，就可以增加微信公众号的粉丝关注量。

③ 打造医生个人品牌。一些专业医学常识的文章上方有医生的个人介绍、头像，有利于打造医生的个人品牌，形成信任背书，将微信公众号中塑造的良好口碑转化为点击量。

（2）设计上

① 表现形式多元化。“丁香医生”经常使用长图、短视频的形式介绍生活常识，区别于其他医疗类账号，带有更多的趣味性。这类科普文章的阅读量往往非常高。可此可见，带有娱乐属性是吸引粉丝经久不衰的方法。

② 固定栏目配图统一化。如“要不要”和“健康日历”这两个固定栏目每次推送文章时，都采用固定的封面配图，如图 6-12 所示。

③ 色调统一的设计。从移动端网站到头像再到微信公众号，都以紫色为主色调，相同的色调起到统一风格的作用。

5. 增加粉丝的技巧

“丁香医生”增加粉丝的技巧如图 6-13～图 6-15 所示。

图 6-12

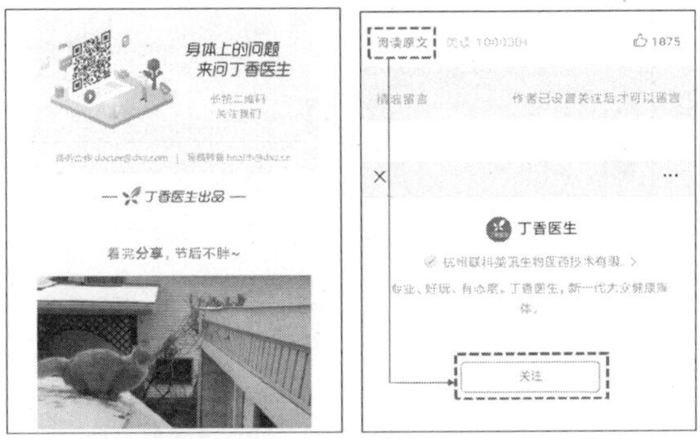

图 6-13

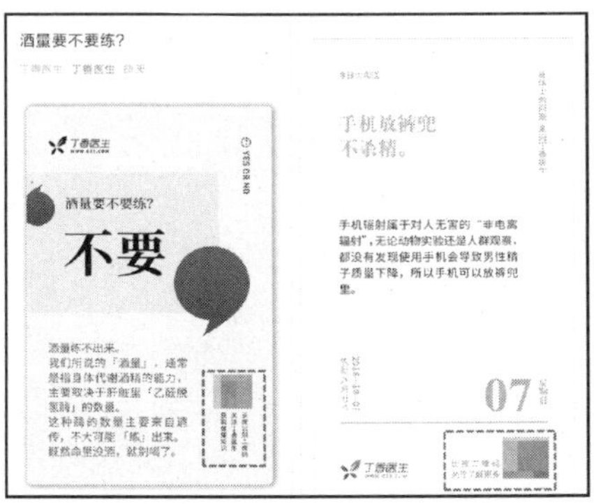

图 6-14

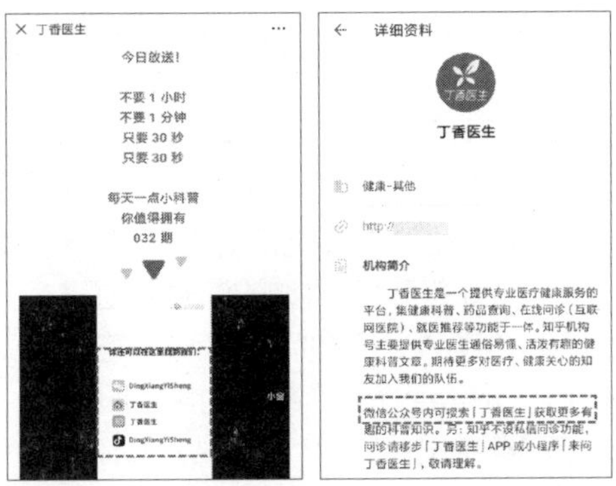

图 6-15

（1）账号本身的吸粉作用

呼吁用户将健康知识传播给关心的人，引导用户进行口碑传播，以增加粉丝数量。

（2）微信矩阵

在这里不得不谈"丁香医生"和丁香园的关系，"丁香医生"起到了对丁香园上的优质内容进行总结归纳的作用。同时，丁香园品牌多年来沉淀了大量的粉丝，形成了品牌效应，并且通过一系列的公众号打造了一个微信公众号矩阵，这个微信公众号矩阵形成的导流和互推为"丁香医生"带来了大量的粉丝，这也是为什么越来越多的公众号致力于打造自己的微信公众号矩阵的原因。

（3）其他平台的推广作用

例如，知乎上多次出现"丁香医生"的推荐信息，也有大量关于"丁香园""丁香医生"的话题讨论。在知乎上推送关于健康类话题有上百万人关注，所以知乎的话题和广告位也给"丁香医生"带来了大量的粉丝。

6. 与粉丝互动的方法

"丁香医生"与粉丝互动的方法如图 6-16 所示。

图 6-16

"丁香医生"与粉丝互动的方法主要有以下三种。

（1）后台回复要咨询的健康问题。

（2）每篇文章后的留言区域问答。

（3）购买课程、商品后的售后服务。

7. 菜单设计

"丁香医生"的菜单栏主要由以下三部分组成，如图 6-17 所示。

图6-17

（1）精品课程

知识付费自 2017 年起就非常火爆，“丁香医生”为此单独开辟了一个菜单栏，提供付费的在线课程服务。

（2）丁香好物

主要分为内容和电商两大部分。内容方面包含文章精选和文章搜索，电商方面则提供了链接，直达“丁香好物馆”购物平台。

（3）在线服务

“问诊”服务这部分内容以小程序的方式呈现，通过专业的医生团队为用户提供在线问诊服务。同时，还提供了用户与丁香医生团队链接的方式，包括转载、合作、招聘、售后等。

8. 商业回报

“丁香医生”的商业回报形式主要有三种，如图 6-18 所示。

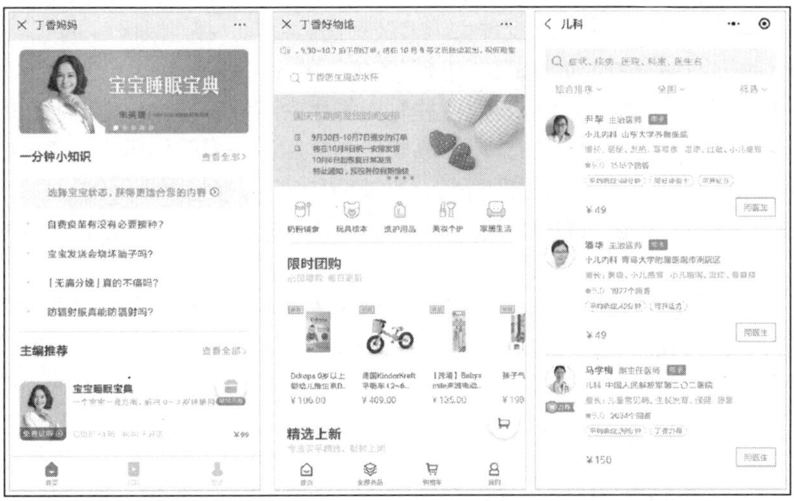

图6-18

（1）知识付费

目前丁香医生推出的付费课程服务对象主要是妈妈群体，形式上包括音频和视频两种，主要栏目有“科学育儿”“宝宝护理”“孕产健康”“女性健康”等。

（2）电商

电商这部分的功能集中在“丁香好物馆”这个平台上，目前的切入点为母婴领域，售卖玩具绘本、洗护用品、美妆个护等跟妈妈和婴儿相关的产品。

（3）在线问诊

“丁香医生”小程序引入三甲主治及以上级别的医生，为用户同时提供免费和付费的在线问诊服务。

课堂讨论

为什么“丁香医生”会以母婴为商业变现的切入口？你觉得可能的原因是什么？

9. 运营启发

在运营医疗业公众号时，大多数账号是提供治疗疾病的服务，而“丁香医生”最出彩的地方就在于：平时发布高质量的科普文章进行疾病预防，实现内容传递价值，而暂不介入挂号、就诊等实际诊疗环节。运营者可以从“丁香医生”上学到以下几点启示。

（1）移动医疗服务以高效咨询为痛点，所以为用户提供便捷、高效、有质量的咨询通道才是吸引粉丝的要点。

（2）优质的内容是关键，内容提升品牌，品牌创造价值。“丁香医生”一直严格把关内容，在不失专业性的基础上又能把内容做到通俗有趣，并且以优质的内容作为口碑宣传的卖点，这样才能拥有如此高的阅读量和庞大的粉丝群体。

（3）内容严谨的态度：医疗行业往往与人的生命和健康挂钩，他们发布的每一篇文章内容都有可能影响人的健康，所以高质量的文章和严谨的作风是运营医疗行业账号所必不可少的要素。“丁香医生”无论是从文章内容还是到类似于论文评审的“内容评审小组”，都秉承负责严谨的态度。责任当先、内容为王是每一个运营者都应该学习的地方。

（4）“丁香医生”在每张配图的下方都会标注图片来源。据了解，“丁香医生”是少数支付转发费的公众号。在互联网上，并不是所有东西都是免费的，转发时标明图文出处，为原创作品付费是对原创的尊重。

// 6.3　餐饮业公众号：海底捞火锅

1. 公众号介绍

海底捞火锅的官方微信公众号为用户推送公司动态、店铺信息等，用户可以通过公众号预订餐位、预订外卖。同时，海底捞火锅的微信公众号致力于打造一个基于火锅的社交和电商平台，是一个单品牌餐饮的线上服务系统。

2. 功能介绍

“海底捞火锅”的功能介绍如图 6-19 所示。

海底捞采用“品牌介绍+功能介绍+欢迎语”的结构，简洁明了地向用户介绍该账号的主要功能。同时，就餐需要排队已经成为海底捞的“特色”，所以在功能介绍中点明“预订餐位”能减少排位的时间，还能吸引大量的顾客关注“海底捞火锅”。

3. 欢迎语设计

“海底捞火锅”的欢迎语由以下几部分构成，如图 6-20 所示。

图 6-19

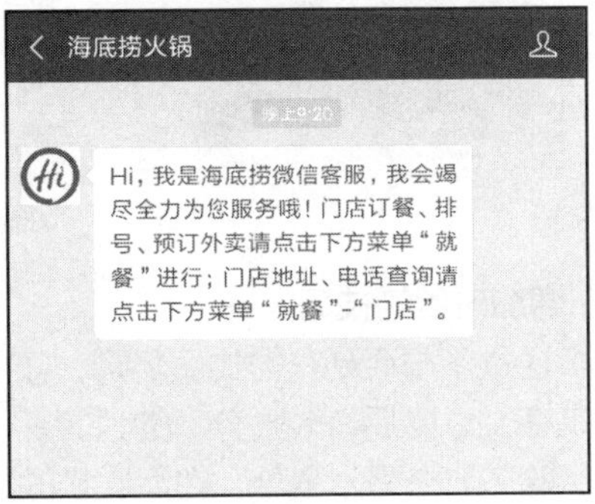

图 6-20

（1）拟人化欢迎语：将公众号虚拟为海底捞客服。“服务至上”一直是海底捞的文化，所以“竭尽全力”这一关键词也体现了海底捞的服务精神。

（2）功能介绍+操作引导：除了对该账号的功能进行介绍之外，还说明了每个功能具体的操作方法——通过点击下方的菜单栏即可实现。

4. 内容特色

“海底捞火锅”推送的内容主要以新品介绍、软文推广、定期栏目为主，如图 6-21 所示。

（1）擅于利用节日和热点进行内容营销

“海底捞火锅”的每次推送都会选择固定的节日或有卖点的时间，通过在文章中打造原生广告吸引用户线下体验新产品或线上购买产品。将热点和产品内容相结合是很值得运营者学习的营销手法。

（2）打造有特色的定期栏目

2016 年 12 月 5 日开始，“海底捞火锅”开办“开饭了”定期栏目。每一期节目，“海底捞火锅”都会邀请大厨，教大家用市场上就能买到的寻常素材，做出需要技巧才能完成的不寻常美味。如此高质量且有特色的栏目，有助于吸引用户产生消费的冲动，也有助于提高海底捞的品牌影响力。

图6-21

5. 增加粉丝的技巧

（1）通过参与活动获得物质奖励，如代金券，引导口碑社交宣传。

（2）在文章最后有鼓励分享的设置。

（3）除了公众号本身外，在海底捞的实体产品里放置抽奖码，需要在微信公众号上进行抽奖，以此带动关注。

（4）门面引流，顾客在门面消费时会被告知可以在公众号上提前浏览菜单、排号、订餐等，使线下顾客转化为线上用户。

6. 与粉丝的互动方法

“海底捞火锅”与粉丝互动的方法有以下四种。

（1）留言互动

“海底捞火锅”会不定期在微信公众号文章推送中留下话题，邀请粉丝留言互动，如图6-22所示。

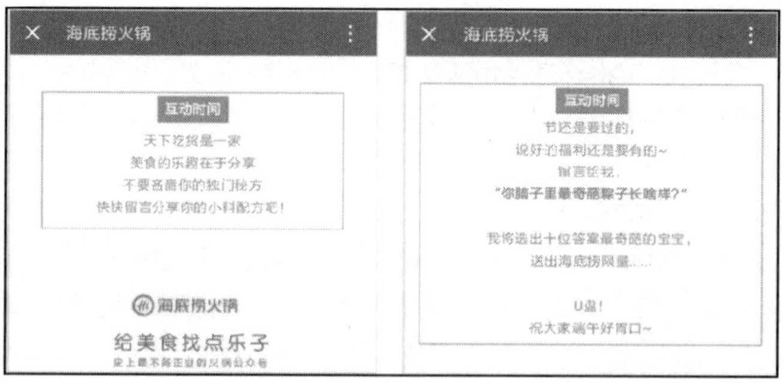

图6-22

（2）福利派送

在推出新产品、新服务或遇到一些热点时，“海底捞火锅”会给用户发放福利，如代金券。

（3）后台意见反馈

用户可以通过依次单击菜单栏中的“就餐”→“客服”在后台进行意见反馈。

（4）游戏或调研互动

通过对微信公众号上数据的抓取，获得用户的行为偏好。对用户的习惯和喜好进行了解可以为用户提供更优质的服务。

7. 菜单设计

“海底捞火锅”的菜单设计如图 6-23 所示。

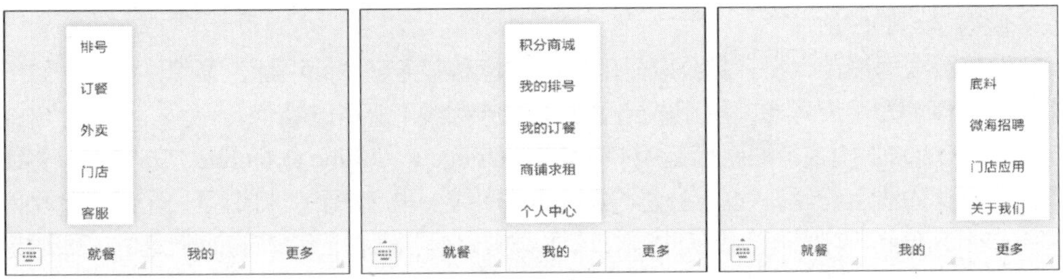

图6-23

“海底捞火锅”的菜单由“餐饮服务+个人服务+更多服务”的理念构成，主要设置如下。

（1）就餐

除了基本的门面订餐排号服务外，“海底捞火锅”还提供外卖和门店查询等线上服务，满足顾客足不出户就享受海底捞服务的需求。线上引流的模式为海底捞打造了一个更加全面的餐饮品牌。除此以外，用户可以通过微信公众号后台的“客服”功能进行意见反馈，微信公众号相当于又是一个沟通平台。

（2）会员

“海底捞火锅”为每个用户都设置了唯一的会员中心和移动会员卡。用户在订餐排号时，可提供相应的查询功能，还能查询积分并进行积分抽奖，整套会员机制设置得十分完善。

（3）发现

“海底捞火锅”打造了一个全面的微社区，用户可以根据自动定位功能查询海底捞的门面信息，购买礼品卡，还可以在线上商城中购买海底捞的火锅产品，如底料等。此外，公众号还可用门店应用（如美图打印）打发用户的等待时间，更有公司信息和招聘通道。

课堂讨论

为什么“海底捞火锅”为用户提供了如此多元的服务功能？

很多时候，服务号的目的并不是推送文章信息，而是通过提供服务让用户形成信任和依赖。线上餐饮运营不同于线下，其重心应当放在如何抓住核心人群并与之互动上，否则用户只能是基于地理位置的人流。线上引流线下品尝，才能形成一体化的服务体系。

8. 运营启发

海底捞是餐饮业将服务延伸到线上的典型案例，在打造餐饮业公众号时，海底捞有很多值得学习的做法。

（1）公众号设计本身：其公众号的操作秉承着服务理念而设计，菜单栏整齐一致的排版和全盘地为用户考虑，真正做到了线上服务和线下服务的结合。

（2）O2O2O 模式：海底捞运用 O2O2O（Online to Offline to Online）的模式，将线下客户转化为线上粉丝，线上活动奖励引导用户线下再次消费，打造了一个品牌闭环。

（3）充分利用微信解决用户场景：“海底捞火锅”有自己明确的战略定位，即通过考虑用户场景来解决用户在就餐各个环节可能遇到的问题，这也体现了海底捞“服务至上”的理念。

（4）充分挖掘年轻群体的行为习惯：海底捞非常重视打造基于微信公众号的社交平台，一些增值服务都极为符合年轻群体对就近社交和新奇事物的偏好，通过挖掘年轻顾客的心理需求，为公众号带来了大量的流量。

（5）海底捞个性化的优质服务给海底捞带来了很好的口碑效应，而公众号作为海底捞服务的线上环节，解决了实体消费中解决不了的用户需求，为用户打造了一个系统的优质体验。

实战训练

请用本章所用的分析框架，尝试选择以下微信公众号中的一个进行分析和总结。

A. 网易王三三（微信号 wywss163）

B. 中国传媒大学（微信号 cuc-1954）

C. 十点读书（微信号 duhaoshu）